みなし贈与のすべて

新版 Q&A

■税理士 伊藤 俊一／著

のすべて

LOGICA
ロギカ書房

新版はじめに

　近年、みなし贈与分野は資産税において非常に重要な論点となります。みなし贈与が絡む取引が特殊領域ではなくなってきていること、事業承継対策においてポイントとなる自己株式の取得等や組織再編成、事業承継に係る資本政策プランニングにおいてみなし贈与については、特に初期における税額シミュレーションの重大性が広く認識されてきていること、などの理由からです。

　みなし贈与は、類書にあるような計算事例だけでも、後付けで税務申告書を記載したり、その他税務諸手続をすることは確かに可能です。しかし、組織再編成や事業承継といったコンサルティング分野の領域においては、場合によっては税額が非常に多額に及ぶこともあるため、初期の段階で税額シミュレーションをし、クライアントに周知徹底すべき事項であり、そういった点において今後ますます重要性は高まると考えられます。

　類書であれば、「(相続税法上の) みなし贈与」「贈与の一形態」といったように補足的に記載されていることが常で、真正面から取り上げられることはありませんでした。本書はみなし贈与だけに焦点をあて、「みなし贈与のすべて」と銘打ち、みなし贈与分野の基礎から応用までこの1冊で事足りるような構成となっています。

　今回の新版にあたり、初版をQ&Aに組み換え、リーダビリティと検索機能の強化を意識しています。さらに、初版発刊以降の重要裁決・裁判例等々を精査し収録、解説を施し、さらに実務でもニッチと考えられるようなみなし贈与発動可能性論点についてもかなり多く追加しています。

本書の大きな特徴は、みなし贈与の分野だけに限定したことから、以下の点に集約されます。

・みなし贈与分野における初級者から上級者まで幅広い読者のニーズにこたえるものを意識しています。

・論点は上掲のとおり意図的にニッチな分野まで踏み込んで、特に網羅性を重視しています。そのため、類書では軽く扱っている記載についても誌面の許す限り詳細な解説をしています。

・裁決・裁判例・判例についても網羅性を重視し、できるだけ実務上のヒントになるような汎用性のあるものを厳選して掲載したこと

・みなし贈与は「不知・うっかり」で失念することが大半であり、苦手意識を持っている実務家が多いため表現はできるだけ平易に、また、随所に非常に簡単な「よくある」事例を組み込み、具体的な取引をイメージしていただけるようにしたこと、一方で実務上稀な事例についても上級者向けに汎用性のある取引のみを厳選し掲載したことです（この点に関しては論点の切り貼りと感じられる読者もいらっしゃることと存じますが、課税実務での多くの失敗は「不知・うっかり」によるものです。したがって、論点は誌面の許す限り掲載しました）。

　最後に、株式会社ロギカ書房代表取締役橋詰守氏には企画段階から編集等、力強くサポートしていただいたこと、本書の実例作成にあたり多くを参照させていただいた、普段から良質な御質問くださる税務質問会（https://myhoumu.jp/zeimusoudan/）会員様に心から感謝申し上げます。

　令和4年10月

税理士　伊藤　俊一

目 次

第2章　みなし贈与が適用されるケース
～ 株主間贈与以外 ～

【凡例】

相法	相続税法
相令	相続税法施行令
相基通	相続税法基本通達
評基通	財産評価基本通達
所法	所得税法
所令	所得税法施行令
所基通	所得税基本通達
法法	法人税法
法令	法人税法施行令
措法	租税特別措置法
措通	租税特別措置法関係通達
民法	民法
通法	国税通則法
会社法	会社法
地方税法	地方税法
相法3①一	相続税法第3条第1項第1号

本書は、令和4年10月1日の法令・通達に基づいています。
ただし、当局内部資料は旧法条文・通達になっている場合も
あります（原文ママということ）。

第1章

みなし贈与の基本的な考え方

Q1-1　相続税法第7条の意義と基本的考え方

相続税法第7条の意義と基本的な考え方について教えてください。

Answer

相続税法第7条は、低額譲渡についての譲渡当事者「間」の規定です。下記が基本的理解となります。

【解説】

相続税法第7条は、低額譲渡についての譲渡当事者「間」の規定です。

相続税・贈与税の課税対象は、一義的には相続、遺贈又は贈与といった無償の財産移転により取得した財産です。一方、一定の生命保険金、信託に関する権利及び債務免除益など、法形式的としては相続等によって取得した財産に該当するとは言い難いものもあります。

これらについて実質主義の原則から、実質として相続等により取得した財産と同視できるものが確かに存在します。

そこで、こうした財産を相続等により取得した財産とみなすことによって、相続税・贈与税の課税対象に含めることとしています（相法3～9の6）。

相続税法第7条は、こうした「みなし課税」の1つです。

著しく低い価額の対価で財産の譲渡があった場合には、その対価と時価との差額について実質的に贈与等があったものとみなすのです。

Q1-2　相続税法第7条の「時価」

相続税法第7条の「時価」と「著しく低い対価」について教えてください。

Answer

不確定概念ではあるものの実務では下記のように判断します。

【解説】

① 「時価」について

相続税法第22条の時価は、本来的な意義では「客観的交換価値」に間違いありません。

しかし、それが「課税価格」と指すのか「相続税評価額（財産評価基本通達）」を指すのかは論者によって意見が分かれるところです。

祖税法上の純理論的視点ではなく、実務的視点でみた場合、つまり当局調査として考えた場合は、当然ながら「相続税評価額」（不動産について後述）を時価とみた方がよいと思われます。

財産評価基本通達に従っている限り、総則第6項が発動される場合を除いて、指摘される事由がないからです。

非上場株式の評価は上記の結論でよいと思いますが、土地については補足があります。公示価格と相続税評価額との約20％との乖離です。これは時価の許容額と考えるのが実務上、最も腑に落ちる考え方だと考えます。通常、特に同族関係者間売買においては相続税評価額を概算公示価格に引き直して価格を決定するはずです。これも当該裁判例判示に異論があるところとなります。

（参考）

納税者勝利裁決です。審判所は、課税実務上は、相続税法第7条における低額譲受けの判断については、土地の場合、相続税評価額を参考にすればよいものとしています。

本件のみ参照すると、特殊な事情があるわけではない不動産についても、相続税評価額を参考にして売買代金を決定しても、低額譲受けに該当することとなる可能性は低いと考えられるようにも思えます。その点、個人間の不動産取引において売買代金を決定する際に参考となる事例ともい

えます。

　しかし、開差が「本件不動産の時価と本件不動産の売買価額との差額について，みると，後者の前者に対する割合が15.84％に過ぎず」ということから，20％の評価の安定性の制限率は超えていません。これも判断上，斟酌されたであろう事項です。

　資産の低額譲受け　土地建物の譲受価額が相続税法第7条に規定する「著しく低い価額の対価」に当たるとしてなされた原処分は違法であるとした事例（全部取消・平成15年6月19日裁決）〔裁決事例集第65集576頁〕（J65-4-40）

〔事案の概要〕

　請求人は，平成12年12月4日付で，祖母であるJ（以下「譲渡人」という。）との間で，請求人が譲渡人から本件土地を売買代金52,000,000円及び同表の本件家屋を売買代金19,950,000円（売買代金総額71,950,000円）で譲り受ける旨の土地付建物売買契約（以下「本件売買契約」という。）を締結し，本件売買契約に基づく契約書を作成した。

　不動産の登記簿謄本によれば，本件不動産は，平成12年12月26日受付で，平成12年12月4日売買を原因として，譲渡人から請求人に所有権移転の登記がされている。

　譲渡人が原処分庁に提出した平成12年分所得税青色申告決算書（不動産所得用）によれば，本件家屋は賃貸用家屋であり，その取得価額は63,000,000円，本件売買契約により売却した時点での未償却残高は25,002,552円である。

　本件家屋に係る平成12年度固定資産税の評価額は，19,835,625円である。

　請求人は，不動産鑑定士Kが作成した平成13年10月22日付の不動産

鑑定評価書（以下「本件鑑定書」という。）を原処分庁及び当審判所
に提出していた。

〔当事者の主張〕
○納税者の主張
　本件土地の譲受価額は、請求人の父であるMが知人の不動産業者に
当時の相場を相談したところ、本件土地を3区画の土地として利用す
るのが最も有効な利用形態であり、道路として使わざるを得ない部分
を評価上考慮して算定した価額が妥当であると判断されたこと並びに
本件土地の固定資産税評価額及び時価の下落率等を考慮して決定した
ものであるが、この譲受価額は、本件鑑定評価額と同額であるから、
適正な時価である。
　「通常の取引価額」が明確で贈与税の課税の予測可能性があったと
しても、本件通達は、露骨な税負担回避行為を防止するために設けら
れたものであることから、本件の場合、本件土地を長期間所有した後
に売買されたものであり、また当事者間に贈与する意思がないから本
件通達が予定している贈与税の負担回避行為ではなく、本件通達を拡
大して適用することは違法である。
　また、<u>本件通達が適用され、本件土地の時価が原処分庁の主張のと
おりであったとしても、原処分庁が異議決定書で示した本件不動産の
時価と本件不動産の売買価額との差額についてみると、後者の前者に
対する割合が15.84％に過ぎず、相続税法第7条が規定する「著しく
低い価額の対価」に該当しないから</u>（下線筆者）、本件不動産の売買
に相続税法第7条を適用した本件決定処分は違法である。
○課税庁の主張
　本件鑑定書における本件標準画地の比準価格は、次の理由によりい
ずれも不適切であり、その比準価格を基にした本件鑑定評価額は、本
件土地の時価を表したものとは認められない。

　相続税法第22条に規定する時価とは、不特定多数の当事者で自由な取引が行われる場合に通常成立すると認められる価額、すなわち、客観的な交換価値をいうものと解されている。

　他方、公示価格は、地価公示法第2条（標準地の価格の判定等）に規定する「正常な価格」を判定したものであり、この「正常な価格」とは、同条第2項において通常成立すると認められる価格である旨規定されており、一般の土地取引についての取引価額の指標、不動産鑑定士等の鑑定評価及び公共用地買取りの補償の規準とされるものであることから、その年1月1日現在の客観的な交換価値を表しているものと解される。

　そうすると、地価公示法に規定する「正常な価格」と相続税法第22条に規定する「時価」とは、ともに自由な取引が行われたとした場合に通常成立すると認められる価格を指向しているものと解することができる。

　本件土地の価額は、その更地価額から、その価額に本件土地に係る借地権割合と本件建物に係る借家権割合との相乗積を乗じて計算した価額を控除した価額とすべきであると解される。

　以上のことから、本件土地の価額は、公示価格を基に算出すると65,538,875円となる。

　本件土地の価額は、上記のとおり65,538,875円であるから、本件土地の価額と本件土地の対価52,000,000円との差額は13,538,875円となる。

　ところで、請求人及び譲渡人は、相続関係において直系的なつながりをもち、また贈与が最も発生しやすい間柄であり、いわば、売買価額を自由に設定できる事情にある当事者であるという関係が存すること及び上記のとおり13,538,875円という多額の価額差が生じていること等から、それらを総合的に勘案すれば、贈与税負担における公平バランスを担保する趣旨で規定された相続税法第7条にいう「著しく低い価額の対価で財産の譲渡を受けた場合」に該当することは明らかで

ある。

〔判断〕

　原処分庁は、本件土地の譲受けは、相続税法第7条にいう「著しく低い価額の対価で財産の譲渡を受けた場合」に該当すると主張するが、譲渡人（請求人の祖母）は高齢となり、借入金を弁済するために譲渡したものであり、一方、請求人は自身の将来のことを考えて金融機関から取得資金を借り入れて本件土地を取得したものであること、売買価額は固定資産税評価額を参考に、利用形態を考慮して決定したこと、譲渡人は本件土地を相続により取得し、長期間保有していたものであること、④建物の譲受対価の額と本件土地の譲受対価の合計額は、これらの不動産の相続税評価額の合計額を上回っていることを総合勘案すると、本件土地の譲受は相続税法第7条に規定する「著しく低い価額の対価」による譲受けには該当しないとするのが相当である。

②　「著しく低い」の考え方について

　極めて重要な概念ですので、第3章で再度述べますが、結論としては上記①との整合性から「相続税評価額」を基準にして、一定の許容額が確実に存在すると考えます。

（参考）

「著しく低い価額」の明文規定
・法人税法施行令第119条（有価証券の取得価額）
・法人税基本通達2-3-7（通常要する価額に比して有利な金額）
・所得税法第39条（たな卸資産等の自家消費等の場合の総収入金額算入）
・所得税法第40条（たな卸資産等の贈与等の場合の総収入金額算入）

・所得税基本通達39-1（家事消費又は贈与等した場合の棚卸資産の価額）
・所得税基本通達40-2（著しく低い価額の対価による譲渡の意義）
・所得税基本通達40-3（実質的に贈与したと認められる金額）
・租税特別措置法関係通達第37条の10、第37条の11共-22
・国税徴収法基本通達第39条関係7

Q1-3　相続税法第7条の裁決・裁判例の基本的考え方

　相続税法第7条について過去の裁決・裁判例における基本的な考え方について教えてください。

Answer

　相続税法第7条に関する裁決・裁判例は非常に多くあります。それが参照できます。

【解説】

　過去の裁決・裁判例では相続税法第7条の意義は繰り返し出てきます。非常に有名な裁判例である平成19年8月23日東京地裁では、

　　「贈与税は、相続税の補完税として、贈与により無償で取得した財産の価額を対象として課される税であるが、その課税原因を贈与という法律行為に限定するならば、有償で、ただし時価より著しく低い価額の対価で財産の移転を図ることによって贈与税の負担を回避することが可能となり、租税負担の公平が著しく害されることとなるし、親子間や兄弟間でこれが行われることとなれば、本来負担すべき相続税の多くの部分の負担を免れることにもなりかねない。

　　相続税法7条は、このような不都合を防止することを目的として設けられた規定であり、時価より著しく低い価額の対価で財産の譲渡が

行われた場合には、その対価と時価との差額に相当する金額の贈与が
あったものとみなすこととしたのである（遺贈の場合は相続税である
が、上に述べた贈与税と同じ議論が当てはまる。）。

　そして、同条にいう時価とは、財産の価額の評価の原則を定めた同
法22条にいう時価と同じく、客観的交換価値、すなわち、課税時期に
おいて、それぞれの財産の現況に応じ、不特定多数の当事者間で自由
な取引が行われる場合に通常成立すると認められる価額をいうと解す
べきである。」

と、述べています。

　さらに、相続税法第7条に規定する「著しく低い価額」の判定基準は

　「相続税法7条は、時価より『著しく低い価額』の対価で財産の譲渡が
行われた場合に課税することとしており、その反対解釈として、時価よ
り単に『低い価額』の対価での譲渡の場合には課税しないものである」

とした上で、

　「同条が、相続税の補完税としての贈与税の課税原因を贈与という法
律行為に限定することによって、本来負担すべき相続税の多くの部分
の負担を免れることにもなりかねない不都合を防止することを目的と
して設けられた規定であることに加え、一般に財産の時価を正確に把
握することは必ずしも容易ではなく、しかも、同条の適用対象になる
事例の多くを占める個人間の取引においては、常に経済合理性に従っ
た対価の取決めが行われるとは限らないことを考慮し、租税負担の公
平の見地からみて見逃すことのできない程度にまで時価との乖離が著
しい低額による譲渡の場合に限って課税をすることにしたものである
と解される。そうすると、同条にいう『著しく低い価額』の対価と
は、その対価に経済合理性のないことが明らかな場合をいうものと解
され、その判定は、個々の財産の譲渡ごとに、当該財産の種類、性
質、その取引価額の決まり方、その取引の実情等を勘案して、社会通
念に従い、時価と当該譲渡の対価との開差が著しいか否かによって行

うべきである。」

と結論づけています。

　そして、

　　「以上の検討によれば、相続税評価額と同水準の価額かそれ以上の価
　　額を対価として土地の譲渡が行われた場合は、原則として『著しく低
　　い価額』の対価による譲渡ということはできず、例外として、何らか
　　の事情により当該土地の相続税評価額が時価の80パーセントよりも低
　　くなっており、それが明らかであると認められる場合に限って、『著
　　しく低い価額』の対価による譲渡になり得ると解すべきである。

　　　もっとも、その例外の場合でも、さらに、当該対価と時価との開差
　　が著しいか否かを個別に検討する必要があることはいうまでもない。」

と個別具体的な認定がなされることは必然であることも述べ、弾力的な解
釈をしています。

　第7条の趣旨については、

　　「相続税法7条は、当事者に実質的に贈与の意思があったか否かを問
　　わずに適用されるものであることは既に述べたとおりであり、実質的
　　に贈与を受けたか否かという基準が妥当なものとは解されない」

とし、

　　「第三者との間では決して成立し得ないような対価で売買が行われた
　　か否かという基準も趣旨が明確でない。仮に、『第三者』という表現
　　によって、親族間やこれに準じた親しい関係にある者相互間の譲渡と
　　それ以外の間柄にある者相互間の譲渡とを区別し、親族間やこれに準
　　じた親しい関係にある者相互間の譲渡においては、たとえ『著しく低
　　い価額』の対価でなくても課税する趣旨であるとすれば、同条の文理
　　に反するというほかない」

とも述べています。

　また、「相続税法7条は、当事者に租税負担回避の意図・目的があった
か否かを問わずに適用されるものであること」とも判示しています。

Q1-4 相続税法第7条と所得税法の「著しく低い価額」

相続税法第7条の「著しく低い価額」については明文規定がありません。そこで、所得税法上のものと同様のものと解してよいのか、について争われた事案について教えてください。

Answer

これに関連する裁決・裁判例は非常に多くあります。

相続税法第7条の「著しく低い価額」については明文規定がありません。そこで、所得税法上のものと同様のものと解してよいのか、争われた事例です。

裁判所は、課税の理論的根拠が異なる所得税法の規定をそのまま使うことには根拠なく、低額譲受けに該当するか否かは社会通念に従い多様な角度から総合的に判断するのが相当しています。

特に同族特殊関係者間の取引について「著しく低い価額」ではないことを第三者に明確に説明できる資料を整備しておくべきです。

【解説】

【低額譲受け／著しく低い価額の意義】

横浜地方裁判所昭和55年（行ウ）第21号贈与税決定処分取消請求事件（棄却）（原告控訴）（Z127-5037）

〔事案の概要〕

納税者は、昭和50年10月ころ、伊東三平（以下「伊東」という。）から、東京都町田市成瀬字壱参号2244番1、田、456平方メートル（以下「第1物件」という。）を500万円で高野泰佑（以下「高野」という。）から、同所同番2、田、489平方メートル（以下「第2物件」といい、第1物件及び第2物件を合わせて「本件土地」という。）を700万円でそれぞれ買い受けた（以下「本件売買契約」という。）とこ

ろ、被告は、昭和53年11月27日付で原告に対し、本件土地の譲受がいずれも相続税法7条の規定する著しく低い価額の対価で財産の譲渡を受けた場合（以下「低額譲受」という。）に該当するとして贈与税決定処分を受けた。

〔当事者の主張〕

○納税者の主張

　相続税法7条にいう著しく低い価額の対価とは、所得税法59条1項2号、国税徴収法39条等に徴し、相続税財産評価通達による評価額の2分の1を下回る対価をいう旨を主張した。

○課税庁の主張

　相続税評価額は、市場価額よりも極めて低い価額となっているのであるから、この極めて低い相続税評価額の更に2分の1を下回る場合でなければ、低額譲受にならないとする原告の主張は、到底是認しがたいものがある。

　ところで、原告は、所得税法施行令169条をも根拠とするが、同条及び所得税法59条1項2号は財産を譲渡した側の課税関係を律するために設けられた規定であるのに対し、相続税法7条は、法律的には贈与ではないが、対価と時価との差額については贈与とその実質を同じくすることから、負担の公平を図る見地から贈与があったものとみなして贈与税を課するのであり、財産を譲渡した側の課税関係と同列に判断することはできない。

　そして、実定法上、相続税法7条にいう「著しく低い価額」の意義について、時価の2分の1に満たない金額と解すべき根拠規定はない。

〔判断〕

　農地の売買契約は、その契約記載の日に成立したものであり、その売買価額が時価に比し著しく低額であるか否かは、契約の日の時価を

基準として判定すべきものとされた。

　相続税法7条は、著しく低い価額の対価で財産の譲渡を受けた場合には、法律的には贈与とはいえないとしても、実質的には贈与と同視することができるため、課税の公平負担の見地から、対価と時価との差額について贈与があったものとみなして贈与税を課することとしているのであるから、右の規定の趣旨にかんがみると、同条にいう著しく低い価額の対価に該当するか否かは、当該財産の譲渡の事情、当該譲受の対価、当該譲受に係る財産の市場価額、当該財産の相続税評価額などを勘案して社会通念に従い判断すべきものと解するのが相当である。

　相続税法7条にいう時価とは、譲渡のなされた時において、不特定多数の当事者間で自由な取引が行われる場合に通常成立すると認められる価額、いわゆる実勢価額をいうものと解されるが、課税実務では相続税評価額を右時価として課税しており、本件のように譲り受けた財産が土地である場合には右にいう時価を算出することが困難であること、かような場合に相続による土地取得の場合と同様に相続税評価額を時価とみなすことが合理的であることに照らすと、右の課税実務における取り扱いはこれを正当として是認することができる。

　相続税評価額が1,140万円及び1,287万円余である土地をそれぞれ500万円及び700万円の対価で買い受けた場合、相続税法7条の規定に基き、その差額に相当する金額の贈与をうけたものとみなされました。

（参考）

みなし譲渡（土地の時価）／みなし贈与（著しく低い価額の対価）
（令02-10-23　東京地裁　一部認容・棄却　控訴　Z270-13473）

　本件は、亡Dの相続人である原告A、原告B及び亡Dから不動産の譲渡

を受けた原告C社が、その譲渡は低額譲渡であったとして、所得税、相続税、法人税等につきそれぞれ更正処分等を受けた事案です。

　飯田税務署長は、不動産の価額を4億0840万円と評価しています。東京地裁は、不動産の評価単位を7区分した上で、評価通達を準用した方法により時価を2億3489万円余と算定し、各税目について、次のように判示しました。

> 　本件譲渡に係る売買代金1億2000万円は、各不動産の譲渡時点における評価額2億3489万円余の2分の1（1億1744万円余）に満たない金額とはいえないから、本件譲渡に所得税法59条1項2号を適用することはできない。
>
> 　相続税法9条の関係においては、本件時価（公示価格水準）の80%程度あれば、「著しく低い価額の対価」とはいえないと解されるが、本件譲渡の対価1億2000万円は不動産評価額の約51.1%であるから、所得税法とは異なり、「著しく低い価額の対価」で利益を受けさせたものに当たると解され、本件譲渡によるC株式（原告B保有）の増加益は、原告Bが亡Dから贈与により取得したものとみなして相続税の課税価格に加算されることとなる（相基通9-2）。
>
> 　本件譲渡は、原告C社が、時価に比して低い価額で各不動産の譲渡を受けたものであるから、その差額を受贈益として原告C社の益金に加算すべきである。

（参考）

税大論叢（55号）租税回避行為否認訴訟の実証的研究
「—裁判所の認定から原処分時対応の留意点を探る」清水一夫著
（一部抜粋）
　ロ　株式低額評価みなし贈与事件（東京地判平7・4・27判タ921号
　　178頁）

(イ)　事案の概要

　　原告納税者の母が信用取引によって@1,640円で買い付けた上場株式を、当時の財産評価基本通達169項（121）（上場株式の評価）が許容する安値（当日及び過去３ヶ月の月平均のうち最安値）である@997円で、売買により原告に譲渡したことにかかる事案である。原告は同銘柄、同数の株式を@1,640円で売注文しておいた信用取引の決済に、母から譲り受けた株式の現物を充て、２億2,500万円の利益を獲得した。

　　原告は、上記取引を贈与税の申告に含めなかったが、被告課税庁は、一連の取引が贈与税を回避する行為であるとして、本件株式の評価に関し、財産評価基本通達６項に基づき同169項の適用を否定し、上記取引において、原告は時価@1,620円（原告が譲渡を受けた日の取引所最終価格）のものを@997円という低額で譲り受けたものと認定した。

　　そして、相続税法７条（低額譲受によるみなし贈与）により贈与税の更正処分をしたところ、原告納税者は、本件株式の評価に関し、通達169項の適用を否定するのは、禁反言の法理等に違反して許されないと主張した。

(ロ)　要件事実論による事実整理

　　相続税法７条は、「著しく低い価額の対価で財産の譲渡を受けた場合」には、「時価」との差額に相当する金額を贈与により取得したものとみなす旨規定している。

　　同条の「著しく低い」は、法的評価を含んだ概念であり、最終的には、裁判所の判断に委ねられることとなるが、これは、前掲注（76）で紹介した「価値的要件」（評価的要件とまではいかないが、通常の事実よりは評価性をもっているもの）ととらえるべきと考える。すなわち、相続税法７条の適用の可否を巡って、「著しく低い」という評価を積極・消極に根拠付ける事実を、原告・被告双方

が主張しあうというよりは、被告課税庁が、抗弁（E）として、①譲渡対価の額と②目的財産の「時価」（相続税法22条）を主張・立証し、裁判所が、①と②の比較から「著しく低い」と評価できるか否かを判断すれば十分であろう。

　もっとも、原告納税者としては、目的財産の「時価」について、処分の基礎となった価額が客観的交換価値を超えるとして再抗弁（R）を主張・立証することも考えられる（この場合も「著しく低い」という評価に対する評価障害事実ではなく、あくまで、「時価」の評価を基礎付ける事実の主張になる。）。

　被告課税庁は、当時の財産評価基本通達に定める原則的な評価方法ではなく、同通達6項を適用して、本件譲受資産の時価を評価しているので、「評価通達によって評価することが著しく不適当な特別の事情の存在を示す具体的事実」（図19の（＊）の部分）を主張・立証する必要がある。本件訴訟では、上場株式の評価に関し財産評価基本通達169項が課税時期の最終価格及びその属する月以前3か月間の最終価格の月平均額のうち最も低い価格によって評価することとしているのは、特に相続においては、被相続人の死亡という偶発的な要因に基づき発生するものであるところ、上場株式の取引所価格は、その時々の市場の需給関係によって値動きすることから、時には異常な需給関係に基づき価格が形成されることもあり得るので、こうした偶発的な価格によって評価される危険性を排除する趣旨であることを前提に、本件一連の取引は、当初から、上場株式の市場価格と同通達169項による価格との間に相当の開差があることに着目して、贈与税の負担を回避すべく計画的に行われたものであることの事実を挙げ、本件取引に同通達169項を画一的、形式的に適用して評価することは、相続税法7条の立法趣旨に著しく反することになる旨主張した。

　その上で、被告課税庁は当該財産の客観的交換価値として、譲渡

当日の取引所最終価格が@1,620円である事実を示した。

　これに対して、原告納税者は、本件のような取引方法は、高額の相続税をできるだけ少なくするための法律の許す範囲内の節税策であり、何ら非難されるべきいわれはないといった主張のほかは、本件取引に限って、財産評価基本通達169項を適用しないのは、租税法律主義（予測可能性）、財産権の不可侵、法の下の平等違反である、あるいは禁反言の法理に反するといった、憲法論、法律論の主張に終始している。

(ハ)　裁判所の判断

　本件判決は、相続税法22条の時価の算定に当たって、財産評価基本通達に定められた方法により画一的に行う趣旨、画一的評価が例外的に適用されない場合について、前記イで紹介した一般論と同様の判示をした後、同通達169項の趣旨についても、被告課税庁の主張を認めた。そして、「本件売買契約を含む一連の取引は、専ら贈与税の負担を回避するために、財産をいったん株式に化体させた上、通常第三者間では成立し得ない著しく低い価額により本件売買契約を締結し、かつ、証券取引所における株価の変動による危険を防止する措置も講じた上、（原告の母）から原告への相続対象財産の移転を図る目的で行われたものというべきである。」と認定したうえで、本件取引に同通達169項を適用することは、租税負担の公平を著しく害し、また、相続税法7条の立法趣旨にも反する著しく不相当な結果をもたらすとした。

　すなわち、本件のような場合に「財産評価通達169に定める評価方法を形式的に適用することなく、本来的に上場株式の客観的な市場価格であることが明らかな証券取引所の公表する課税時期の最終価格による評価を行うことには合理性がある」と判断した。

　本件では、租税回避目的の存在という事実が、財産評価基本通達6項の適用を許容する「特別の事情」の存在を基礎付ける重要な事

実となっていると言えよう。同通達6項は、必ずしも租税回避行為
の否認を目的とするものではないが、通達の評価方法を画一的・形
式的に適用することにより租税回避を図ろうとするような取引にか
かる事案においては、租税回避目的の存在という事実が、処分の適
法性を基礎付ける事実となることも少なくないと考えられる。

Q1-5　第三者M＆Aにおけるみなし贈与の発動

　第三者M＆Aにみなし贈与は発動されるのでしょうか。仮に発動さ
れるとしたらどういった場面でしょうか。

Answer

　原則として発動されません。純然たる第三者とのM&Aにおいて租税
法が介入する余地はありません。

　当然ながら、いわゆる取引相場のない株式に係る税務上適正評価額に関
する論点も一切生じません。

　しかし、一定の条件のもとでは発動可能性がない、とは言いきれない場
合もあります。

【解説】

　第三者M＆Aはその文言通り同族関係者間でのM＆Aではありません。
それにもかかわらず、みなし贈与の発動可能性を気にする実務家は少なか
らずいるようです。

　この原因は平成19年8月23日東京地裁で相続税法第7条は「第三者間で
も問わず適用あり」と判示していることが原因とも思われます。

　しかし、結論から申し上げると、第三間M＆Aではみなし贈与は生じま
せん。M＆Aの相手側は「純然たる第三者」概念に該当するからです。

　租税法上の明確な定義はありませんが、「純然たる第三者間」とは、

ⅰ）純粋に

ⅱ）経済的合理性が存在する

ⅲ）市場原理に基づき

売買価額（客観的交換価値）が決定される間柄と過去の裁判例等では読み取れます。

　その取引当事者が純然たる第三者間に該当したときは、租税法上の縛りは、原則としてなくなります。

　実務では留意すべき点は一切ないですが、よほど低額で譲渡した場合に限り、「低額で譲渡した理由」を疎明資料として残してもよいと思います。例えば、今後も買主側に顧問報酬等々外注費を支払い続けることが当初契約書で明記されていることなどが一例として挙げられます。また、売主企業の従業員の雇用について最低〇年間は維持することを当初契約書で約定した結果、将来〇年間は買主企業は赤字になることが明確であるといった事例も考えられます。それらの疎明資料として交渉時のメールなどは準備しておいてもよいかもしれません。

　ただしこれはよほどの事情と考えてよく、租税法は第三者M＆Aという私法に介入しないという大原則からするとあまりに保守的すぎます。

　しかし、M&Aにより売主が売却交渉過程において、オーナーが少数株主から株式を事前に集約する場合、「事前にほぼ確定しているM&A対価」よりも著しく低い価額で買い集めた場合、みなし贈与認定の可能性はあります。事前にほぼ確定しているM&A対価が基準となるため、基本合意書締結前の段階での集約であれば問題は生じにくいと考えられます。

（参考）

F0-3-693

（取引相場のない株式／評価通達6適用の可否／通達評価額と時価との著しいかい離）

審査請求人（X2）が相続により取得したA社株式の評価について、

評価通達に基づく評価額（類似業種比準価額）は、Ｋ社の算定報告額及び相続開始後のＡ株式の譲渡価格等と著しくかい離していることから、評価通達の定める評価方法以外の評価方法によって評価すべき特別の事情があるとして、評価通達6が適用され、Ｋ社の算定報告額が時価であるとされた事例（令02-07-08裁決）

概　要

〔裁決の要旨〕

1　本件は、審査請求人（Ｘ2）が、相続により取得した取引相場のない株式（本件株式）を財産評価基本通達（評価通達）に定める類似業種比準価額により評価して相続税の申告をしたところ、原処分庁が、当該類似業種比準価額により評価することが著しく不適当と認められるとして、国税庁長官の指示を受けて評価した価額（Ｋ算定報告額）により相続税の更正処分等を行ったことに対し、審査請求人が、原処分の全部の取消しを求めた事案である。

2　評価通達に定める評価方法を画一的に適用することによって、適正な時価を求めることができない結果となるなど著しく公平を欠くような特別な事情があるときは、個々の財産の態様に応じた適正な「時価」の評価方法によるべきであり、評価通達6《この通達の定めにより難い場合の評価》はこのような趣旨に基づくものである。

3　1株当たりの価額で比較すると、本件株式通達評価額（8,186円）は、Ｋ算定報告額（80,373円）の約10％にとどまり、また、株式譲渡価格及び基本合意価格（105,068円）の約8％にとどまり、株式譲渡価格及び基本合意価格が本件株式通達評価額からかい離する程度は、Ｋ算定報告額よりも更に大きいものであった。

4　本件株式通達評価額は、Ｋ算定報告額並びに株式譲渡価格及び基本合意価格と著しくかい離しており、相続開始時における本件株式の客観的な交換価値を示しているものとみることはできず、相続開

始時における本件株式の客観的な交換価値を算定するにつき、評価
通達の定める評価方法が合理性を有するものとみることはできな
い。

5　そうすると、本件相続における本件株式については、評価通達の
定める評価方法を形式的に全ての納税者に係る全ての財産の価額の
評価において用いるという形式的な平等を貫くと、かえって租税負
担の実質的な公平を著しく害することが明らかというべきであり、
評価通達の定める評価方法以外の評価方法によって評価すべき特別
な事情がある。

6　そして、株式譲渡価格及び基本合意価格をもって、主観的事情を
捨象した客観的な取引価格ということはできないのに対し、Ｋ社の
算定報告は、適正に行われたものであり合理性があることから、本
件株式の相続税法第22条に規定する時価は、Ｋ算定報告額であると
認められる。したがって、評価通達６の適用は適法である。

7　審査請求人は、原処分庁が相続開始前に締結された基本合意書及
び相続開始後に締結された株式譲渡契約の契約書をＫ社に提出した
ことにより、Ｋ社の算定報告において、不当に高額な評価が行われ
たから、Ｋ算定報告額に合理性がない旨主張する。しかしながら、
株式の価額の算定に当たり、当該株式の取引事例に係る資料を用い
ることは適切であり、また、Ｋ社の算定報告において不当に高額な
評価が行われたことはないから、審査請求人の主張には理由がな
い。

8　審査請求人は、Ａ社株式の譲渡に係る被相続人とＢ社との基本合
意の事実は、Ａ社ののれん等の無形資産の価値が顕在化したことを
示すものではなく、基本合意価格は、本件株式通達評価額との比較
対象にならない旨主張する。しかしながら、基本合意については、
市場価格と比較して特別に高額又は低額な価格で合意が行われた旨
をうかがわせる事情等は見当たらず、取引事例の価格である基本合

意価格を評価通達の定める評価方法以外の評価方法によって評価すべき特別な事情の判断に当たって比較対象から除外する理由はない。

9　審査請求人は、本件株式通達評価額と基本合意価格との間にかい離があることをもって、評価通達の定める評価方法によらないことが正当と是認される特別な事情があるとはいえない旨主張する。しかしながら、本件株式通達評価額と基本合意価格との間に著しいかい離があることは、上記のとおり、評価通達の定める評価方法以外の評価方法によって評価すべき特別な事情となる。

Q1-6　第三者贈与とみなし贈与に関する国税の見解

第三者贈与とみなし贈与に関する国税の見解を教えてください。

Answer

相続税法9条を前提とした回答ですが代表的なものとして下記がなります。

【解説】

（質疑応答事例）7251　Ⅳ　第三者間贈与とみなし贈与課税　東京国税局課税第一部　資産課税課　資産評価官（平成21年8月作成）

1　はじめに

贈与税の納税義務者は、「贈与により財産を取得した」者であり（相法1の4）、ここでの贈与とは、当事者の一方が自己の財産を無償で相手方に与える意思を表示し、相手方が受託をすることによってその効力を生ずる契約（民法549条）であるとされている。

そして、贈与税の課税財産については、納税義務者によりその対

象となる範囲は異なるものの、いずれにせよ、納税義務者が贈与により取得した財産（相法2の2）であり、この財産は、財産権の対象となる一切のもの及び権利であると解されている（金子宏・「租税法〔第14版〕」・486頁）。

さらに、相続税法では、民法上の贈与により取得した財産ではなくても、その取得した事実によって実質的に贈与と同様の経済的効果が生じた場合には、その取得した財産を贈与により取得したものとみなして、贈与税の課税財産とする規定が置かれている。具体的には、相法5条から8条まで及び第3節（9条の2から9条の6まで）において個別に規定され、それとともに、相法9条において、これらに規定する場合を除くほか、「対価を支払わないで又は著しく低い価額の対価で利益を受けた場合」について概括的な規定が置かれている（以下、これらの規定よる贈与税の課税を総称して「みなし贈与課税」という。）。このみなし贈与課税の規定については、「課税原因を贈与という法律行為に限定した場合には、著しく低い価額の対価で財産の移転を図ることによって、贈与税の負担を回避しつつ、本来相続税の対象となるべき財産を生前に処分することで相続税の負担の軽減を図ることができることになり、租税負担の公平が著しく害されることとなる」ので、このような不都合を防止することを目的に規定されたものと解されている（相法7条につき、東京地裁平成7年4月27日判決）。（※1）

　<u>ところが、このようなみなし贈与課税は、次のような理由により、相続を生じる特殊関係のある者相互間での行為のみが、みなし贈与課税の対象となり、第三者間での行為はみなし贈与課税の対象とならないのではないかとの疑義が生じることがある。</u>（下線筆者）

すなわち、①みなし贈与課税の規定の目的は、財産を生前に処分することで相続税の負担の軽減を図ることの防止とされていること、また、②相法9条に規定する「対価を支払わないで、又は著し

く低い価額の対価で利益を受けた場合」について、相通によりその
具体例を示しているが、その中には「特殊の関係がある者相互間」
の行為のみを対象として定められているものがあることなどからで
ある。

　そこで、本稿では、贈与税の納税義務者について考察しつつ、み
なし贈与課税の規定のうち主に相法9条に焦点を当てて、第三者間
での利益の授受に係るみなし贈与課税の可能性について検討をす
る。

2　相法9条の趣旨

○第9条《贈与又は遺贈により取得したものとみなす場合その他
　の利益の享受》

　　　第5条から前条まで及び次節に規定する場合を除くほか、
　対価を支払わないで、又は著しく低い価額の対価で利益を受
　けた場合においては、当該利益を受けた時において、当該利
　益を受けた者が、当該利益を受けた時における当該利益の価
　額に相当する金額（対価の支払があった場合には、その価額
　を控除した金額）を当該利益を受けさせた者から贈与（当該
　行為が遺言によりなされた場合には、遺贈）により取得した
　ものとみなす。

　みなし贈与課税の概括的規定である相法9条は、対価を支払わな
いで利益を受けた場合には、当該利益に相当する金額を、当該利益
を受けさせた者から、贈与により取得したものとみなす旨を規定し
ている。

　ところで、贈与とは、当事者の一方が自己の財産を無償で相手方
に与える意思を表示し、相手方が受託をすることによってその効力
を生ずる契約（民法549条）であるとされているが、贈与は、親族
等の特別関係がある者相互間で行われるのが一般的であるため、当

事者間で贈与についての意思があったかどうかの事実認定は困難を
伴うことが多い。例えば、親子間の金銭の貸借など、外観は贈与で
なくても、その実質は贈与である場合があり、また、その逆の場合
もあり得る。

　そこで、相法9条は、私法上の贈与契約によって財産を取得した
ものではないが、贈与と同じような実質を有する場合に、贈与の意
思がなければ贈与税を課税できないとするならば、課税の公平を失
することになるので、この不合理を補うために実質的に対価を支払
わないで経済的利益を受けた場合においては、贈与契約の有無にか
かわらず当該経済的利益を贈与により取得したものとみなし、これ
を課税財産として贈与税を課税することとしたと解されている（東
京地裁昭和51年2月17日判決）。

○〔参考裁判例〕東京地裁　昭和51年2月17日　判決（※2）
　　相続税法9条は、対価を支払わないで利益を受けた場合は、
　贈与の意思の有無に拘わらず、当該利益に相当する金額を、当
　該利益を受けさせた者から、贈与により取得したものとみなす
　旨を規定していう。

　　右規定の趣旨は、私法上の贈与契約によって財産を取得した
　のではないが、贈与と同じような実質を有する場合に、贈与の
　意思がなければ贈与税を課税することができないとするならば、
　課税の公平を失することになるので、この不合理を補うために、
　実質的に対価を支払わないで経済的利益を受けた場合において
　は、贈与契約の有無に拘わらず贈与に因り取得したものとみな
　し、これを課税財産として贈与税を課税することとしたもので
　あるから、（以下省略）

3　「利益を受けた場合」とは
　　「利益を受けた場合」とは、利益を受けた者の財産（積極財産）

の増加又は債務（消極財産）の減少があった場合等をいい（相通9
-1）、そのような場合の例示として、相通9-2から9-12までにその具体例が示されている。

　以下、相通に示されている主な具体例について検討をしていく。

4　同族会社に対する財産の無償提供などにより株式や出資の価額が増加した場合

（相通9-2）

○相通9-2（株式又は出資の価額が増加した場合）
　　同族会社の株式又は出資の価額が、例えば、次に掲げる場合に該当して増加したときにおいては、その株主又は社員が当該株式又は出資の価額のうち増加した部分に相当する金額を、それぞれ次に掲げる者から贈与によって取得したものとして取り扱うものとする。この場合における贈与による財産の取得の時期は、財産の提供があった時、債務の免除があった時又は財産の譲渡があった時によるものとする。
　(1)　会社に対し無償で財産の提供があった場合　当該財産を提供した者
　(2)　時価より著しく低い価額で現物出資があった場合　当該現物出資をした者
　(3)　対価を受けないで会社の債務の免除、引受け又は弁済があった場合　当該債務の免除、引受け又は弁済をした者
　(4)　会社に対し時価より著しく低い価額の対価で財産の譲渡をした場合　当該財産の譲渡をした者

　株式会社等に対して無償で財産の提供があった場合には、この提供財産に相当する純資産価額が増加することによって、株式等の価額が増加する。

　このことによって、その会社の株主等は、受贈の意思なくしてそ

の所有する株式の含み益を享受する。

　そこで、相通9－2は、同族会社に対して財産の無償提供等があった場合に、当該会社の株主が、当該財産を提供した者から株式等の価額の増加した部分に相当する金額を贈与により取得したものとして扱うとしている。

　この取扱いにおいて、財産の無償提供などの事由により、会社の純資産価額が増加し株式の価額が増加するのは同族会社に限られるものではないが、同族会社の株式等に限って、みなし贈与課税をすることとしている。

　その理由として、相法9条は、『利益を受けさせた者から贈与により取得したものとみなす』と規定されていることから、その利益を受けさせることについての積極的な行為を判定することが必要であることから、相通の定めにおいては、同族会社の場合に限定していると説明されている（「相続税法基本通達逐条解説（改訂新版）」170頁）。

　すなわち、同族会社の場合にあっては、財産の提供者の行為が、名目的には会社に財産を提供することであるが、実質的にはその会社の株主に対して利益を受けさせるといった贈与意思を推定することができる利益享受行為と見ることができることから、相法9条に該当するとの解釈から定められている（奥山尚（国税庁資産税課）・「相続税法基本通達の改正について」税経通信（1959.5）・164頁）。

　また、対象となる株式は同族会社の株式に限られてはいるものの、贈与を受けたとみなされる者、すなわち、贈与税の納税義務者については、同族関係者等に限られていないので、第三者から同族会社に対して無償で財産等の提供があった場合であっても、その会社の株主が、当該第三者から株式の増加額に相当する利益を贈与により取得したものとみなされ、贈与税の納税義務者となることがある。

○〔参考裁判例〕大阪地裁　昭和53年5月11日　判決（※3）

　　A会社が本件株式を時価に比し低い価額で譲受けた結果、譲受価額と時価との差額に相当する金額がA会社のかくれた資産となり、同社の純資産額が増加したこと、A会社の株式は純資産増加分だけ価値を増し、従ってA会社の株主は株式の持分数に応じその保有する株式が価値を増したことによる財産上の利益を享受したこと、原告甲もA会社の発行済株式総数800株中730株を所有する株主として、A会社の純資産が増加したことに伴ない、所有株式の割合に応じた財産上の利益を享受したことが認められる。そして、…、本件株式の譲渡が乙から原告甲に対しB会社の経営支配権を移転することを目的としており、右譲渡によりA会社の大半（800分の730）の株式を所有する原告甲は、B会社の株式を間接的に所有する結果となったことに照らすと、原告甲が財産上の利益を得たと認められる限度において乙から原告甲に対し贈与があったものとみなすのが相当である。

5　同族会社の募集株式引受権（相通9-4）

○相通9-4（同族会社の募集株式引受権）

　　同族会社が新株の発行（当該同族会社の有する自己株式の処分を含む。）をする場合において、当該新株に係る引受権（以下「募集株式引受権」という。）の全部又は一部が会社法第206条各号《募集株式の引受け》に掲げる者（当該同族会社の株主の親族等（親族その他法施行令第31条に定める特別の関係がある者をいう。以下同じ。）に限る。）に与えられ、当該募集株式引受権に基づき新株を取得したときは、原則として、当該株主の親族等が、当該募集株式引受権を当該株主から贈与によって取得したものとして取り扱うものとする。ただし、当該募集株式引受権が給与所得又は退職所得として所得税の課税対象となる場合を除くものとする。

　同族会社が新株の発行をする場合に、同族会社の株主が有する募集株式引受権を行使せずに、その者の親族が引き受け、払込みをする場合に、本来株主が払込をすれば有することとなる含み財産価値が増資を契機として、受贈の意思なくして財産が親族に移転する場合に、当該株主の親族が当該募集株式引受権を当該株主から贈与によって取得したものとして取り扱うものである。

　この取扱いでは、同族会社の株主が、その株主の親族以外の者に対して募集新株引受権を与えた場合、個人対個人の利益提供と利益の享受の関係は直接にはなく、法人対個人の関係とみることができることから、同族会社の株主が、その株主の親族に対して募集新株引受権を与えた場合に限り、贈与によって取得したものとみなすこととしている。

　したがって、同族会社の株主が、その株主の親族以外の者に対して募集新株引受権を与えた場合、その募集新株引受権を与えられた親族以外の者は、贈与税の納税義務者にはならないといえる。

　なお、この取扱いにおいて、対象を同族会社に限定している理由については、相通9-2が同族会社に限定している理由と同様と考えられる。

〈参考文献〉福岡右武・別冊ジュリスト（1992. 12）「租税判例百選
　　　　　［第三版］」・108頁
　「相続税法9条の解釈としては、経済的効果から見て特定者間において（無償又は著しく低い対価で）財産的価値の移転があったものと評価できる限りは、必ずしも同族会社に限定されないというほかないであろう。しかし、実際問題としては、非同族会社、殊に株式会社の場合は、新株発行の方法や株価形成の問題等もからんで、特定者間での財産的価値の移転の関連づけが通常困難であろうから、同条が適用される場合はさほど多くないであろう。」

6　対価を支払わないで財産の名義変更が行われた場合（相通9-9）

> ○相通9-9（財産の名義変更があった場合）
>
> 　　不動産、株式等の名義の変更があった場合において対価の授受が行われていないとき又は他の者の名義で新たに不動産、株式等を取得した場合においては、これらの行為は、原則として贈与として取り扱うものとする。

　不動産等の名義変更があった場合において、その名義変更が権利の移転を伴っているものなのか、それとも名義変更は名目のみで、実質的には名義人に権利が移転していないものなのかの判断が難しい場合がある。

　そこで、相通9-9は、財産の名義変更があった場合又は他人名義による財産の取得があった場合には、権利の移転があるかないかにかかわらず、そこに権利の移転があったものとして取り扱い、さらにそこに対価の授受がない場合には、贈与として取り扱うと定めている。

　この場合の贈与税の納税義務者について、同通達は定めを置いていないが、これは、同通達は「他人名義による財産の取得または財産の名義変更があった場合には、その当事者の関係を問わず、そこに権利の移転があったものとし、そこに対価の授受がない場合に贈与として取り扱うことを定めたもの」（桜井四郎・「名義変更等が行われた後にその取消等があった場合の贈与税の取扱いについて」税経通信19巻9号・119頁（1964））であり、この取り扱いにより、無償で不動産等の名義変更があった場合には相法1条の4に規定される贈与、つまり、本来の贈与として取り扱われることになる。

　そして、贈与税の納税義務者について相法は、「贈与により財産を取得した者」と規定し、贈与者と受贈者との関係については特に規定していない。

　したがって、親族等の特別な関係がある者間に限らず、第三者間であっても、他人名義による財産の取得が行われた場合における当該名義人は、贈与税の納税義務者となり得る。

　ところで、財産の名義変更又は他人名義による財産の取得が行われた場合においても、それが贈与の意思に基づくものではなく、ほかのやむを得ない理由に基づいて行われたことが明らかなときなど、一定の場合には、別途「名義変更等が行われた後にその取消等があった場合の贈与税の取扱いについて」（昭39直審（資）22、直資68））通達により、贈与がなかったものとし、贈与税の課税をしないこととする取扱いを定めている。

○〔参考裁判例〕宇都宮地裁　昭和36年10月13日　判決（※４）

　　親権者が子の所有建物に自己の費用をもって施した増改築による建物価額の増加を相法１条の２（現行１条の４）により、本来の贈与として課税した事例

　　「親権者が子の所有建物に対して修繕を施すことは親権者の財産管理行為として、民法第828条但書にいわゆる「財産の管理」の範囲内に属する行為であるというべきであるが、前掲の本件増改築はその程度が遥かに修繕の程度を越脱しているから、これをもって親権者の財産管理行為とはいい得ず、右増改築が親権者の費用をもって行われた時は右増改築により増加した建物価額は親権者の贈与により子の取得した財産価額というべく…〔以下省略〕」

7　無利子の金銭貸与等（相通９-10）

○相通９-10（無利子の金銭貸与等）

　　夫と妻、親と子、祖父母と孫等特殊の関係がある者相互間で、無利子の金銭の貸与等があった場合には、それが事実上

　　贈与であるのにかかわらず貸与の形式をとったものであるか
　どうかについて念査を要するのであるが、これらの特殊関係
　のある者間において、無償又は無利子で土地、家屋、金銭等
　の貸与があった場合には、法第9条に規定する利益を受けた
　場合に該当するものとして取り扱うものとする。ただし、そ
　の利益を受ける金額が少額である場合又は課税上弊害がない
　と認められる場合には、強いてこの取扱いをしなくても妨げ
　ないものとする。

　　夫と妻、親と子、祖父母と孫等、特殊の関係がある者相互間で無
償又は無利子で土地、家屋、金銭等の貸与等があった場合に、実質
は贈与であるにもかかわらず、貸借に仮装して贈与税の課税回避を
図ろうとする例がある。

　　そこで、相通9-10は、これら特殊の関係がある者相互間で無償
又は無利子で土地、家屋、金銭等の貸与等があった場合には、それ
が事実上贈与であるにもかかわらず、貸与の形式をとったものでな
いか念査を要する旨の運営上の留意事項を定めると共に、念査の結
果、貸与であると認められる場合であっても、賃貸借による場合の
各年の地代、家賃、利子等に相当する金額は、相法9条に規定する
経済的利益の享受に該当するものとして取り扱う旨を定めている。

　　したがって、例えば、無利息で金銭の賃貸借契約を交わした場合
には、本来支払うべき利息に相当する金額についで相法9条に規定
する経済的利益の享受があったものとして、みなし贈与課税され
る。

○〔参考裁判例〕大阪地裁　昭和43年11月25日　判決（※5）
　夫婦間の土地の使用関係に相続税法第9条が適用された事例
　　「税法上における経済的利益の有無は、当該法律関係の形式と

性質によって決定されるものではなく、もっぱら経済的実質に
よって決定されるものであって、…原告は本件土地を使用して
共同住宅を建築し、これを他人に賃貸して賃料収入を挙げてい
る事実が認められるから夫婦別産制をとるわが法制下において
は、原告は、自己の営む事業によって自己の所得をえているの
であり、原告は税法上の見地においては独立の経済主体として
本件土地を夫甲から借用することによって相当の経済的利益を
うけているものというべく、右利益は、原告が夫から直接贈与
をうけたものではないが、贈与をうけたのと同様の経済的効果
を有するものであるから対価を支払わないで利益をうけた場合
に当り相続税法第9条により原告は夫甲から利益の価額に相当
する金額を贈与により取得したものとみなされることとなる。」

同通達は特殊関係がある者相互間での無償又は無利子で土地、家
屋、金銭等の貸与等があった場合に限っていることから、特殊関係
のない第三者間で無償又は無利子で土地、家屋、金銭等の貸与等が
あった場合には贈与税の課税がされないとの疑義が生じる。

しかしながら、同通達が特殊関係者に限って規定しているのは、
特殊関係者間においては、利益の授受についての意思の合致があっ
たかどうかの事実認定が困難を伴うことを理由に、特殊関係がある
者相互間での無償等で土地等の貸与等があった場合には、相法9条
に規定する経済的利益に該当するものとして取り扱うと定めている
のであり、第三者間において無償等で土地等の貸与等があった場合
には、一般的には、借り受けた者が貸し付けた者から賃料や利息相
当額の利益の授受があったと推定することができることから、あえ
て例示していないと考えられる。

なお、同通達制定時の解説において、特殊関係者に縛っているの
は、第三者間にあっては贈与とみなす必要の無い本来的贈与そのも

のである旨が説明されている（奥山尚（国税庁資産税課）・「相続税
法基本通達の改正について」税経通信（1959年 5 月号）・167頁）。

〈参考文献〉奥山尚（国税庁資産税課）「相続税法基本通達の改正
　　　　　について」税経通信（1959年 5 月号）・167頁
○「親族間における財産の名義変更（通達第63条（現 9 - 9 ））」に
　ついての解説
　　「一般論として、不動産、預貯金、株式等についてその所有名
　義に変更がなされた場合は、旧・新名義者に殊更の贈与契約が
　成立していなくとも実態的には両者間に贈与行為があったとみ
　なして間違いのないところである。」
　　「本条適用が「特殊関係者相互間」に限っているので第三者間
　の場合は一般に名義変更課税が行われないとも読めるのである
　が、これは贈与とみなす必要のない本来的贈与そのものである
　ことに反省しなければならない。」
○「無利子での金銭貸与等があった場合（通達64条）（現 9 -10）」
　についての解説
　　「無利子貸付での金銭貸与があった場合には、無利子の利益を
　享受した者が貸主から通常支払うべき利子相当額の贈与を受け
　たものとみなすべきが筋合いである。
　　これは特殊関係者に縛っているが、前条と（通達63条〔「親族
　間における財産の名義変更」のみなし課税に関する通達〕）と同
　様第三者にあっては更に当然である。」

8 　まとめ
　　贈与税は、相続税の補完税であることから、贈与税が課税される
　行為については、将来に相続が生じるような特殊関係者での行為に
　限定されるべきであるとの主張が起こりうる。
　　このことについて、仙台地裁平成 3 年11月12日判決では、「贈与

税の納税義務者を相続税の納税義務者とは別個に定めており、沿革的には贈与税が相続税の補完税としての性格を有しているとしても、理論的には、贈与による財産の取得が取得者の担税力を増加させるため、それ自体として課税の対象になるというべき」と判示して、相続を生じる特殊関係のある者相互間での贈与だけではなく、いわゆる第三者間の贈与について、贈与税を課税することを相当としている。

　そして、第三者間において利益の授受があった場合のみなし贈与課税についても、東京地裁平成19年1月31日判決では、「租税回避の問題が生じるような特殊な関係にあるか否かといった取引当事者間の関係および主観面を問わない」と判示して、相続を生じる特殊関係のある者相互間での贈与だけではなく、いわゆる第三者間の取引における、利益の授受について、みなし贈与課税することを相当としている。

　したがって、贈与税は、沿革的には相続税の補完税の性格を有しているとしても、贈与による財産の取得が取得者の担税力を増加させること自体が課税の対象になるのであり、将来に相続が生じるような特殊関係者に限定されることなく、第三者間での贈与についても贈与税の課税がされることとなる。そしてそのことは、本来の贈与により取得した財産への課税であっても、みなし贈与課税であっても同様である。

○〔参考裁判例〕仙台地裁　平成3年11月12日　判決（※6）

　原告は、相続税法7条は、相続税の賦課、納付を回避するために生前に低額で財産の譲渡を受けたり遺贈を受けたりする租税回避行為に対する課税を目的とするものであり、原告がそのような意図を持たない本件には適用がないと主張する。

　しかし、相続税法1条の2は、贈与税の納税義務者を相続税

の納税義務者とは別個に定めており、沿革的には贈与税が相続税の補完税としての性質を有しているとしても、理論的には、贈与による財産の取得が取得者の担税力を増加させるため、それ自体として課税の対象になるというべきであり、相続税法中の贈与税の規定もこれを前提とするものである。

○〔参考裁判例〕東京地裁　平成19年1月31日　判決（※7）

　　このような同条（相法7条）の趣旨及び規定の仕方に照らすと、著しく低い価額の対価で財産の譲渡が行われた場合には、それによりその対価と時価との差額に担税力が認められるのであるから、税負担の公平という見地から同条が適用されるというべきであり、租税回避の問題が生じるような特殊な関係にあるか否かといった取引当事者間の関係及び主観面を問わないものと解するのが相当である。

【TAINS編注】

（※1）平成7年4月27日東京地裁判決は、税区分「相続税」の「判決」に収録〔TAINSコード　Z209-7510〕

（※2）昭和51年2月17日東京地裁判決、税区分「相続税」の「判決」に収録〔TAINSコード　Z087-3718〕

（※3）昭和53年5月11日大阪地裁判決、税区分「法人税」の「判決」に収録〔TAINSコード　Z101-4190〕

（※4）昭和36年10月13日宇都宮地裁判決、税区分「相続税」の「判決」に収録〔TAINSコード　Z035-1066〕

（※5）昭和43年11月25日大阪地裁判決、税区分「相続税」の「判決」に収録〔TAINSコード　Z053-2382〕

（※6）平成3年11月12日仙台地裁判決、税区分「相続税」の「判決」に収録〔TAINSコード　Z187-6805〕

（※7）平成19年1月31日東京地裁判決、税区分「相続税」の「判決」に収録〔TAINS コード　Z257-10622〕

（参考）

【みなし贈与／第三者間取引への適用の可否・仮換地未指定地の時価評価】

さいたま地方裁判所平成13年（行ウ）第46号贈与税決定処分等取消請求事件（一部取消し）（確定）平成17年1月12日判決（Z255-09885）

　第三者間で土地を売買する場合には、当事者間の合意によって価格が決定され、そこに贈与の意思があることは考えにくいと思われます。

　しかし、結果的にその売買価格が通常の取引価格からかけ離れた低い金額と認められる場合には、相続税法第7条が適用され、時価との差額を贈与により取得したものとみなすという判決です。

　この規定の適用につき、親族関係や贈与意思の有無は問わないとしています。これは他の類似判決・裁決と共通の考え方です。

　もっとも実務上の考え方は上述の通りです。

Q1-7　第三者を介して租税回避

　「第三者を介して、迂回的に同族関係者が取得する」ようなプランニング（大昔に流行った租税回避プランニング）とみなし贈与認定の関係について教えてください。

Answer

　表題の件は現時点では実行されることはありませんし、実行してもいけません。

【解説】

　参照できる代表的なものとして、名古屋高裁（平成4年2月27日、控訴棄却）、最高裁（平成4年12月4日、上告棄却）があります。納税者敗訴で確定した事案です。

　同族会社において、当該法人の代表取締役及び妻は自社株を取引先である第三者の会社2社に1株50円で譲渡しています。

　その後、期間をあけて、代表取締役の子（次の代表取締役）は上記2社から1株50円で同社の株式を取得しています。

　このとき、書面はありませんが、「買戻しの申出がなされた場合には1株50円でこれに応ずることの依頼、承諾があった」との認定がなされています。

　裁判では「買戻権の存否」及び「買戻権の贈与の存否」が争点となりました。

　その結果、代表取締役は「買戻権を有しており」、子が上記2社から株式を取得することは「代表取締役から買戻権の贈与を受けていた」と認定され、贈与税課税がなされたものです。

　迂回取得が否認されるかどうかは事実認定の問題に着地します。

　上記よりもはるかに手軽く迂回取得を行っていたケースも過去には散見されました。

（STEP 1）オーナー⇒少数株主等非支配株主（通常、従業員持株会）にいったん、配当還元方式で売却

（STEP 2）少数株主等非支配株主⇒会社に売却、配当還元方式で移動可能

　これによりオーナーの持株数が減少し、相続対策になるというものです。もちろん議決権割合は上がります。

　この極めて単純な迂回取得において問題になるのは、（STEP 1）と（STEP 2）が「一連の取引」認定されると租税回避行為として、（STEP 2）における株式譲渡に関してはみなし贈与が発動するという点です。

（参考）

> オーナー所有の株式を評価額より高額で従業員持株会に譲渡した場合

　オーナーが従業員持株会に対して１株500円で譲渡しようとしています。一方、配当還元方式による株式評価額は１株250円です。差額はみなし贈与でしょうか。

　当然そのような課税関係は生じえません。

　オーナーは、この株式の譲渡によって、相続税法９条の利益を受けた場合に該当しません。高額譲渡におけるみなし贈与課税の適用余地は一切ありません。実際、当該取引を行った結果、当該従業員から何ら利益を受けたことにはなりません。

（参考）

> 大阪地裁昭和59年（行ウ）第153、155〜158号贈与税等賦課決定処分
> 請求事件（Z154-5816）

　当該株式の譲受価額は著しく低いとされた事例です。類似業種比準価額の43〜60％程度だったからです。

〔事案の概要〕

　従業員持株制度を採用しているため、昭和52年証券会社に発行株式の売買適正価額の評価を委託する一方、従業員等を含む株主全員に対し売買希望額についてのアンケートを求めたところ、額面の３倍程度の価額が妥当であるとの意見が過半数であったことから、それ以降はおおむね額面の３倍の価額をもって、退社に伴い株式売却を希望する従業員とその取得希望者との仲介の労をとり現在に至っている。

〔当事者の主張〕

○納税者の主張

　同一会社の従業員と同族株主という限定された当事者間の合意に基づく本件株式の譲受価額は自由な立場に立つ売買当事者の合意に基づく適正な価額であるから、当該価額が時価である。

○課税庁の主張

　相続税法7条の時価が同法22条の時価とその意義を異にするとの主張は原告ら独自の見解で失当である。

　本件株式の譲渡人は類似業種比準方式による評価額でこれを譲渡しえたにもかかわらず、それより低額でこれを原告らに譲渡したことになるから、譲渡人に財産の減少が見られ、贈与の定義に符合する。

　租税が私的経済取引を規制し又は決定する機能を有することは、現実の取引において否定できない。

　配当還元方式は簡便性等を考慮した特例的評価方式にすぎず、類似業種比準方式が原則的評価方式である。

〔判断〕

　譲渡株式の類似業種比準方式による評価額と、その譲受価額との差額が、相続税法7条により贈与とみなされた。

　同一会社の従業員と同族株主という限定された当事者間の合意に基づく本件株式の譲受価額は自由な立場に立つ売買当事者の合意に基づく適正な価額であるから、当該価額が時価である、との原告らの主張が排斥された。

　相続税法7条にいう時価とは、課税時期において、それぞれの財産の現況に応じ、不特定多数の当事者間で自由な取引が行われる場合に通常成立すると認められる価額をいうと解される。

　相続税財産評価に関する基本通達が取引相場のない同族株主のいる大会社の株式について株式取得者の事実上の支配力の有無により類似業種比準方式又は配当還元方式によることとしている理由は、右会社

のすべての株式価額は本来類似業種比準方式により算定されるべきであるが、これには多大の労力を要しかつ一般的に算定価額がかなり高額になることから、持株割合が僅少で会社に対する影響力を持たず、ただ配当受領にしか関心のないいわゆる零細株主が取得した株式について右方式により算定することは適当でないため、このような株主の取得する株式の評価は特例として簡便な配当還元方式によるものとしたことにあると考えられ、従って、１つの評価対象会社につき２つの株価を認めた訳ではなく、あくまで当該株式の時価は類似業種比準方式により算定される価額によるものというべきである。

　なお、右のような取扱いの結果、零細株主は時価より低い評価額で課税され利益を得ることとなるが、前記のような合理的理由に基づく以上、右取扱いを違法とまでは断じ難い。

（参考）

仙台地裁昭和59年（行ウ）第７号贈与税決定処分等取消請求事件（棄却）（確定）（Z187-6805）

　相続税法第７条に規定するみなし贈与は、租税回避行為であるか否かを問わず、当事者間の具体的な意図・目的を問わずして適用があるとされた事例です。

　また、類似業種比準価額、純資産価額採用の合理性について詳細を述べています。財産評価基本通達には一定の制度設計上の「趣旨」があることはもちろんですが、それを全面的に肯定した事例といえます。

　特に従業員持株会制度の設計においても同法の射程内にあることを判示したことについて、実務上非常に重要な裁判例です。

〔事案の概要〕

　本件株式の取得は、従業員持株制度による売戻条件の履行として約

定どおりの価額（1株50円）で譲り受けた。

〔当事者の主張〕

○納税者の主張

　相続税法7条は、相続税の租税回避行為に対する課税を目的としたものであり、そのような意図を持たない本件には適用がない。

　従業員持株制度を設けている丸本組の代表取締役であった当時、本件株式を退職した従業員から取得し、次に株式を保有させるべき従業員が決まるまでの間一時的に保有していたにすぎず、本件株式の取得によって利益を得る目的をなんら有していなかったのであるから、本件株式の取得について相続税法7条の規定の適用はない。

　本件株式の取得は、従業員持株制度による売戻条件の履行として約定どおりの価額（1株50円）で譲り受けたもので、その売買価額も当事者間の自由意思による正常な取引価額であるから、「著しく低い価額の対価」による取得には当たらない。

　評価通達により本件株式を非上場株式として評価して行われた本件処分は、同株式についての取引の実情、沿革、売買事例等に基づく価額を無視し、恣意的に時価を定めて、相続税法7条、22条等を適用するもので、憲法84条に違反し、無効である。

○課税庁の主張

　評価通達によれば、本件株式は、上場株式及び気配相場のある株式のいずれにも該当しないので、取引相場のない株式として評価されることになる。

　そして、丸本組は「大会社」に該当し、かつ、原告は「同族株主」に該当する。したがって、本件株式は、原則的には類似業種比準価額方式により評価されるべきであり、ただ、その価額が純資産価額方式によって評価した価額を超える場合には、純資産価額方式による価額を採用することもできることになる。

　類似業種比準価額方式は、事業内容が類似する複数の上場会社からなる類似業種の平均株価を基とし、類似業種並びに評価会社の配当、利益及び純資産を比準要素として評価額を算出する方式であり、これによって、本件株式を評価すると、昭和55年分については、1株当たり996円となり、昭和56年分については1株当たり1,189円となる。

　純資産価額方式は、個人企業における相続税の課税価額の計算方法に準じて、評価会社の財務内容を基として1株当たりの評価額を計算する方式であり、これによって、本件株式を評価すると、昭和55年分については1株当たり693円となり、昭和56年分については1株当たり712円となる。

　以上によると、昭和55年分・昭和56年分のいずれについても、純資産価額方式によって評価した場合の方が類似業種比準方式によって評価した場合を下回るので、本件株式の評価は、純資産価額方式によるのが相当である。

〔判断〕

　相続税法7条にいう時価とは、当該財産が不特定多数人間で自由な取引がなされた場合に通常成立すると認められる価額、すなわち当該財産の客観的交換価値を示す価額をいう。

　相続税財産評価に関する基本通達が、いわゆる類似業種比準方式において、70パーセントの安全率を設けていることをもって、右方式を不当ということはできないとされた。

　相続税財産評価に関する基本通達が、いわゆる純資産価額方式において、同族株主であるか否かにより異なる評価方法をとることとしていることは、経済的実質に応じて税負担を求めるものであり、公平の原則に反するものではない、とされた。

　相続税法7条は著しく低い対価によって財産の取得が行われた場合の実質的贈与に着目して、税負担の公平の見地から贈与とみなす趣旨

の規定であり、当事者の具体的な意図、目的を問わずに適用されるとされた。

本件株式には譲渡制限等があったことから、経済原理的には、価額形成についていえば、株式の評価にあたって優先的に評価されるべき売買取引には当たらないとされた。

非上場株式の時価評価において、その株式と同様の企業外部の要因が反映された上場株式の価格を基準として、両者の企業内部の要因を比較対照して比準評価することは合理的であるといえる。

そして相続税財産評価に対する基本通達(評価通達)は、このような比較対照をするに当たり、業界の趨勢が類似するという点に着目し、これを日本標準産業分類における業界の類似性に求めることとしているが、この方式は、かつて行われたことのある類似会社比準方式と比べて、簡便であるとともに評価上の恣意性が排除され、評価の統一性・画一性・安定性が担保されるという長所がある。

したがって、評価通達において採用されている類似業種比準方式には合理性があるということができる。

また、純資産価額方式は、個人企業における相続税の課税価額の計算方式に準じて、評価会社の財務内容を基として1株当たりの評価額を計算する方式であり、個人事業者と同規模の会社の株式もしくは閉鎖性の強い会社の株式で株式の所有目的が投機や投資を目的としたものではなく、会社支配を目的として所有する株式に適合する評価方法ということができる。

(参考)

【みなし贈与/非同族株主への取引相場のない株式の譲渡】
東京地方裁判所平成15年(行ウ)第214号贈与税決定処分取消等請求事件(全部取消し)(確定)(納税者勝訴)平成17年10月12日判(Z255-10156)

　相続税法第7条との関係性についての判示で「財産評価基本通達による道理的に定められた金額又はこれを上回る金額」であれば相続税法第7条に該当しないとされた事例です。

　財産評価基本通達での算定株価は原則評価と特例評価（配当還元方式価額）に区分されます。課税実務においては両者の厳密な使い分けが必要になります。

[事案の概要]

　納税者が、その取引先である非上場会社の株式を、同社の会長職にあった者から売買によって譲り受けたところ、税務署長である被告が、当該株式の譲受けは相続税法7条の「著しく低い価額の対価で財産の譲渡を受けた場合」に該当すると認定し、当該譲受けの対価と被告が独自に算定した当該株式の時価との差額に相当する金額を課税価格とする贈与税の決定処分を受けた事案。

[当事者の主張]

○納税者の主張

　納税者の甲社における株式の保有割合や、甲社においては株式の譲渡につき取締役会の承認を要することとされていることに照らせば、納税者は、譲渡人及びその親族らのような同族株主とは異なり、会社に対する直接の支配力を有さず、当面、配当を受領すること以外に直接の経済的利益を享受することのない少数株主であり、その取得及び保有する株式の評価につき、財産評価基本通達の定める配当還元方式が本来的に適用されるべき株主に該当する。

　売買価格が配当還元方式によって決定されたとしても、それが財産評価基本通達における原則的な評価方法である以上、不合理な価格決定の方法ということはできないし、また、当該売買取引が譲渡人側の

相続・事業承継対策の一環として行われたということが、同売買取引が実質的に贈与に等しいとか、贈与税の負担を免れる意図が存したということに直ちにつながるものではない。

　仮に他の取引事例が存在することを理由に、財産評価基本通達の定めとは異なる評価をすることが許される場合があり得るとしても、それは、当該取引事例が、取引相場による取引に匹敵する程度の客観性を備えたものである場合等例外的な場合に限られるところ、上記売買実例における甲社の株式の売買価額が客観性を備えたものであるとはいえない。

○課税庁の主張

　甲社の株式売買取引により納税者が取得した地位は、甲社の事業経営に相当の影響力を与えるものであり、配当還元方式が本来適用を予定している少数株主（同族株主以外の株主）の地位と同視できない。

　甲社の株式売買取引は、実質的には贈与に等しく、贈与税の負担を免れるため財産評価基本通達による評価額を上回ればよいとの基準で価格を定めたものにすぎず、このような場合にまで財産評価基本通達を形式的に適用すると租税負担の実質的な公平を害する。

　売買実例における甲社の株式の売買価格は客観的時価を適切に反映しており、配当還元方式による評価額はこれより著しく低額であるから、このこと自体が財産評価基本通達に定める評価方式によらない特別の事情に当たる。

〔判断〕

　相続税法7条にいう「時価」とは、同法22条にいう「時価」と同じく、財産所得時における当該財産の客観的交換価値、すなわち、それぞれの財産の現況に応じ、不特定多数の当時者間で自由な取引が行われる場合に通常成立すると認められる価額をいうものと解される。

　課税実務上、財産評価基本通達の定めによって評価した価額をもっ

て時価とすることとされているのは、財産の客観的交換価値を個別に評価する方法をとると、その評価方法、基礎資料の選択の仕方等により異なった評価額が生じることを避け難く、また、課税庁の事務負担が重くなり、回帰的、かつ、大量に発生する課税事務の迅速な処理が困難となるおそれがあること等から、あらかじめ定められた評価方法により画一的に評価する方が、納税者間の公平、納税者の便宜、徴税費用の節減という見地から見て合理的であるという理由に基づくものであるから、財産評価基本通達に定められた評価方法が合理的なものである限り、これは時価の評価方法として妥当性を有するものと解される。

　財産評価基本通達に定める類似業種比準方式による株式評価は、現実に株式市場において取引が行われている上場会社の価格に比準した株式の評価額が得られる点で合理的であり、取引相場のない株式の算定手法として適切な評価方法である。

　財産評価基本通達が、原則的な評価手法の例外として、「同族株主以外の株主等が取得した株式」については配当還元方式によって評価することを定めている趣旨は、一般的に、非上場のいわゆる同族会社においては、その株式を保有する同族株主以外の株主にとっては、当面、配当を受領するということ以外に直接の経済的利益を享受することがないという実態を考慮したものと解するのが相当である。

　そして、会社に対する直接の支配力という点において、同族株主とそれ以外の株主とでは、保有する株式の実質的な価値に大きな差異があるといえるから、財産評価基本通達は、同族株主以外が取得する株式の評価については、通常類似業種比準方式よりも安価に算定される配当還元方式を採用することとしたものであって、そのような差異を設けることには合理性があり、また、直接の経済的利益が配当を受領することに限られるという実態からすれば、配当還元方式という評価方法そのものにも合理性があるというべきである。

Q1-8　相続税法第9条の意義と考え方

相続税法第9条の意義と考え方について基本的な考え方を教えてください。

Answer

相続税法第9条は、単純贈与以外で対価を支払わない贈与について、譲渡当事者「外」の規定です。相続税法第9条は、みなし贈与課税の概括的規定といわれています。下記が基本的な理解です。

【解説】

相続税法第9条は、単純贈与以外で対価を支払わない贈与について、譲渡当事者「外」の規定です。

相続税法第9条の趣旨は、みなし課税の対象とされる生命保険金、信託に関する権利等の事由のほか、「対価を支払わないで、又は著しく低い価額の対価で利益を受けた場合」にも同様に、その対価と時価との差額について贈与等があったものとみなすというものです。

相続税法第9条は、みなし贈与課税の概括的規定といわれています。

対価を支払わないで利益を受けた場合には、当該利益に相当する金額を、当該利益を受けさせた者から、贈与により取得したものとみなす旨を規定しており非常に広範な解釈がとられていることがわかります。

贈与とは、当事者の一方が自己の財産を無償で相手方に与える意思を表示し、相手方が受託をすることによってその効力を生ずる契約です（民法549）。

しかし、一般的に贈与は、親族等の特別関係がある者相互間で行われるのが通常です。このため当事者間で贈与についての意思があったかどうかの事実認定は困難を伴うことが多いところです。

例えば、親子間の金銭の貸借など、客観的にみれば贈与でなくても、その実質は贈与である場合が想定されます。

　そこで、相続税法第9条は、私法上の贈与契約によって財産を取得した
ものではないが、贈与と同じような実質を有する場合に、贈与の意思がな
ければ贈与税を課税できないとするならば、課税の公平を失することにな
りますから、この「不合理」を補うために、実質的に対価を支払わないで
経済的利益を受けた場合においては、贈与契約の有無にかかわらず当該経
済的利益を贈与により取得したものとみなすこととします。そして、これ
を課税財産として贈与税を課税することとしたと解されています。

（参考）

> 東京地裁昭和51年2月17日判決
>
> 　相続税法9条は、対価を支払わないで利益を受けた場合は、贈与の
> 意思の有無に拘わらず、当該利益に相当する金額を、当該利益を受け
> させた者から、贈与により取得したものとみなす旨を規定している。
> 　右規定の趣旨は、私法上の贈与契約によって財産を取得したのでは
> ないが、贈与と同じような実質を有する場合に、贈与の意思がなけれ
> ば贈与税を課税することができないとするならば、課税の公平を失す
> ることになるので、この不合理を補うために、実質的に対価を支払わ
> ないで経済的利益を受けた場合においては、贈与契約の有無に拘わら
> ず贈与に因り取得したものとみなし、これを課税財産として贈与税を
> 課税することとしたものであるから、…。

　贈与税は、相続税の補完税です。贈与税が課税される行為について、将
来に相続が生じるような特殊関係者での行為に限定されるべきであるとの
考え方は一見もっともらしく見えます。
　これについて、仙台地裁平成3年11月12日判決では、「贈与税の納税義
務者を相続税の納税義務者とは別個に定めており、沿革的には贈与税が相
続税の補完税としての性格を有しているとしても、理論的には、贈与によ

る財産の取得が取得者の担税力を増加させるため、それ自体として課税の
対象になるというべき」と判示して、相続を生じる特殊関係のある者相互
間での贈与だけではなく、いわゆる第三者間の贈与について、贈与税を課
税することを相当としています。

　そして、第三者間において利益の授受があった場合のみなし贈与課税に
ついても、東京地裁平成19年1月31日判決では、「租税回避の問題が生じ
るような特殊な関係にあるか否かといった取引当事者間の関係および主観
面を問わない」と判示して、相続を生じる特殊関係のある者相互間での贈
与だけではなく、いわゆる第三者間の取引における、利益の授受につい
て、みなし贈与課税することを相当としています。

　このように贈与税は、沿革的には相続税の補完税の性格を有していると
しても、贈与による財産の取得が取得者の担税力を増加させること自体が
課税の対象になるのであり、将来に相続が生じるような特殊関係者に限定
されることなく、第三者間での贈与についても贈与税の課税がされること
となります。

　そしてそのことは、本来の贈与により取得した財産への課税であって
も、みなし贈与課税であっても同様と考えられるのです。

　とはいえ、租税法上の純然たる第三者間での取引において贈与課税を頻
繁に発動するのは、租税法が経済活動の自由に介入していることと同義で
あることから、背景に租税回避意図がない限り、純然たる第三者との取引
におけるみなし贈与発動について神経質になる必要はありません。

（参考）

仙台地裁平成3年11月12日判決

　原告は、相続税法7条は、相続税の賦課、納付を回避するために生
前に低額で財産の譲渡を受けたり遺贈を受けたりする租税回避行為に
対する課税を目的とするものであり、原告がそのような意図を持たな

い本件には適用がないと主張する。

　しかし、相続税法１条の２は、贈与税の納税義務者を相続税の納税義務者とは別個に定めており、沿革的には贈与税が相続税の補完税としての性質を有しているとしても、理論的には、贈与による財産の取得が取得者の担税力を増加させるため、それ自体として課税の対象になるというべきであり、相続税法中の贈与税の規定もこれを前提とするものである。

（参考）

東京地裁平成19年１月31日判決

　このような同条（相法７条）の趣旨及び規定の仕方に照らすと、著しく低い価額の対価で財産の譲渡が行われた場合には、それによりその対価と時価との差額に担税力が認められるのであるから、税負担の公平という見地から同条が適用されるというべきであり、租税回避の問題が生じるような特殊な関係にあるか否かといった取引当事者間の関係及び主観面を問わないものと解するのが相当である。

　「利益を受けた場合」とは、利益を受けた者の財産の増加又は債務の減少があった場合等をいいます（相通９－１）。

　そして、そのような場合の例示として、相続税法基本通達９－２から９－12にその具体例が示されています。

Q1-9　みなし贈与の伝統的議論

　みなし贈与の伝統的議論について教えてください。

Answer

　下記のような伝統的な議論があります。

【解説】

　実務、学説、裁決、裁判例などから収斂されてきたもの、及び筆者の実務上の経験等から私見も重ねてまとめたものです。

　結果として、事実認定に着地することが大勢を占めることがわかります。

⑴　「経済的利益」は「極めて」広い範囲を射程としている。

⑵　「無償の」移転が課税要件事実であり、反対給付が（実質的にも）あるかどうかの事実認定が困難である場合が多い。

⑶　「経済的利益」の移転をそもそも当事者（間）で認識していないことが多く、その認識の事実について争われることが多い。

　　このことは、特に財産の所有名義の変更において事実認定が困難である場合が多い。

⑷　法人への低額譲渡、贈与等が、その法人の株主に贈与されることになるのか、相続放棄後に相続財産の分割協議を行って財産を取得した場合には、相続放棄の撤回とみなして相続による財産の取得とみるのか、あるいは相続人間の贈与とみるのかという事実認定が極めて困難である。

Q1-10　民法と税法におけるみなし贈与の違い

　民法上の贈与と税法上のみなし贈与の違いについて基本的項目を教えてください。

Answer

おおよそ下記のようにまとめることができます。

【解説】

① 民法上の贈与

みなし贈与や名義財産などの祖税法上の贈与の問題はすべて民法上の贈与（無償譲渡）の問題に収斂されます。

したがって、民法上の贈与については、概略だけでも知っておく必要はあります。

贈与「税」は、贈与（死因贈与を除く）により財産を取得した場合、その「取得」という事実を課税原因としています。

そして、この贈与とは、民法上の贈与契約をいい、その内容は民法に規定されているものです。

民法上の贈与とは、当事者の一方が自己の財産を無償で相手方に与えるという意思を表示し、相手方がこれを受諾することによって成立する契約と定義されるのが一般的です。

贈与は、

・書面によるもの

・書面によらないもの

とがあります。これによる違いは、

・書面による贈与

　　撤回することができない

・書面によらない贈与

　　既に履行した部分を除き、いつでも撤回することが可能（民法550）

という点です。

贈与の特殊形態としては、

・定期贈与

　　例えば、毎月一定額を贈与することなど、定期給付を目的とする贈与

・負担付贈与

　　例えば、評価額5億円の土地を贈与する代わりに借入金5億円を負担させる場合など、贈与を受けた者に一定の給付をなすべき義務を負

　わせる贈与

・死因贈与

　　贈与者の死亡により効力を生ずる贈与（民法552〜554、相基通1の31
　　の4共-8）

があります。

（参考）

> TAINS コード　相続事例707282
>
> 質疑応答事例7282　Ⅱ　相続に係る民法の規定と相法における特別の
> 規定　東京国税局課税第一部　資産課税課　資産評価官（平成20年8
> 月作成）「資産税審理研修資料」
>
> ハ　死因贈与
>
> 　死因贈与とは、被相続人との間に成立した贈与契約について、被
> 相続人の死亡をもって効力が生じることとされたものである。
>
> 　民法第554条は、「その性質に反しない限り、遺贈に関する規定を
> 準用する」としているところ、相続開始の時において対象財産が遺
> 産であることや、相続の開始をもって取得の効力が生じることは遺
> 贈と同様であり、この点、相法においても、遺贈に含むものとして
> いるところである（相法1の3一）。
>
> 　ただし、遺贈が被相続人による一方行為であるのに対し、死因贈
> 与は、贈与契約という諾成契約であることから、遺言による必要は
> なく（贈与契約は、口頭でも成立するため、当該契約の存在に係る
> 認定が必要となる。）、遺贈の承認・放棄に係る規定（民法986条な
> いし989条など）は、その性質に反するものであり準用されず、ま
> た、受贈者における意思表示も、事実認定の基礎となるなど、遺贈
> と異なる点がある。

なお下記の裁決事例でも、同様の見解です。

TAINS コード　F0-3-070

（重加算税／仮装・隠ぺい）　本件遺贈確認書は、審査請求人と共同相続人との間の争いを解決するために作成されたものであって、租税回避のため仮装されたものとまでは認め難いから、審査請求人の虚偽の答弁のみをもって隠ぺい又は仮装したとまで認めることは困難であるとして重加算税の賦課決定処分が取り消された事例（平15-03-24裁決）

ロ　関係法令等

　相続税法第1条及び同法第1条の2の各規定は、上記1の(3)のイのとおりであるところ、この遺贈、死因贈与及び贈与の意義については、相続税法において何ら規定がないことから民法上の解釈による。

(イ)　遺贈とは、遺言という単独行為によってなされる財産の無償譲与をいい、一方、死因贈与とは、当事者の一方が自己の財産を自己の死亡を条件として無償で相手方（受贈者）に与える意思表示をし、相手方がこれを受諾するという不確定期限付の契約をいうものとされている。

　そして、遺贈の場合の遺言とは、民法に規定された形式により成立し、死因贈与に係る契約は、書面によるものに限らず口頭によるものも有効に成立すると解され、また、遺贈又は死因贈与による財産の取得時期は、原則として相続開始の時と解するのが相当である。

(ロ)　贈与とは、当事者の一方が自己の財産を無償で相手方（受贈者）に与える意思表示をし、相手方がこれを受諾するということにより効力を発生する契約をいうものとされており、その契約は

> 書面によるものに限らず口頭によるものも有効に成立すると解され、また、贈与による財産の取得時期については、書面による贈与についてはその契約の効力が発生したときに、書面によらない贈与についてはその履行のときに贈与があったとみるのが相当である。

次に贈与契約の特徴です。

・対価を伴わない無償契約であること

・対価的関係に立つ債務を負担しあう関係にはなく、一方のみに債務の発生する「片務契約」であること

・当事者の合意だけで成立する「諾成契約」であること

続けて贈与の効力です。

・財産移転義務があること

・担保責任があること（民法551）

・負担付贈与も有効であること

　　①　贈与者は負担の限度において売買における売主と同等の担保責任を負うことになります（民法551②）。

　　②　負担付贈与は、双務契約の適用があり（民法553）、同時履行の抗弁権（民法533）や危険負担（民法534-536）、負担の不履行における解除（民法540）が適用されることになります。

付随論点として民法第1030条と第1039条の違いがあります。どちらも遺留分減殺請求に関する条項ですが、

　　第1030条➡無償の贈与に関する規定

　　第1039条➡不相当な対価での有償行為に関する規定

とまとめることができます。そうなると、

　　○第1030条➡無償の贈与に関する規定

　　　　贈与はそもそも無償なので単純に無償行為と読み替えが可能なのか？

○第1039条➡不相当な対価での有償行為に関する規定

　　不相当な対価を受け取っているということはそもそも有償なので低額譲渡（税務上はみなし贈与が認識される）による贈与部分（上記と同様、その部分の無償行為）と読み替え可能なのか？

　すなわち、「両者とも無償部分に対する減殺分を取り返すことができると平たく読み変えることは可能か？」という疑問がわきます。しかし、この考え方よりも、第1030条の規定の適用を回避するために有償行為を装った場合の規定が第1039条である、という整理が正確です。

②　祖税法上の贈与

a　祖税法上の贈与とは

　みなし贈与財産は課税対象となります。相続税法においては、民法上は、贈与により取得したものではない財産であっても、実質的には贈与により取得した場合と同様の経済的効果を持つ次の財産については、課税の公平を図る観点から贈与により取得したものとみなして、贈与税の課税対象としているからです。

　根本的に誤解が多い事項に「贈与契約がなくても贈与税がかかることはあるのか」というのがあります。

　贈与税は、当事者間において民法上の贈与契約があったときにかかる税金ですが、この契約がなかったとしても実質的に贈与したのと同様な効果を生じる

　・受取人が保険料の負担をせずに受けた生命保険契約等の受取金
　・掛金等の負担をせずに取得した定期金受給権
　・低額で譲り受けた場合の適正価額（時価）との差額
　・債務免除、債務引受け又は第三者債務の弁済による債務額
　・適正な対価を支払わずに取得した、或いは、受益者等が存しない場合又は存しないこととなった場合に取得した信託受益権
　・その他の経済的利益の享受

については贈与があったものとみなして贈与税を課税するとしています（相法5〜9の6）。

　しかしながら、法律の不知やうっかりということが少なくないことから、自己の財産を他の者に名義変更登記等をしてしまった、他人名義により不動産、船舶、自動車又は有価証券の取得、建築又は建造の登記等をしたことが、過誤に基づき、又は軽率に行われたものであり、かつ、それが取得者の年齢その他により確認できるときは、これらの財産に係る贈与税の最初の申告若しくは決定又は更正の日前にこれらの財産を本来の取得者等の名義とした場合に限り、これらの財産は贈与がなかったものとして取り扱うとしています（直審（資）22（例規）直資68（例規）昭和39年5月23日一部改正昭57.5.17直資2-177外（例規）名義変更等が行われた後にその取消し等があった場合の贈与税の取扱いについて）。

　このように、生命保険等の満期受取金の取得や出捐割合と登記持分が異なることによる経済的利益がみなし贈与課税を受ける場合であっても、過誤に気付き贈与税の申告期限前に贈与の取消しや贈与財産の返還、或いは、課税庁による行政指導として返還や是正を求められたことに従ったものについては、通常は課税処分の発動を差し控えているようです。

　なお、贈与契約の取消しや贈与財産の返還に伴う受贈者から贈与者に対する贈与行為については、贈与がなかったものとして取り扱われ、贈与税の課税はされません[1]。

---

[1] 贈与契約について贈与契約を取り消したいとなった場合、課税関係が生じることもありえます。契約は民事上では合意があれば、取消しできます。一方、名義変更通達では「贈与契約が法定取消権又は法定解除権に基づいて取り消され、又は解除されその旨の申出があった場合においては、その取り消され、又は解除されたことが当該贈与に係る財産の名義を贈与者の名義に変更した事その他により確認された場合に限り、その贈与はなかったものとして取り扱う」とあります。私法での法定取消権または解除権によるなら租税法でも贈与契約はないものとされます。このため、原始契約での当初贈与税申告も更正の請求ができます。
　ただし、名義変更通達8項・9項は、財産の名義を贈与者の名義に変更した事その他により確認された場合に限りとあります。私法では贈与契約は遡及効によりなくなりますが、租税法では、実質基準、実態基準によりますので、いわゆる経済的成果を贈与以前の状態に完全に戻す必要があります。

b　贈与の時期

　贈与の時期がいつであるかということは、納税義務の成立の時期、その財産の評価の時期、申告期限などに関連して重要な問題となります。

　贈与の時期は、次の通りです。

　イ　書面による贈与

　　　その贈与契約の効力が発生した時

　ロ　書面によらない贈与

　　　その贈与の履行があった時

　ハ　停止条件付の贈与

　　　その条件が成就した時

　ニ　農地又は採草放牧地の贈与

　　　上記イからハまでにかかわらず、農地法の規定による農業委員会又は都道府県知事の許可のあった日又は届出の効力の生じた日（ただし、その許可に停止条件が付されている場合など、許可のあった日又は届出の効力が生じた日後に贈与があったと認められるものを除く）

　贈与の時期がいつであるかは、所有権などの移転の登記又は登録の目的となる財産についても上記と同様に判定しますが、その贈与の日が明確でないものについては、特に反証のない限りその登記又は登録があった時に贈与があったものとして取り扱われます（相基通1の3・1の4共-8～1の3・1の4共-11）。

c　実務上の疎明資料との関係

　民法原則の「書面によらないもの」「口頭でも契約は成立」という考え方は租税実務においては全く意味をなしません。疎明資料がないからです。民法原則を貫徹してそれを主張しても当局調査では一切の意味を有しません。贈与は疎明が非常に難しい取引ですからなおさら疎明資料を当初から拡充しておく必要があります。

　租税実務上の贈与税の課税時期の判定として名古屋高裁平成10年12月25日判決においては、

- ・公正証書によって財産を贈与
- ・贈与税の除斥期間が経過した後
- ・贈与を原因とする所有権の移転登記がなされた事例について裁判所は、
- ・その贈与に関して
- ・その贈与を原因とする所有権移転登記が遅延したことについて
- ・合理的な理由は認められず、
- ・その贈与については、
- ・「所有権の移転登記がなされたときに」贈与契約の効力が生じたと認めるのが相当である

としています。

　公正証書作成時に贈与があったとする納税者の主張を斥けられました。すなわち、所有権移転登記時の贈与として贈与税を課税した税務署の主張を認めています。

Q 1-11　錯誤と贈与契約の関係

　錯誤と贈与契約の関係について基本的項目を教えてください。

Answer

　おおよそ下記のようにまとめることができます。

【解説】

　下記国税庁通達の「5」では、①「過誤または軽率」により登記等が行われ、かつ②それが「取得者等の年齢その他により確認できるとき」は、一定の要件のもと、贈与が無かったものとして取り扱う、とされています。

https://www.nta.go.jp/law/tsutatsu/kobetsu/sozoku/640523/01.htm

　また、上記通達の「11」および、以下の「通達の運用について」の「4」によると、合意解除による取り消し等の場合、原則として贈与税課税がなされるが、「著しく負担の公平を害する結果となると認める場合に限り、当該贈与はなかったものとして取り扱うことができる」とされています。

https://www.nta.go.jp/law/tsutatsu/kobetsu/sozoku/640704/01.htm

　下記は、「通達5」の適用が否認された事例です。しかし、申告期限までに戻されていれば、通達の適用ができると読めます。

TAINS コード　Z059-2541

東京地裁昭和39年（行ウ）第72号、昭和36年度贈与税無効確認請求事件（棄却）

判示事項

⑴　贈与税申告後3年を経過した後に贈与不動産の登記名義を贈与者に戻した場合について、国税庁長官通達昭和39年直審（資）22⑸の適用はないとされた事例

⑵　贈与税申告の無効を主張しうべき特段の事情がある場合に該当しないとされた事例

判決年月日　S45-03-23

本　文

　原告は、右のごとく建物の登記名義が参加人に戻されている以上、税法上は、贈与がなかったものとして取り扱うべきであると主張し、その根拠として昭和39年直審（資）22⑸の通達を引用しているが、同通達は、被告主張のごとく、他人名義により不動産等を取得したことが過誤に基づき又は軽そつになされたものであり、かつ、これらの財産に係る最初の贈与税の申告若しくは決定又は更正

の日前にこれらの財産の名義を取得者の名義に戻した場合に限り、これらの財産について贈与がなかったものとして取り扱う旨を示達したものであるが、成立に争いのない甲第5号証によつて明らかなごとく、原告が建物の登記名義を参加人に戻したのは、前記贈与税の確定申告のなされた後で、しかも、それより3年余も経過してからのことであるから、到底、右通達の適用を受けえないものというべきである。

さらに下記判決においても、納税者は贈与税が課税されないと誤信していたと主張していますが、法定申告期限を過ぎていることを理由に、錯誤は認められないと判断されています。

TAINSコード　Z256-10328
高松高等裁判所平成17年（行コ）第4号賦課決定処分等取消請求控訴事件（棄却）（上告）平成18年2月23日判決
【要素の錯誤と重大な過失／出資口の低額譲渡】

判示事項
　(1)　納税者らは、有限会社の出資口の売買代金額がその実際の価値に見合った適正な金額であり、納税者が贈与税を課されることはないと誤信していたからこそ売買契約を締結したこと、また、当該売買契約において、出資口の実際の価値及び納税者が贈与税を課されないことが納税者らにとって重要な要素であったことなどに照らせば、納税者らの間では、当該売買契約の動機に関わる、納税者が多額の贈与税を課されないとの認識が、少なくとも黙示的に表示されているといえ、納税者らの誤信は売買契約の意思表示についての錯誤に当たるとされた事例（原審判決引用）
　(2)　納税者らは、有限会社の出資口の売買契約を締結するに当た

り、売買代金額や贈与税を課されるか否かについて、税理士等の専門家に相談するなどして十分に調査、検討をすべきであったにもかかわらず、税理士等の専門家に相談するなどしなかったという点において、過失のあることは否定できないが、出資口の売買代金額等につき一応の調査、検討はしているのであるから、当時の納税者らの置かれていた立場や年齢をも考慮すると、納税者らの上記懈怠が著しく不注意であって重大な過失であると認めることはできないとされた事例

(3) 錯誤によって何らかの契約を締結した者が、錯誤に気づかないうちに法定申告期限を過ぎてしまった場合に、課税庁に対して、当該契約の錯誤無効を主張し得ないとすれば、民法95条が錯誤無効により表意者を保護しようとした趣旨が没却されることになり、不合理というべきであって、そのような場合には、租税法律関係の安定の要請よりも表意者保護を優先すべきであるとの納税者らの主張が、安易に納税義務の発生の原因となる法律行為の錯誤無効を認めて納税義務を免れさせたのでは、納税者間の公平を害し、租税法律関係が不安定となり、ひいては申告納税方式の破壊につながるから、納税義務者は、納税義務の発生の原因となる私法上の法律行為を行った場合、当該法律行為の際に予定していなかった納税義務が生じたり、当該法律行為の際に予定していたものより重い納税義務が生じることが判明した結果、この課税負担の錯誤が当該法律行為の要素の錯誤に当たるとして、当該法律行為が無効であることを法定申告期間を経過した時点で主張することはできないと解するのが相当であるとして排斥された事例

(4) 国税通則法施行令6条1項2号（更正の請求）にいう「やむを得ない事情」とは、例えば、契約の相手方が完全な履行をしないなどの客観的な事情に限定されるべきであって、錯誤のような表意者の主観的な事情は含まれないと解するのが相当であるとこ

> ろ、本件の場合、納税者らは、有限会社の出資口の売買契約の締
> 結により多額の贈与税が課されることにつき錯誤に陥っていたも
> のであって、もとより納税者らの主観的な事情に基づくものであ
> るから、国税通則法23条２項３号、同法施行令６条１項各号に該
> 当しないことが明らかであるとされた事例
>
> (5)(6)省略

　申告期限前の錯誤に関しては認められると思われます。この際上掲通達
の要件を充足しているかについて所轄税務署に確認すべきです。

　なお「合意による取り消し」を理由として取消登記を行った場合は、通
達の「5」ではなく「11」及び「通達の運用について」の「4」が適用さ
れることになります。この場合、原則として贈与税課税になり、「例外的
に」税務署長が認めた場合は非課税ということになります。

　ここで問題になるのは「合意による取り消し」であっても取消登記さえ
贈与税申告前に完了していれば、「非課税」と扱われるかという論点です。

　この点、「合意による取り消し」であれば、「過誤に基づき」ではないた
め、税務署長が認めた場合に限られます。

　筆者自身の実例として（裁決・裁判例ではありません）親族間における不
動産の贈与の取り消しについて、贈与税の申告期限「後」でしたが、税務
署に相談したところ、贈与税を課税しないとの結論を得たことがありま
す。ただし、（今回の贈与は不動産であったので）「所有権更正登記」また
は、「真正な登記名義の回復」による登記を行い、登記簿謄本を送付する
よう求められています。

Q 1-12　（裁判例）錯誤と贈与契約の関係

> 錯誤と贈与契約の関係につい参考となるべき裁判例を教えてくださ
> い。

Answer

判示で

「納税者ら当事者は、各土地の売買契約を締結するに際し、税務署か
らみなし贈与と指摘されることのないよう、不動産鑑定士による鑑定
評価額を時価であると認識して売買代金額の合意をしたのであるか
ら、売買契約当時、契約当事者が全く予定していなかったみなし贈与
税の納税義務が発生することは、売買契約にとっては要素の錯誤とな
り、売買契約は無効であるとの納税者の主張が、納税者が依頼した不
動産鑑定士による鑑定評価額は、その方法、判断過程及び内容に合理
性を欠くところが多く、各売買契約の締結に先立って、各売買契約の
目的不動産の正常価格ないし限定価格を鑑定評価するために作成され
たものであるかについて合理的な疑問が存するから、納税者らが、各
売買契約の締結に当たり各土地の売買代金額が時価（客観的交換価
値）とかい離するものではなく相続税法7条の規定によるみなし贈与
の課税の対象となるものではないとの認識を有し、かつ当該認識（動
機）を表示して各売買契約を締結した事実を証拠上認めるのは困難で
あり、さらに、納税者は時価と売買代金額との差額に相当する経済的
利益を現実に享受していたということができ、納税者が主張するよう
な錯誤無効が国税通則法23条2項各号にいずれの事由にも該当しない
ことをも併せ考えると、少なくとも各土地の取得に係る贈与税の法定
申告期限の経過後においては、各売買契約の錯誤無効を主張して贈与
税の課税を免れることは許されない」

として排斥されました。

　すなわち「不動産鑑定評価額に合理性を欠く」⇒（中略）⇒「錯誤無効の主張は認められない」とあります。

　鑑定評価額の合理性についての主張は当然、納税者が負いますが、それが不知、うっかりであっても同様の結論になると思われます。

　なお下記については第一審・大阪地方裁判所　平成18年11月17日判決（Z256-10575）も併せてご査収ください。

【解説】

大阪高等裁判所　贈与税更正処分等取消請求控訴事件　平成20年3月12日棄却・確定（Z258-10916）

〔事案の概要〕

　納税者がその母である乙が所有していた不動産を買い受けたところ、被控訴人が、上記売買が相続税法7条の著しく低い価額の対価で財産の譲渡を受けた場合に該当するとして、売買時における本件不動産中の土地の時価であるとする額と売買代金との差額に相当する額を乙から贈与により取得したものとみなした事案。

〔当事者の主張〕

○納税者の主張

　納税者の母は、納税者に対し、別件土地が市の名義であると説明しないまま、本件売買契約を締結したものであり、別件土地の所有権移転登記を受けられなければ、他の土地等を購入することはなかったから、内容証明郵便により、民法563条2項（権利の一部が他人に属する場合の売主の担保責任）に基づいて、本件売買契約を解除したのであって、同契約を贈与とみなして課税することはできない。

○課税庁の主張

　①　納税者の母及び父は、多数の不動産を取得、賃貸、賃借して賃貸マンション等を経営する会社を経営していたこと、

② 納税者の父及び母は、行政指導に基づく開発寄附金の負担軽減のために、別件土地を分筆した上で市に寄附し、その所有権移転登記まで経由したこと、

③ 別件土地は所有権移転登記が経由されず、かつ納税者がこれを問題にした形跡がないこと、

④ 納税者は、本件売買契約の不動産として別件土地以外の土地等の鑑定評価は依頼したが、別件土地は評価対象にしなかったこと、

⑤ 本件各処分に係る異議申立書の理由欄には、別件土地の地番は記載されていなかったこと、

⑥ 本件売買契約の締結後に提起された別件訴訟において、別件土地が納税者の母の所有にかかることを前提に納税者に譲渡された旨の主張立証がなされた形跡がないこと、

⑦ 本件訴訟の原審の審理において、納税者が別件土地を母から売買で取得した旨の主張立証がなされていないこと等の事実に照らせば、納税者とその母との間の不動産売買契約の対象に別件土地が含まれていたことを認めることはできないから、本件売買契約は、売買の目的である権利の一部が他人に属する場合（民法563条１項（権利の一部が他人に属する場合における売主の担保責任））に該当せず、同条２項に基づく解除をすることができない。

〔判断〕

売買契約時における各土地の時価（相続税法７条にいう時価）は、課税庁の鑑定とおりであると認められるところ、売買契約における各土地の売買代金の合計額は時価の合計額の２分の１にも満たない上、各売買契約は、母からその法定相続人である子（納税者）に対して母所有の土地を譲渡するものであり、しかも、その決済方法は、譲渡人である母の銀行からの借入金を譲受人である納税者が引き受け、譲渡

人に対する仮払金と相殺するなどとされていることなどにかんがみると、各土地の譲受けは、相続税法7条（贈与又は遺贈により取得したものとみなす場合—低額譲受）にいう「著しく低い価額の対価で財産の譲渡を受けた場合」に該当するものというべきであり、納税者は、各土地の時価と売買代金との差額に相当する金額について、これを母から贈与により取得したものとして、贈与税の納税義務を負うというべきであるとされた。

Q1-13　特別寄与料と贈与の関係

特別寄与料と贈与の関係について基本的項目を教えてください。

Answer

おおよそ下記のようにまとめることができます。

【解説】

　社会通念上（＝常識）、「明らかに高額な」特別寄与料であれば、その部分については、みなし贈与と認定される可能性はあります。

　しかし、特別寄与料は、寄与分とは違い、「療養看護」のみを対象としていますので、そこまで、高額な請求ができるとは想定できません（民法1050）。贈与認定される可能性は極めて低いです。

> **民法1050条**
> 　被相続人に対して無償で療養看護その他の労務の提供をしたことにより被相続人の財産の維持又は増加について特別の寄与をした被相続人の親族（相続人、相続の放棄をした者及び第891条の規定に該当し又は廃除によってその相続権を失った者を除く。以下この条において「特別寄与者」という。）は、相続の開始後、相続人に対し、特別寄与者の寄与に応じた額の金銭（以下この条において「特別寄与料」という。）の支払を請求することができる。

Q 1-14　特定遺贈の放棄と贈与の関係

> 特定遺贈の放棄と贈与の関係について基本的項目を教えてください[2]。

Answer

おおよそ下記のようにまとめることができます。

【解説】

特定遺贈については、特定財産承継遺言、すなわち「相続させる旨遺言」や包括遺贈の場合と異なる点があります。民法第986条第1項によると、特定遺贈においては、受遺者は、「いつでも」放棄することができるとされています。

特定遺贈は、相続開始時にその効力が発生します。

原則として、その他の遺言が相続という包括承継であることとは大きく異なり、特定承継とされています。すなわち、当事者間の同意を得ない、一方的な贈与という性格を強く有します。

したがって、特定遺贈の「放棄」があった場合、相続人へのみなし贈与（相法9）に該当するようにも思えます。

しかし、民法第986条第2項では、特定遺贈の効力は、相続開始時に遡るものとされています。したがって特定遺贈の放棄があれば、相続開始日から相続人が保有していたこととなるため、贈与税の課税関係は生じません。

一方、いったん特定遺贈を承認していた場合における留意点としては、特定遺贈の放棄には、期間制限はありませんが、民法第989条によると一度した承認もしくは放棄は撤回できないものとされます。

一度、承認した特定遺贈を後に放棄することは当該財産を返還すること

---

[2] 本問は弁護士法人ピクト法律事務所　代表弁護士　永吉啓一郎　税理士のための法律メールマガジン2020年5月15日（金）号を参照しています。

と同義です。当該行為は、遺贈の放棄とは考えにくいです。上述で当該財産の返還としたとおり、特定遺贈の受遺者から当該財産を返還されることになる相続人への贈与、みなし贈与という課税関係が生じる可能性は極めて高いです。

　この点、遺言執行者等から金銭振込みがあり、当該金員を即時にに返還するなどであれば、承認があった「とまでは」認定されないです。

　しかし、既に使用収益に要していたもの、すなわち社会通念上＝常識で本人が利用していたことが明らかなものや、移転登記を既にしてしまった不動産などを放棄する場合、承認があったと評価されます。この場合、上述の贈与税の課税関係が生じます。

Q 1-15　高額譲渡

> 高額譲渡について本書で詳細解説しない理由を教えてください。

Answer

　下記です。

【解説】

　高額譲渡については裁決、裁判例はほとんどありません。

　当局調査において、「高額」取引に関しては指摘してこないことがほとんどです。したがって本書では詳細解説は割愛しています。

　相続税法第9条「その他の利益の享受」について、

> 「対価を支払わないで…利益を受けた場合においては、当該利益を受けた時において、当該利益を受けた者が、当該利益を受けた時における当該利益の価額に相当する金額…を当該利益を受けさせた者から贈与…により取得したものとみなす」

と規定しています。したがって、高額譲渡の場合も、その高額部分につい

て贈与税が課税されることになります。代表的なものとして競走馬の譲渡
価額のうち正常価額を超える部分の金額は贈与に当たるとした裁決事例
（昭59.8.23裁決・裁決事例集№28-281頁）があります。

　しかし、かなり特殊な事例であり、先例とは考えられません。もちろん
今後も高額取引に関して一切の課税処分を受けない、という保証はありま
せんので、

　　・同族特殊関係者間取引であれば取引価格の客観性を証明できる資料を
　　　準備しておくこと
　　・当局調査においては金額の絶対値や他の指摘事項との兼ね合いによっ
　　　て変わってくること
　　・背景に明らかに経済的合理性＞節税目的ととらえることができる租税
　　　回避意図がないことを疎明できること
等々は必要です。

第2章

みなし贈与が適用されるケース

～株主間贈与以外～

2-1
生命保険金等（相法 5 等々）

Q 2-1   保険と贈与の関係

保険と贈与の関係について基本的な考え方を教えてください。

Answer

下記となります。

【解説】

生命保険契約や損害保険契約の保険事故の発生により保険金を取得した者が、その保険料の全部又は一部を負担していない場合には、その保険事故の発生したときに、その保険金を、保険料を負担した者から贈与により取得したものとみなされます（相法 5 ①）。

これは、保険金受取人が、保険料の負担者から保険金の贈与を受けたのと何ら差異がないことから、贈与により取得したものとみなして贈与税を課税するものです。

ただし、保険料負担者が被相続人であり、被相続人の死亡を保険事故として受け取った保険金は、相続税の課税対象となるので、贈与により取得したものとみなされません（相法 5 ④）。

贈与により取得したものとみなされる保険金額は、次の算式により計算した金額となります（相法 5 ①）。

（算式）

$$保険金額 \times \frac{保険金受取人以外の者が負担した保険料の額}{払込保険料の額}$$

＝贈与により取得したものとみなされる金額（相基通 5 - 1 ～ 5 - 7）

　租税法での考え方は上記のみなし財産は保険金そのものではなく、あくまで保険金請求権と考えるということです。

　その請求権によって保険金を受け取ると整理します。

Q 2 - 2　昭和58年 9 月国税庁事務連絡「生命保険料負担者の判定について」

　昭和58年 9 月国税庁事務連絡「生命保険料負担者の判定について」を教えてください。

Answer

　事務連絡は下記となります。贈与認定とされないためにはいくつかの留意点があります。

【解説】

　事務連絡は以下の通りです。

①　被相続人の死亡又は生命保険契約の満期により保険金等を取得した場合若しくは保険事故は発生していないが保険料の負担者が死亡した場合において、当該生命保険又は当該生命保険に関する権利の課税に当たっては、それぞれの保険料の負担者からそれらを相続、遺贈又は贈与により取得したものとみなして、相続税又は贈与税を課税することとしている。

（注）　生命保険金を受け取った者が保険料を負担している場合には、所得税（一時所得又は雑所得）が課税される。

② 生命保険契約の締結に当たっては、生計を維持している父親等が契約者となり被保険者は父親等、受取人は子供等として、その保険料の支払いは父親等が負担しているというのが通例である。

　このような場合には、保険料の支払いについて、父親等と子供達との間に贈与関係は生じないとして、相続税法の規定に基づき、保険事故発生時を課税時期としてとらえ、保険金を受け取った子供等に対して相続税又は贈与税を課税することとしている。

③ ところが、最近、保険料支払能力のない子供等を契約者及び受取人として生命保険契約を父親等が締結し、その支払保険料については、父親等が子供等に現金を贈与し、その現金を保険料の支払いに充てるという事例が見受けられるようになった。

④ この場合の支払保険料の負担者の判定については、過去の保険料の支払資金は父親等から贈与を受けた現金を充てていた旨、子供等（納税者）から主張があった場合は、事実関係を検討の上、例えば、ⓐ毎年の贈与契約書、ⓑ過去の贈与税の申告書、ⓒ所得税の確定申告等における生命保険料控除の状況、ⓓその他贈与の事実が認定できるものなどから贈与事実の心証が得られたものは、これを認めることとする。

　贈与認定されないための実務上の留意点です。

　国税庁の事務連絡にもあるように、保険料を払うための現金贈与は次の4つの点に注意することが必要です。

　イ　贈与契約書は毎年作成します。

　　　保険料を支払う能力のない子供などへの贈与については、年齢制限はありません。受贈者が幼児や幼い子供など意思能力がない場合、法定代理人（又は後見人）をたてます。通常は親です。したがって受贈者欄は「法定代理人〇〇（親）受贈者××（子）」となります。

　　　印鑑は別々のものを用意します。確定日付をとっておくべきです。

ロ　贈与税の申告書は保管しておきます。

　　他の項目に比較して重要性は低いです。これは基礎控除を超えた場合するものであり、必ずしも必須ではありません。また贈与税の申告自体が贈与の立証にはならないことは、名義財産関係の裁判例では度々判示されています。

ハ　親の所得税確定申告において、生命保険料控除を受けないことです。子供が契約料を支払っているため子供の確定申告で控除することになります。子供に所得がなければ実質的に切り捨てになります。

ニ　贈与をするのが幼児であるときは、贈与をする親が子供名義の銀行口座を作り、銀行口座の管理は区別して行うことが望ましいです。

　信託プランニングの1手法である、名義預金回避信託を利用することも考慮対象となります。

　毎年保険料の支払いに充てる現金を振り込み、保険料は銀行口座から引き落とすようにします。重要なのは通帳間での移動です。現金での受け渡しは後で疎明困難となるため、原則として行いません。

　保険料負担者は、口座引き落としの名義人と推定されます。

　個人間で、生命保険契約の名義を変更したとしても、保険事故が起きるまで、または満期が到来するか、解約するまでは、贈与税は課税されません[1]。

---

[1] 『生命保険税務と周辺問題Q&A －6万件の相談事例にもとづく実践マニュアル－』岩崎敏（著）・星和ビジネスリンク（著）　新日本保険新聞社（2019/1/1）78頁～
　1　個人から個人に変更する場合
　　1）契約者生存中に変更
　　　（契約形態「契約者が夫、被保険者が夫、満期保険金受取人が夫、死亡保険金受取人が妻」の養老保険の場合）
　　　　契約者を夫から妻に変更（満期保険金受取人も妻に変更）した場合でも、その変更時点では、夫、妻いずれに対しても課税はありません。
　　　　個人契約では、保険金などの支払事由が発生したときや保険料負担者が死亡したといったときに、課税関係が生じます。

（参考）

【相続税の課税財産—保険金】

　毎年保険料相当額の贈与を受けその保険料の支払いに充てていた場合における受取保険金は、相続により取得したものとはみなされないとした事例（全部取消し）（昭59.2.27裁決）〔裁決事例集第27集231頁〕

〔裁決要旨〕

　未成年者である請求人が受け取った保険金については、1）その保険契約を被相続人が親権者として代行し、保険料の支払いに当たっては、その都度被相続人が自己の預金を引き出して、これを請求人名義の預金口座に入金させ、その預金から保険料を払い込んだものであること、2）保険料は、被相続人の所得税の確定申告において生命保険料控除をしていないこと、3）請求人は、贈与のあった年分において贈与税の申告書を提出し納税していることから請求人は贈与により取得した預金をもって保険料の払込みをしたものと認められるので当該保険金を相続財産とした更正処分は取消しを免れない。

（参考）

（質疑応答事例）生命保険金の受取人が2人いる場合の一時所得の金額の計算

〔照会要旨〕

　次の1）のような契約形態の生命保険（養老保険）について、2）のとおり死亡保険金が支払われましたが、この場合の課税関係はどのようになりますか。

1）契約形態

　　契約者（保険料負担者）　　　長男

　　被保険者　　父

受取人　　　長男：2分の1、母：2分の1

保険金　　　600万円

払込保険料の総額　　100万円

2）保険金の支払

　　被保険者の死亡前に受取人である母が死亡していましたが、受取人の変更がされていなかったため、約款に基づき母の受取分はその相続人である長男及び長女に2分の1ずつ支払われることとなり、結果的に保険金は次のとおり支払われました。

長男　　450万円（600万円×（1/2＋1/2×1/2））

長女　　150万円（600万円×（1/2×1/2））

〔回答要旨〕

　　長男が支払を受けた保険金450万円は、長男の一時所得の総収入金額に算入され、当該保険金を得るために支出した金額として控除される保険料の額は、払込保険料のうち長男が受け取った保険金の額に対応する保険料の額（75万円）となります。

　　また、長女が支払を受ける保険金はみなし贈与財産に該当し、贈与税が課されます。

〔関係法令通達〕

　　所得税法第34条、所得税基本通達34-4、相続税法第5条

Q 2-3　人身傷害補償保険金の取扱い

> 　人身傷害補償保険金に係る所得税、相続税及び贈与税の取扱い等について https://www.nta.go.jp/law/bunshokaito/zoyo/991018/03.htm とみなし贈与との関連について教えてください。

Answer

　下記に該当する部分がみなし贈与対象です。

【解説】

　支払調書の対象になる損害保険契約は、「第1条の4の規定に該当する保険金」（相令30①）であり、相続税法施行令第1条の4は、以下の規定ですので、みなし贈与課税される保険金を意味します。

相続税法施行令第1条の4

　　法第5条第1項（注：みなし贈与課税される生命保険金等の規定）に規定する政令で定める損害保険契約の保険金は、法第3条第1項第1号に規定する損害保険契約の保険金のうち、自動車損害賠償保障法（昭和30年法律第97号）第5条（責任保険又は責任共済の契約の締結強制）に規定する自動車損害賠償責任保険又は自動車損害賠償責任共済の契約、原子力損害の賠償に関する法律（昭和36年法律第147号）第8条（原子力損害賠償責任保険契約）に規定する原子力損害賠償責任保険契約その他の損害賠償責任に関する保険又は共済に係る契約に基づく保険金（共済金を含む。以下同じ。）以外の保険金とする。

　これによると、みなし贈与課税されるものは、

　　「法第3条第1項第1号（注：みなし相続財産となる生命保険金等）に規定する損害保険契約の保険金のうち」

となります。

Q2-4　人身傷害補償保険の課税関係

人身傷害補償保険の保険金を取得した場合の課税関係について教えてください。

Answer

事例で考えてみます。

【解説】

父が自動車事故により死亡しました。父は生前、契約者、被保険者を父とする人身傷害補償保険に加入していたので、父の相続人である母と私の２人が保険会社から保険金を受け取りました。この保険金は、相続財産として課税されるでしょうか。

相続税法では、被保険者の死亡により損害保険契約の保険金を保険金受取人が取得した場合には、次のように規定されています。

① 死亡した被保険者が保険料の負担者であるときには、保険金受取人が保険金を相続又は遺贈により取得したものとみなされます（相法3①一）。

② 死亡した被保険者及び保険金受取人以外の者が保険料の負担者であるときには、保険金受取人が保険金を贈与により取得したものとみなされます（相法5①、④）。

ただし、贈与により取得したとみなされる保険金からは、自動車損害賠償保障法第5条に規定する自動車損害賠償責任保険の保険金など、損害賠償責任に関する保険契約に基づく保険金等が除かれます（相令1の4、1の5）。

なお、無保険車傷害保険契約に係る保険金のように、その保険金が実質的に損害賠償金としての性格を有するものであるときには、相続若しくは遺贈又は贈与により取得したとみなされる保険金に含まれないものとして

取り扱われます（相基通3-10、5-1）。

人身傷害補償保険とは、自動車事故により被保険者が死亡し又は傷害を被った場合に、運転者等の過失割合にかかわらず契約金額の範囲内で被保険者の人的損害に係る実損害額を填補する保険です。

実質的に損害賠償金としての性格が認められる相手方過失割合に応じた人身傷害補償保険金等に係る課税関係は、次に掲げる場合の区分に応じて、それぞれ次の通りとします（平11.10.18課審5-2）。

・所得税の課税関係（保険料負担者＝保険金受取人）

心身に加えられた損害につき支払いを受ける慰謝料その他の損害賠償金（所令30一）に該当するので非課税となります。

・相続税の課税関係（保険料負担者＝死亡者）

相続税基本通達3-10の取扱いと同様に、相続により取得したものとみなされる保険金に含まれないものと取り扱われます。

・贈与税の課税関係（保険料負担者＝保険金受取人及び死亡者以外の者）

相続税基本通達5-1（法第3条第1項第1号の規定の適用を受ける保険金に関する取扱いの準用）の取扱いと同様に、贈与により取得したものとみなされる保険金に含まれないものと取り扱われます。

Q 2-5 損害保険契約に係る課税関係

損害保険契約に係る課税関係について教えてください。

Answer

下記の通りです。

【解説】

損害保険契約について、保険料負担者と保険金受取人が異なる場合に、

　贈与により取得したものとみなされる保険金は、偶然な事故に基因する死亡に伴う保険事故により支払われたものに限定されます（相法5①）。

　なお、建物更生保険や火災相互保険など蓄積性のある長期の損害保険の解約返戻金や満期保険金も、損害保険ではないので所得税の一時所得となります[2]。

Q 2-6　生命保険契約の転換時

生命保険契約の転換時の贈与税課税について教えてください。

Answer

　下記の通りです。

【解説】

①　原則

　生命保険契約の転換は、実質的には、契約内容の変更であるので、原則として贈与税は課税されません。

②　貸付金が転換時に精算された場合

　転換前契約について契約者に対する貸付金（保険料の自動振替貸付を含む）がある場合には、保険契約において、その貸付金は転換時に転換前契約の責任準備金、契約者配当金又は前払保険料をもって精算することとされており、この場合の課税関係は次によります。

　保険契約者と保険料負担者が異なる場合において、契約者に対する貸付金が、転換時に責任準備金、契約者配当金又は前払保険料をもって精算されたときは、保険料負担者の有する権利をもって契約者の債務が弁済され

---

[2]　『昭和46年改正税法のすべて』125頁参照。

たものと同様であるので、保険契約者は、転換時に保険料負担者から貸付金相当額の利益の贈与を受けたものとみなされます。

　なお、この精算により剰余部分を取得した場合に、保険契約者と保険料負担者が異なる場合、契約者に対してみなし贈与が生じます。

Q 2-7　JA 建物更生共済契約

JA 建物更生共済契約とみなし贈与について教えてください。

Answer

　下記の通りです。

【解説】

　JA 建物更生共済契約（建更）は、火災、台風、地震などの自然災害による建物や動産（家財、営業用什器備品、償却固定資産）の「物の損害」を保障する共済です。

　「みなし相続（贈与）」の対象となる「人の死亡」を伴う保険事故に関して保険金を支払う損害保険契約の範囲に該当しません。

　建更の契約者につき名義変更した場合、受贈者は建更上の権利を対価の支払いなしに取得することになります。そのため受贈者には贈与税の課税関係が生じます。

　適正な対価、すなわち、建更上の権利の経済的利益（＝解約返戻金相当額）を支払った場合、課税関係は生じません（相法3、5、9、及びJA共済のパンフレット「ご契約のしおり・約款」の「建物更生共済と税金」欄）。

　また建更に係る契約者と共済金受取人とが異なる場合、受取人について一時所得課税となります。契約者は別ですので掛金は控除できません（最高裁平成24年1月13日判決）。

Q 2-8 特定疾病保険金

> 指定代理請求人が特定疾病保険金（リビング・ニーズ保険特約）を受け取った場合のみなし贈与について教えてください。

Answer

下記の通りです。

【解説】

指定代理人が受け取った被保険者の特定疾病保険金は、死亡を保険事故として支払われる保険金に該当しません。相続税法上、保険料の負担者からを相続、遺贈又は贈与により取得したものとみなす旨規定の適用がないことから、贈与税の課税価格に算入されることはありません（相法5、相令1の4）。

（参考）

> 【歯科医師会共済制度に基づく死亡共済金／一時所得か相法9条のみなし贈与財産か】
> 大阪高等裁判所平成26年（行コ）第6号所得税更正処分取消等請求控訴事件（棄却）（確定）平成26年6月18日判決（Z264-12488）

経済的利益移転の意義について判示した興味深い裁判例となります。

保険料負担金の異動が贈与に当たるかどうかは当然ながら実質判断によりますし、その保険の性格にもよるというものです。

〔事案の概要〕

控訴人は、父の死亡に伴い、父が加入していたA歯科医師会の共済制度に基づき死亡共済金を受領した。

本件は、控訴人が、死亡共済金はみなし贈与財産（相続税法9条）

であり、非課税所得に該当するとして、死亡共済金を平成20年分の所得金額に含めず確定申告したところ、税務署長が、同共済金は一時所得に該当するとし、かつ、父が納付した負担金を控除しないで更正処分等を行った事案である。

〔当事者の主張〕

○納税者の主張

　相続税法9条は、供与者の法律行為の有無にかかわらず、受益者の受けた利益に着目して、贈与とみなす旨を規定しているのであり、供与者が財産上の利益を受けさせたとの要件（贈与との同質性）は不要である。同法5条に規定される保険金に係る保険料のみなし贈与についても、供与者において受益者が得た利益に見合う自己の財産の実体の減少はない（保険料と保険金とは必ずしも一致しない）が、それでも保険金の受領についてはみなし贈与財産に該当する旨を規定しているのであるから、一連のみなし規定である同法5条と9条とで、利益に見合う財産減少が供与者に必要か否かが異なるというのは解釈として失当である。

　死亡共済金は、受益者が原始的に受給権を取得するようにも見えるが、これは負担金の拠出者による第三者のためにする契約に基づき、受給権者が会員による受給権者の指定等によって受給権を取得するとも解し得るのである。そうすると、このような実質的な法律関係からすれば、本件共済金が贈与（遺贈）とみなされることは、むしろ当然のことである。

　C会の遺族年金の受給権も、共済加入者の死亡によって遺族に共済金が支給されるという点で本質に差異がないところ、こちらは相続税の課税対象として取り扱われており、本件共済金がこれと異なる扱いを受ける合理的な理由はない。

○課税庁の主張

　相続税法9条は、贈与の意思の有無によって税負担の公平が失われることがないようにするため、財産を取得した事実によって実質的に民法上の贈与と同視できるような経済的効果が生ずる場合に、その取得した財産を贈与又は遺贈により取得したものとみなして、贈与税又は相続税を課税することとしたものである。

　したがって、同条が適用されるためには、利益を受けさせた者が、利益を受けた者に対し、実質的に民法上の贈与（自己の財産の実体を減少させることにより相手に財産的利益を与えること）と同視し得るような財産上の利益を受けさせたことが必要である。

　本件共済制度の負担金は一旦納付されると会員がA会を退会しても原則として返還されず、その果実、手数料及びその他の原資とともに福祉共済基金に組み入れられて各種共済金の原資となる上、各共済金の額は会員である期間の長短や納付された負担金の多寡にかかわらず定額である。そうすると、負担金の額は死亡共済金を含む全給付を総合して決定されていると想定される。

　そのような負担金の性質に加えて、会員はA会への入会を承認された日から本件共済規則による給付を受ける権利を取得するとされているところ、死亡共済金については、会員ではなく会員の指定した受給権者に支給されること、また、受給権者の請求に基づいて共済金が給付されること等に照らすと、死亡共済金については、前払いの場合を除き、会員の死亡によって、会員ではなく、受給権者がその給付を受ける権利を固有の権利として原始的に取得し、その権利を行使したことにより受領したことになるものと解されるのであり、会員の財産に減少はない。

　さらに、死亡共済金は、会員の福祉を図る本件共済制度の一環として支給されるものであり、受給権者の指定は、財産上の権利の移転を目的とする法律行為ともいえない。

　そうすると、本件共済金の受給について相続税法9条の適用はな

い。

〔判断〕

　当裁判所も、控訴人の請求はいずれも理由がないものと判断する。

　相続税法9条の趣旨に鑑みれば、同条にいう「対価を支払わないで、…利益を受けた場合」というためには、贈与と同様の経済的利益の移転があったこと、すなわち、一方当事者が経済的利益を失うことによって、他方当事者が何らの対価を支払わないで当該経済的利益を享受したことを要すると解するのが相当である。

　本件共済制度に基づく死亡共済金は会員の相互扶助を目的とする各種共済金の1つであって、会員がA歯科医師会に納付する負担金も死亡共済金に関して個別に支払うのではなく、その金額は全ての共済金の受給資格に関するものとして一定とされ、共済金の額も会員が支払った負担金の額とは全く連動しない一定の額とされているのであり、退会の際は原則として返還されないというのであるから、父が負担金に相当する経済的利益を失うことによって、死亡共済金の受給権者に指定された控訴人が何らの対価の支払なくして上記経済的利益を享受したものということはできず、父と控訴人との間に贈与と同様の経済的利益の移転があったとは認められない。

　本件共済制度の負担金、その果実、手数料及びその他の原資は、福祉共済基金に組み入れられた上で、同基金が死亡共済金等の各種共済金等の支出に充てられていること、死亡共済金等の額は、会員である期間の長短や納付された負担金の総額の多寡にかかわらず、一部を除き、いずれも定額であることなどに鑑みると、父が納付した負担金に相当する経済的利益が控訴人に移転したという関係にはないから、負担金の納付と共済金の受給との間に、贈与と同様の経済的利益の移転があったということはできない。

　控訴人は、C会の遺族年金の受給権については、贈与財産として課

税されている旨主張する。

　しかしながら、C会が会員に提供している医師年金は、会員が積み立てた保険料等をその積み立てた額に応じて当該会員が自ら受け取る積立型の私的年金であるから、本件共済制度に基づく死亡共済金とは異なり、C会の遺族年金の受給は、会員の払い込んだ保険料に相当する経済的利益が遺族年金として遺族に移転したものであり、贈与と同様の経済的利益の移転があったと認められるというべきであり、同様に論ずることはできない。

　そうすると、本件共済金の受給について相続税法9条を適用する余地はなく、所得税法9条に規定する非課税所得には該当しない。

　本件共済制度に基づく死亡共済金は会員の相互扶助を目的とする共済金の1つであって、会員がA歯科医師会に納付する負担金も、死亡共済金に関して個別に支払われるものではなく、会員が支払った負担金の額と死亡共済金の額とは全く連動していないのであって、さらに、退会すれば返還も受けられないというのであるから、負担金の納付は、死亡共済金との個別的対応関係が明らかでなく、死亡共済金の受給に直接対応する支出ではないといわざるを得ず、一時所得の金額の計算上、本件負担金を控除することはできない。

Q 2-9　生存給付金の評価

　みなし贈与となる生命保険契約により支払われる生存給付金の評価について教えてください。

Answer

下記の通りです。

【解説】

　「生存給付金付終身保険契約」に基づき受け取った生存給付金は、「定期金給付契約に関する権利」に該当するものでなく、受け取った都度、受け取った生存給付金で評価することになります（相法5、相基通24-1）。当該請求権毎年都度発生するものだからです。

　生存給付金の受取人が生存給付金を受け取ることは、その保険料負担者（保険契約者）からのみなし贈与として贈与税の課税対象になります（相法5）。

Q 2-10　保険契約者の変更

　保険事故発生前の保険契約者の変更と贈与税について教えてください。

Answer

　下記の通りです。

【解説】

　保険事故発生「前」に保険契約者の名義変更があり、以後の保険料を変更後の契約者が支払うことになった場合が典型事例です。

　その場合であっても、その変更前の契約者が支払った保険料に係る生命保険契約に関する権利について、名義変更時点において贈与税の課税関係が生じることはありません（相法31①、3①三、5、評基通214）。

2-2
定期金（相法6）

Q 2-11　定期金

定期金について基本的な考え方を教えてください。

Answer

下記が原則となります。

【解説】

定期金給付契約（生命保険契約を除く）について契約者変更があった場合、契約者を自らに変更したことについて贈与税は課税されません。

しかし給付事由が発生した場合には、その取得した定期金給付契約に関する契約を以前契約者から贈与により取得したものとみなされます（相法6①）。

これは定期金給付契約について返還金その他これに準ずるものの取得があった場合も同様です（相続税法第5条との重複適用をさけるためです）。

なお、その契約者たる地位に基づいて定期金給付契約を解約し、解約返戻金相当額を取得した場合には、保険契約者はその解約返戻金相当額を保険料負担者から贈与により取得したものとみなされて贈与税が課税されます（相法6②）。

Q 2-12　保険を利用した認知症対策＆贈与契約

> 保険を利用した認知症対策＆贈与契約について教えてください。

Answer

　下記の手法が一般的です。

【解説】

　親が認知症になっても贈与を続けられる方法として下記のものが代表的です。贈与は先述のとおり、民法第549条において、

　　「贈与は、当事者の一方が自己の財産を無償で相手方に与える意思を
　　表示し、相手方が受諾をすることによって、その効力を生ずる。」

との規定があるため、贈与者の意思と受贈者の意思が双方あって成立します。

　この場合、贈与者が高齢者の場合、一般的には認知症になり意思能力がなくなる、というリスクは生じます。一方で認知症になっても受贈されたいという希望もあります。この場合、下記のような一時払終身保険プランを組成します。

　・契約者（＝保険料負担者）・・・認知症になり得る高齢者、一般的には
　　親

　・被保険者・・・認知症になり得る高齢者、一般的には親

　・保険金受取人・・・上掲の親の子供

　上記の保険に加入した後、契約者について親から子供に名義変更します。契約者である子供はこの保険を○年間に渡り、○分の1ずつ解約します。この場合、解約返戻金が契約者である子供に、毎年○万円ずつ入金されることになります。

　もちろん保険料を負担したのは親なので、親から子へのみなし贈与となります。

　親が将来認知症になり、意思能力がなくなったとします。しかし、当初

この状態にしておけば、○分の１ずつ解約するという意思決定は「契約者である子」がすることになります。

Q 2-13　連年贈与

> 連年贈与について教えてください。

Answer

過去にあった制度であり現在はありません。実務上の留意点も一切ありません。

【解説】

昭和33年から50年にわたり、同一人物から３年以内の贈与は累積して贈与税を計算するという措置がありました。具体的には次の計算方式によります。

① 最後に贈与を受けた年の贈与財産だけで贈与税額を計算する。

② その贈与者から贈与された各年の財産の価額から、それぞれ一定額（昭和33年から38年までは10万円、昭和39年以降は20万円）を控除した金額の合計額をもとに、贈与税額を計算する。そして、そこから既に課税された贈与税額の合計額を控除する。

③ ①と②の合計額を３年目の贈与の年に申告する。

この制度はもう存在しません。したがって、毎年同月日に同金額を贈与して問題ありません。

（参考）

> 昭和49年旧相続税法第21条の６（３年以内に同一人から贈与を受けた場合の贈与税額）
>
> 　その年において贈与に因り同一の贈与者から10万円を超える価額の財

産（その取得の日の属する年分の贈与税の課税価格計算の基礎に算入される ものに限る。以下本条において同じ。）を取得した者がその前年又 前々年において当該受贈者から贈与に因り各年10万円をこえる価額の財 産を取得したことがある場合においては、その者に係る贈与税は、前条 の規定にかかわらず、その年において贈与に因り取得したすべての財産 の価額の合計額につき前2条の規定により算出した金額と第1号に掲げ る金額から第2号に掲げる金額を控除した金額（当該贈与者が2人以上 ある場合には、これらの者につきそれぞれ第1号に掲げる金額から第2 号に掲げる金額を控除した金額を控除した金額の合計額）との合計額に より、課する。

一 その年以前3年以内の各年において当該贈与者から贈与に因り取得 した財産の価額のうちそれぞれ10万円をこえる部分の合計額を前条に 規定する課税価格とみなし、同条の規定を適用して算出した金額

二 イ及びロに掲げる金額の合計額（当該合計額が第1号に掲げる金額 をこえる場合には、当該金額）

　イ その年の前年又は前々年において当該贈与者から贈与に因り取得 した財産の価額が当該各年において贈与に因り取得したすべての財 産の価額の合計額のうちに占める割合をそれぞれ当該各年の贈与税 の税額（利子税額、過少申告加算税額、無申告加算税額、重加算税 額及び延滞加算税額に相当する税額を除く。）に乗じて算出した金額 の合計額

　ロ その年において当該贈与者から贈与に因り取得した財産の価額が 同年において贈与に因り取得したすべての財産の価額の合計額のう ちに占める割合を当該合計額につき前2条の規定を適用して算出し た金額に乗じて算出した金額

2-3
土地等を時価よりも安く購入した場合（相法7　低額譲渡、ここでは株式以外）

Q 2-14　株式以外の資産の低額譲渡

取引相場のない株式以外の資産における低額譲渡について基本的な考え方を教えてください。

Answer

下記となります。

【解説】

著しく低い価額の対価で財産を譲り受けた場合には、その財産の時価（土地等、家屋等並びに上場株式である場合には通常の取引価額に相当する金額、それ以外の財産である場合には相続税評価額をいいます）と支払った対価の額との差額に相当する金額を、財産を譲渡した者から贈与により取得したものとみなされます（相法7）。

しかし、この場合であっても、その財産を譲り受けた者が、資力を喪失して債務を弁済することが困難であるため、その弁済に充てる目的でその者の扶養義務者から譲り受けたものであるときは、その債務を弁済することが困難である部分の金額については、このみなし贈与の規定は適用されません（相法7但書）。

なお、この財産の著しく低い価額の対価による譲渡が遺言によりなされた場合には、時価と対価との差額は遺贈により取得したものとみなされる

ので、贈与税の課税対象から除外され、相続税の対象となります（相基通
7-1〜7-5、評基通169(2)、平元3.29直評5直資2-204）。

（参考）

> 負担付贈与又は対価を伴う取引により取得した土地等及び家屋等に係
> る評価並びに相続税法第7条及び第9条の規定の適用について
>
> 　標題のことについては、昭和39年4月25日付直資56、直審（資）17
> 「財産評価基本通達」（以下「評価基本通達」という。）第2章から第
> 4章までの定めにかかわらず、下記により取り扱うこととしたから、
> 平成元年4月1日以後に取得したものの評価並びに相続税法第7条及
> び第9条の規定の適用については、これによられたい。
> 〔趣旨〕
> 　最近における土地、家屋等の不動産の通常の取引価額と相続税評価
> 額との開きに着目しての贈与税の税負担回避行為に対して、税負担の
> 公平を図るため、所要の措置を講じるものである。
> 　　　　　　　　　　　記
> 1　土地及び土地の上に存する権利（以下「土地等」という。）並び
> 　に家屋及びその附属設備又は構築物（以下「家屋等」という。）の
> 　うち、負担付贈与又は個人間の対価を伴う取引により取得したもの
> 　の価額は、当該取得時における通常の取引価額に相当する金額に
> 　よって評価する。
> 　　ただし、贈与者又は譲渡者が取得又は新築した当該土地等又は当
> 　該家屋等に係る取得価額が当該課税時期における通常の取引価額に
> 　相当すると認められる場合には、当該取得価額に相当する金額に
> 　よって評価することができる。
> 　（注）「取得価額」とは、当該財産の取得に要した金額並びに改良
> 　　　費及び設備費の額の合計額をいい、家屋等については、当該合

　　計金額から、評価基本通達130（（償却費の額等の計算））の定
　　めによって計算した当該取得の時から課税時期までの期間の償
　　却費の額の合計額又は減価の額を控除した金額をいう。
2　　1の対価を伴う取引による土地等又は家屋等の取得が相続税法第
　　7条に規定する「著しく低い価額の対価で財産の譲渡を受けた場
　　合」又は相続税法第9条に規定する「著しく低い価額の対価で利益
　　を受けた場合」に当たるかどうかは、個々の取引について取引の事
　　情、取引当事者間の関係等を総合勘案し、実質的に贈与を受けたと
　　認められる金額があるかどうかにより判定するのであるから留意す
　　る。
　（注）　その取引における対価の額が当該取引に係る土地等又は家屋
　　　　等の取得価額を下回る場合には、当該土地等又は家屋等の価額
　　　　が下落したことなど合理的な理由があると認められるときを除
　　　　き、「著しく低い価額の対価で財産の譲渡を受けた場合」又は
　　　　「著しく低い価額の対価で利益を受けた場合」に当たるものと
　　　　する。

　もともとこの規定は平成元年の低額譲渡に対する課税（平元3.29直評5）
において、当時の相続税評価額と一般の相続税評価額の乖離を利用した租
税回避行為に対処するために設けられたものです。
　負担付贈与により財産を受贈した者が、負担した金額が贈与を受けた財
産の価額に比して著しく低い価額である場合には、みなし贈与が発動しま
す。
　平成3年ごろまでは、不動産の通常の取引価額と相続税評価額との間に
大きな乖離が見られたことから、この開きに着目して負担付贈与又は低額
譲受けの方法により贈与税を回避する方法が頻繁にあったため、所要の措
置がとられたわけです。
　なお、譲渡財産が2以上ある場合の「著しく低い価額の判定」は相続税

基本通達7-1によると一括判定することとなっています。

Q 2-15　混合贈与

混合贈与について基本的な考え方を教えてください。

Answer

下記となります。

【解説】

混合贈与とは、当事者の一方の給付が価格的に一部分のみ対価関係にたち、これを超える部分は無償となり、その限りにおいて双方の間で贈与の合意があるものといわれます。

Aが時価100,000円の動産をBに90,000円で売却したが、不足分10,000円はBに対する贈与とするというものです。

この法形式においては「本来の」贈与に該当するというのが通説です。

Q 2-16　（裁判例）低額譲渡の目安

低額譲渡に関しての代表的な裁判例を教えてください。また同族特殊関係者間の低額譲渡の一応の目安を教えてください。

Answer

同族特殊関係者間の低額譲渡の一応の目安として土地、借地権については路線価評価と概算公示価格との20％乖離分を目安にします。時価100であれば80までが許容となります。しかし当該物件そのものの金額の絶対値によって変わりますので断定的な目安にはなりません。

　所得税法では時価の２分の１以上の価額になるときは低額譲渡にならないこと、贈与税では個人間の売買価格が相続税評価額によっている限り低額譲渡は発生しないことと相続税法７条から考えられることからすると、個人間の売買価額は相続税評価額をベースにする限り所得税、贈与税ともに特段の課税関係は生じないようにも一見思えます。

　しかし土地、借地権に関しては実務では相続税評価額の80％で割戻し概算公示価格ベースにすることが通常です。

【解説】

　平成19年８月23日東京地裁判決は最も著名な典型事例となります。

（参考）

> 【親族間の譲渡とみなし贈与／「著しく低い価額」の対価とは】
> 東京地裁　東京地方裁判所平成18年（行ウ）第562号贈与税決定処分取消等請求事件（全部取消し）（確定）（納税者勝訴）

　相続税法第７条の趣旨及び適用範囲、規定する時価の意義、「著しく低い価額」の判断基準を述べた上で、相続税評価額が地価公示価格と同水準の価格の約80％であることからすると、地価が安定して推移している場合や上昇している場合には、この開差に着目し、実質的には贈与税の負担を免れつつ贈与を行った場合と同様の経済的利益の移転を行うことが可能になるのであり、このことが租税負担の公平の見地から相当でないことは明らかであるとの課税庁の主張が、仮に時価の80％の対価で土地を譲渡するとすれば、これによって移転できる経済的利益は当該土地の時価の20％にとどまるのであり（換価することまで考えれば、実際の経済的利益はそれよりさらに低くなるであろう）、「贈与税の負担を免れつつ贈与を行った場合と同様の経済的利益の移転を行うことが可能になる」とまでいえるのかはなはだ疑問である上、そもそも課税庁の上記主張は、相続税法第７条自身が「著しく低い価額」に至らない程度の「低い価額」の対価での譲渡は許容

していることを考慮しないものであるとして排斥されています。

　そして、「著しく低い価額」の対価に当たるか否かは、単に時価との比較（比率）のみによって決するものではなく、「実質的に贈与を受けたと認められる金額」の有無によって判断すべきであるとの課税庁の主張が、相続税法第7条は、当事者に実質的に贈与の意思があったか否かを問わずに適用されるものであることは述べた通りであり、実質的に贈与を受けたか否かという基準が妥当なものとは解されず、また、この基準によるとすれば、時価よりも低い価額の対価で譲渡が行われた場合、客観的にみて譲受人は譲渡人から一定の経済的利益を無償で譲り受けたと評価することができるのであるから、そのすべての場合において実質的に贈与を受けたということにもなりかねず、単なる「低い価額」を除外し「著しく低い価額」のみを対象としている同条の趣旨に反することになるとして排斥されています。

　さらに、第三者との間では決して成立し得ないような対価で売買が行われ、当事者の一方が他方の負担の下に多額の経済的利益を享受したか否かによって判断すべきであるとの課税庁の主張が、第三者との間では決して成立し得ないような対価で売買が行われたか否かという基準は趣旨が明確でなく、仮に「第三者」という表現によって、親族間やこれに準じた親しい関係にある者相互間の譲渡とそれ以外の間柄にある者相互間の譲渡とを区別し、親族間やこれに準じた親しい関係にある者相互間の譲渡においては、たとえ「著しく低い価額」の対価でなくても課税する趣旨であるとすれば、相続税法第7条の文理に反するというほかなく、また、時価の80％程度の水準の対価であれば、上記の意味での「第三者」との間で売買が決して成立し得ないような対価であるとまでは断言できないとしています。

　財産の譲受けの状況の一要因である「個々の取引の意図、目的その合理性」が、相続税法第7条の「著しく低い価額」に当たるか否かを判断する際の一事情として考慮されるべきものであるとの課税庁の主張が、取引の意図、目的、合理性といった事情を考慮するとなると、結局、当事者に租

税負担回避の意図・目的があったか否かといった点が重要な考慮要素になると思われるが、同条は当事者に租税負担回避の意図・目的があったか否かを問わずに適用されるものであり、同主張は同条の趣旨に反することになるとも判示しています。

　ちなみに、相続税評価額と同程度の価額かそれ以上の価額の対価によって土地の譲渡が行われた場合におけるその代金額は、相続税法第7条にいう「著しく低い価額」の対価には当たらないとされています。

　租税の公平負担の要請から実質的にみても、本件における土地売買の代金額と土地の時価や相続税評価額との比較に加え、譲渡者が土地を購入してから売買が行われるまで2年以上の期間が経過していること、売買により納税者らが取得したものは土地の持分であり、容易に換価できるものではなく、実際に原告らもこれを換価してはいないこと、課税庁の主張を前提としても、譲渡者が土地を売買したことには流動資産を増やしたいとの一応合理的な理由があったことなどの事情を考慮すれば、本件の土地売買が明らかに異常で不当といえるような専ら租税負担の回避を目的として仕組まれた取引であるとは認められないとしました。

　なお、この裁判例は非常に多くの批評がなされています。

　本判決に係る事例における負担付贈与通達の適用を否定したこと、「時価の80%の価額以上での譲渡であれば、すべて『著しく低い価額の対価』には該当せず、相続税法第7条の適用はできない」といった画一的な基準が示されたものではないと考えるべきであること、といった意見が大勢を占めています。

　特に負担付贈与通達（平成元年3月29日付直評15、直資2-204「負担付贈与又は対価を伴う取引により取得した土地等及び家屋等に係る対価並びに相続税法第7条及び第9条の規定の適用について」）をなぜ適用しなかったのか、多くの学者、実務家から批判を受けているものです。

（参考）

┌───┐
│【贈与財産の範囲／資産の低額譲受け】
│
│請求人が父から売買契約により譲り受けた土地の対価は、当該土地の
│時価に比して著しく低い価額であると認められ、相続税法第7条の規
│定により贈与があったものとした事例（平13.04.27裁決）〔裁決事例集
│第61集533頁〕
│
│
│〔裁決要旨〕
│
│　相続税法第7条は、著しく低い価額で財産の譲渡を受けた場合にお
│いては、法律的には贈与といえないとしても、経済的には対価と時価
│との差額について実質的に贈与があったと同視することができるた
│め、この経済的実質に着目して、課税負担の公平の見地からその差額
│について贈与があったものとみなして贈与税を課税する趣旨のものと
│解されるところ、請求人及び原処分庁の主張する時価額はいずれも採
│用できない。
│
│　そこで、当審判所において、公示価格を基に土地価格比準表に準じ
│て地域要因及び個別的要因等の格差補正をして本件土地の時価額を算
│定したところ、その価額は45,661,363円と算定された。
│
│　そうすると、本件土地の時価と売買価額との差額は18,501,363円に
│達するものであることから、本件土地の売買価額は、相続税法第7条
│に規定する著しく低い価額の対価であると認めるのが相当である。
└───┘

┌───┐
│【資産の低額譲受け】
│
│土地建物の譲受価額が相続税法第7条に規定する「著しく低い価額の
│対価」に当たるとしてなされた原処分は違法であるとした事例（平
│15.06.19裁決）〔裁決事例集第65集576頁〕
│
│
│〔裁決の要旨〕
└───┘

　原処分庁は、本件土地の譲受けは、相続税法第7条にいう「著しく低い価額の対価で財産の譲渡を受けた場合」に該当すると主張するが、譲渡人（請求人の祖母）は高齢となり、借入金を弁済するために譲渡したものであり、一方、請求人は自身の将来のことを考えて金融機関から取得資金を借り入れて本件土地を取得したものであること、売買価額は固定資産税評価額を参考に、利用形態を考慮して決定したこと、譲渡人は本件土地を相続により取得し、長期間保有していたものであること、建物の譲受対価の額と本件土地の譲受対価の合計額は、これらの不動産の相続税評価額の合計額を上回っていることを総合勘案すると、本件土地の譲受は相続税法第7条に規定する「著しく低い価額の対価」による譲受けには該当しないとするのが相当である。

【みなし贈与／第三者間取引への適用の可否・仮換地未指定地の時価評価】
さいたま地方裁判所平成13年（行ウ）第46号贈与税決定処分等取消請求事件（平成17.1.2判決）

〔判示事項〕
　財産評価基本通達24-2で仮換地が指定されている場合には仮換地の価額によって評価するとしているが、仮換地指定が行われていない土地については、同通達上特段の定めはないので、従前の土地について適切な鑑定評価を行うべきであるとされた。
　贈与により取得した甲土地の時価判断について、土地区画整理事業区域内の更地取引の実例が少ないことから、建物付宅地の取引事例及び規準地の価格から建物付宅地の標準的画地の価格を求め、そこから甲土地の個別的要因及び甲土地が仮換地指定され建物用敷地として使用できるまでの間の減価を考慮して甲土地の価格を算定する手法が最

も規範性が高く相当であるとされた。

相続税法7条の判断基準として甲土地の時価は4,513万円と評価されるところ代金1,500万円で売買しているものであり、売買経緯を考慮してもなお著しく低い価額の対価に当たるというべきであるとされた。

Q 2-17　土地の遺贈（同族会社）

同族会社が土地の遺贈を受けた場合の課税関係について教えてください。

Answer

下記となります。

【解説】

TAINSコード　評価事例708047

質疑応答事例8047　取引相場のない株式等の評価（9）　同族会社が土地の遺贈を受けた場合の課税関係　東京国税局課税第一部　資産課税課　資産評価官（平成16年12月作成）「資産税審理研修資料」

Ⅵ　財産評価審理上の留意点

12　取引相場のない株式等の評価（9）…同族会社が土地の遺贈を受けた場合の課税関係

被相続人甲は同族会社Aの代表者であり、同社の株式を60％所有していますが、所有していた土地をA社に遺贈しました。この場合の課税関係はどうなるでしょうか。

（答）

　個人が法人に遺贈したことによる課税関係について、次の点から検討する必要がある。

　1　遺贈者である甲の持株への影響（A社が土地を受遺したことによる株価上昇分）

　2　甲以外の株主の持株への影響（A社が土地を受遺したことによる株価上昇分）

　また、法人への財産の遺贈については、上記ほか次の点についても注意する必要がある。

　3　個人の相続税課税はもちろんのこと遺贈者に対する資産の譲渡所得課税（この場合の申告所得税相当額については、相続税の申告上、債務控除できる。）

　4　受遺者であるA社に対する法人税課税（法人には、相続税の納税義務はないが、遺贈により取得した財産の価額は益金の額に算入され、通常の法人税が課税される。

　　また、公益法人が遺贈により財産を取得した場合には、一定の要件の下に相続税の納税義務が生じることがあるが（相続税第66条4項）、普通法人に相続税が課されることはない。）。

【A社の株価の算定等】

　法人に対する財産の遺贈は、その財産価額に対応する相続税の減額要因となる一方で、その法人の株式を被相続人が所有していた場合は、財産遺贈を加味したところで株式の評価が行われることから、株価は上昇することになる。

　この取扱いについて、通達において明確な規定はないが、遺贈が相続開始と同時に効力を有することからみれば、相続開始時における法人の株価は、遺贈財産を取得した分だけ上昇したものと考えることができる。

　この場合に純資産価額方式による評価額の算定については、下記の点に注意する（評価会社の株価を類似業種比準方式で評価する場

合については、省略する。)。

1 遺贈財産を取得した後の評価会社の資産・負債を基に株価を計算する。

2 この場合の遺贈財産が土地等又は建物等の場合には、課税時期3年以内（ママ）に取得したものに該当するため、通常の取引価額により評価する。

3 遺贈財産の取得に係る法人税額等相当額（遺贈財産の時価の42％相当額）は、純資産価額の計算上、負債に計上することができる。

【遺贈者以外株主に対するみなし遺贈】

　ところで、会社に対して無償で財産の提供があったことにより、当該会社の株価が増加したときには、財産の提供者から他の株主に対し、株価増加分の贈与があったものとして取り扱うこととされている（相基通9-2）。この取扱いは、「贈与」についてのみ定めているが相続税法第9条の規定からすれば、会社に対する財産の無償提供が遺贈によって行われたのであれば、そのことによる株価増加分も遺贈とみなされ、相続税の課税対象となる。

　本事例にあてはめると、被相続人の遺贈により、当該株式の価値が増加した場合には、他の株主についても増加した株式価値分だけ甲から遺贈されたことになり、この場合には、相続税の課税関係が生じる。

※「質疑応答事例8060　○取引相場のない株式の評価」を参照

Q 2-18　不動産の無償譲渡による出資価額の増加益

　不動産の無償譲渡を受けたことによる出資価額の増加益はみなし贈与に該当するケースについて教えてください。

Answer

　下記の非公開裁決が参照できます。

【解説】

> 不動産の無償譲渡を受けたことによる出資価額の増加益はみなし贈与
> に該当（平29-12-01　非公開裁決　棄却　Ｆ0－3－580）

　同族会社Ａ社がＢから不動産の無償譲渡を受けたことにより増加した出
資の価額に相当する部分について、Ａ社に出資する社員である請求人が、
贈与税の申告をしました。

　その後、請求人は、その増加益は贈与による財産の取得には当たらない
から贈与税の納税義務はないなどとして更正の請求をしましたが、これに
対し、原処分庁が更正をすべき理由がない旨の通知処分を行ったため、請
求人が、その処分の取消しを求めた事案です。

　審判所は、次のように判断し、請求人の主張を棄却しました。

> 　相続税法第9条は、私法上の贈与契約によって財産を取得したもの
> ではないが、贈与と同じような実質を有する場合に、贈与の意思がな
> ければ贈与税を課税することができないとするならば、課税の公平を
> 失することになるので、この不合理を補うために、実質的に対価を支
> 払わないで経済的利益を受けた場合においては、贈与契約の有無にか
> かわらず贈与により取得したものとみなし、これを課税財産として贈
> 与税を課税する趣旨の規定であると解される。
>
> 　本件譲渡によって請求人のＡ社に対する出資の価額は増加したので
> あるから、請求人は、実質的に対価を支払わないで経済的利益を受け
> たといえ、相続税法第9条の規定により、本件増加益を、Ｂから、贈
> 与により取得したものとみなされる。
>
> 　したがって、本件増加益は贈与税の課税財産となるから、更正をす

べき理由がないとして行った本件通知処分は、適法である。

（参考）

【みなし贈与／同族会社が不動産の無償譲渡を受けたことによる出資
価額の増加益】

同族会社A社がBから不動産の無償譲渡を受けたことにより、請求人
のA社に対する出資の価額は増加したことから、請求人は、実質的に
対価を支払わないで経済的利益を受けたとして、相続税法第9条の規
定により、その増加益を、Bから、贈与により取得したものとみなさ
れた事例（棄却・平成29年12月10日裁決）

〔事案の概要〕

　請求人は、■■■■■■■■■■■■■■■■■■に本店を置く、不動
産の売買等を目的とする■■■■■■■■■（以下「■■■■■■」
という。）に出資する社員であり、その出資口数は、7,000口である。

　なお、平成18年5月1日以後は、■■■■■■は、会社法の施行に
伴う関係法律の整備等に関する法律第2条第1項の規定により株式会
社として存続する特例有限会社であり、同族会社に該当する法人で同
条第2項の規定により、その持分は株式、出資1口は1株、社員は株
主とみなされる。

　■■■■■は、平成27年7月9日、■■■■■■に対し、■■■■■
■■■■■■■の土地及びその土地上の家屋番号■■■の建物（以
下、当該土地及び建物を併せて「本件不動産」という。）を無償で譲
渡した（以下、当該譲渡を「本件譲渡」という。）。■■■■■の出
資の価額は、本件譲渡により1口当たり■■増加したことから、請求
人の出資の価額は、■■■■■増加した（以下、本件譲渡により増加
した請求人の出資の価額を「本件増加益」という。）。

　本件は、出資する同族会社（法人税法第2条《定義》第10号に規定

する同族会社をいう。以下同じ。）が不動産の無償譲渡を受けたことにより増加した出資の価額に相当する部分について贈与税の申告をした審査請求人が、その後、当該増加益は贈与による財産の取得に当たらないから贈与税の納税義務はないなどとして更正の請求をしたのに対し、原処分庁が更正をすべき理由がない旨の通知処分を行ったことから、請求人が、当該処分の取消しを求めた事案である。

〔当事者の主張〕

○納税者の主張

　贈与税は「贈与により財産を取得した者」に対して課されるものであるところ、請求人は、贈与により本件不動産を取得した者ではなく、本件増加益は、■■■■■が本件不動産を無償で取得したことによる結果としてもたらされたものにすぎないから、贈与による財産の取得に当たらない。

　また、相続税法第9条は、未実現利益と実現利益に対する二重の課税を認める規定であり、税負担の公平、ひいては日本国憲法第14条の法の下の平等原則に反した違憲の疑いのある規定であるから、本件増加益を贈与税の課税財産とすることは許されない。

　したがって、本件増加益は、贈与税の課税財産とはならない。

○課税庁の主張

　請求人は■■■■■の社員であり、本件譲渡によって■■■■■■に対する出資の価額は増加したのであるから、本件通達のとおり、請求人は、■■■■から、■■■■■■の出資の価額のうち本件増加益を贈与によって取得したとみなされる。

　なお、本件通達は、相続税法第9条の趣旨に沿うものであり、同条の規定に該当する場合の例示として適当なものである。

　したがって、本件増加益は、贈与税の課税財産に該当する。

〔判断〕

　相続税法第 9 条は、私法上の贈与契約によって財産を取得したものではないが、贈与と同じような実質を有する場合に、贈与の意思がなければ贈与税を課税することができないとするならば、課税の公平を失することになるので、この不合理を補うために、実質的に対価を支払わないで経済的利益を受けた場合においては、贈与契約の有無にかかわらず贈与により取得したものとみなし、これを課税財産として贈与税を課税する趣旨の規定であると解される。

　Bが、平成27年 7 月 9 日、A 社に対し土地及び建物（本件不動産）を無償で譲渡（本件譲渡）したことにより、請求人の A 社に対する出資の価額は増加（本件増加益）したのであるから、請求人は、実質的に対価を支払わないで経済的利益を受けたといえ、相続税法第 9 条の規定により、本件増加益を、B から、贈与により取得したものとみなされる。

　請求人は、贈与により本件不動産を取得した者ではなく、本件増加益は、A 社が本件不動産を無償で取得したことによる結果としてもたらされたものにすぎず、贈与による財産の取得に当たらない旨主張する。しかし、相続税法第 9 条は、贈与契約により取得した財産でなくても、実質的に対価を支払わないで経済的利益を得た場合について「贈与により取得したものとみなす」として贈与税を課税する規定であるところ、請求人は本件譲渡によって本件増加益という経済的利益を受けたのであるから、同条が適用されることとなる。

　また、請求人は、相続税法基本通達 9 - 2 《株式又は出資の価額が増加した場合》（本件通達）は、同族会社と非同族会社とでその取扱いを異にするものであり、本件通達により、本件増加益を課税財産とすることは許されない旨主張する。

　しかしながら、本件通達は、相続税法第 9 条が適用される場合の比較的典型的な事例として同族会社の例を挙げているものにすぎず、同

条が適用される場合を同族会社に限定しているものではないし、また、本件通達をもって本件増加益を贈与税の課税財産とするものでもない。したがって、これらの点に関する請求人の主張には理由がない。

Q 2-19 相続時精算課税

平成19年8月23日判決をベースに相続時精算課税が絡んだケースついて教えてください[3]。

Answer

下記で設例を用いて説明します。

【解説】

私は、父からの贈与について相続時精算課税制度を選択しています。父は、時価よりも低額で私に対して不動産を譲渡しました。

数年後、父が亡くなった時の当該不動産の時価は当時売買時の時価より低額でした。この取引についての所得税、贈与税、相続税の取扱いはどうなるでしょうか。なお、過去にこれ以外の相続時精算課税適用贈与はなかったものとします。

① 贈与税（みなし贈与）

個人が著しく低い価額で財産を譲渡した場合には、低額譲渡に該当し、譲渡時の時価と、売買価格との差額について、譲渡者から譲受者に対して贈与があったものと取り扱われます（相法7）。

本事例では、当初売買時の時価と亡くなった時の売買価格との差額につ

---

[3] 湊義和『東京税理士会会員相談室 vol.93』（平成29年）より筆者改変。

いて、みなし贈与があったものとされます。

　この財産評価基本通達の評価額を売買価格として、親族間で不動産の売買を行った結果、当該売買価格が、相続法第7条の時価に比して著しく低く、みなし贈与があるとして更正処分が行われて争われた裁判例が繰り返しご紹介した東京地裁平成19年8月23日判決です。

　判決では、「著しく低い価額」の対価とは、「その対価に経済合理性のないことが明らかな場合をいうものと解され、その判定は、個々の財産の譲渡ごとに、当該財産の種類、性質、その取引価額の決まり方、その取引の実情等を勘案して、社会通念に従い、時価と当該譲渡の対価との開差が著しいか否かによって行うべき」とし、相続税評価額と同水準の価額かそれ以上の価額を対価として土地の譲渡が行われた場合は、原則として「著しく低い価額」の対価による譲渡ということはできないとしたのは前述の通りです。

　この判決からは、少なくとも相続税評価額によるべきといえますが、実務上保守的見地からは概算公示価格をとるべきでしょう。

　本件は譲渡損が生じない場合を想定しましたが、譲渡損が生じる場合には、負担付贈与通達2注書に該当することも留意すべきです。

②　所得税（譲渡所得）

　所得税においては、当事者間で行われる売買価格を前提に譲渡所得の計算を行います。したがって、売買価格イコール取得費の場合に関しては、譲渡所得は生じません。課税の公平性はあくまで相続税法第7条で調整（実現）します。

③　相続税（相続時精算課税）

　贈与時の時価と売買価格との差額が相続時精算課税以内であれば、みなし贈与の差額分についても、相続時精算課税により贈与税は生じません。

　また、相続開始時には、相続時精算課税を適用した贈与財産の価額を加

算することとなります。

　みなし贈与課税があった場合の当該加算する贈与財産の価額は、相続税法第7条において、「当該対価と当該譲渡があった時における当該財産の時価との差額に相当する金額」としています。

　この場合当該不動産の譲渡時の時価と売買価格の差額が贈与財産の価額となります。

2-4
債務免除等（相法8等）

Q 2-20　相続税法第8条の基本的考え方

相続税法第8条の基本的な考え方について教えてください。

Answer

下記です。

【解説】

ここでは典型的な不確定概念である但書を検証します。なお、相続税法第8条に出てくる民法用語は民法借用概念として捉えます。

相続税法第8条本文に該当する場合であっても、債務者が資力を喪失して債務を弁済することが困難である場合において、①債務の免除を受けた場合又は②債務者の扶養義務者に債務の引受け又は弁済してもらった場合には、贈与とみなされた金額のうちその債務を弁済することが困難である部分の金額について、贈与税は課税されないこととなっています（相法8但書）。

なお、その債務の免除などが遺言によってなされた場合の取扱いは、財産の低額譲受による利益の場合と同様です（相基通8-1〜8-4、民法519）。

Q 2-21　相続税法第8条の典型事例

相続税法第8条の典型事例について教えてください。

Answer

下記です。

【解説】

> 　個人事業者甲は、妻の青色事業専従者乙から事業用資金として800万円の借入金があり、貸借対照表の負債の部にも借入金800万円と計上しています。
>
> 　この度、当該借入金の内、500万円を債務免除してもらうことを考えています。この債務免除益500万円は、贈与税の課税対象となり、事業主借となるのでしょうか、それとも、事業所得の課税対象となり、雑収入となるのでしょうか。

　結論としては、贈与税の課税対象になります。

　相続税法第8条では、債務の免除による利益を受けた場合には、債務の免除があったときにおいて、債務の免除による利益を受けた者が、債務免除に係る債務の金額に相当する金額を、債務の免除をした者から贈与により取得したものとみなすと規定されており、一方、所得税法においては、買掛金その他債務の免除を受けた場合におけるその免除を受けた金額は総収入金額に算入すべきと規定しています（所法36、所基通36-15）。

　そして債務の免除とは、債権者が債務者に対して債務を免除する意思表示をすることにより債務が消滅することです（民法519）が、この債務免除は事業資金であるか否かの区別はされていません。

　また、相続税基本通達8-2においては事業所得の総収入金額に算入される割引又は割戻しによる利益は相続税法第8条の規定は適用しない旨規定していますが、同通達逐条解説では、相続税法第8条の規定による債務

免除は形式的にはその内容が何であるかを問わないのであるが、事業の取引上生じた売掛金の割引又は割戻しによる利益の享受は本来所得税の分野に属するものであり、事業所得の総収入金額に算入されることとされていることから、二重課税を排除するため、贈与により取得したものとして取り扱わないこととしたものである旨説明されています[4]。

したがって、債務免除は事業資金としてのものであったとしても、上記通達で定める事業の取引上生じた売掛金の割引又は割戻しによる利益とは異なり、単純に債権放棄による利益ということになりますので、上記通達に係る射程外として捉えられることになるものと考えられます。

結論として、贈与税の課税対象になるものと考えられます。

なお、債務者が資力を喪失して債務を弁済することが著しく困難である場合に債務免除を受けたときは、贈与税も所得税も課税しない旨規定されていますが、（相法8条但書、所基通36-17（削除（平26課個2-9、課審5-14改正））所得税基本通達36-17但書に規定する「当該免除を受けた年において当該債務を生じた業務に係る各種所得の金額の計算上損失の金額がある場合等」は、所得税の課税関係が生じます。

事業上生じた売掛金の割引、割戻しも債務免除です。

Q 2-22　相続税法第8条但書の可否

相続税法第8条但書の適用の可否について教えてください。例えば、納税者が、資力を喪失していないので、相続税法第8条但書の適用ができないとした事例などです。

---

[4] 野原誠編著『平成27年版相続税法基本通達逐条解説』（平成27年）138頁

Answer

　下記が参照となります。

【解説】

相続税法第 8 条ただし書の適用の可否　請求人は、資力を喪失してい
ないので、相続税法第 8 条ただし書の適用ができないとした事例（棄
却）（平成 9 年 3 月31日裁決）（J53- 4 -20）

〔事案の概要〕

　Wは、本件被相続人名義の a 株式会社（以下「 a 社」という。）の
株式15,000株、株式会社 b （以下「 b 社」という。）の株式47,000株及
び c 株式会社（以下「 c 社」という。）の株式19,000株（以下、これ
らの株式を併せて「本件株式」という。）を本件被相続人から借用し
て、 J 証券株式会社（以下「 J 証券」という。）で行っていた株式の
信用取引の担保代用証券として差し入れていたが、株価が急落して追
証を求められたため、本件被相続人との間で本件株式と同一銘柄、同
一株数の株式を返還することを合意した上で本件株式を売却し、当該
売却代金を信用取引の損失の補てんに充当した。

　ところが、その後も株価の下落が続き債務が増大したため、Wは、
本件株式に相当する株式を本件被相続人に返還することができず、平
成 5 年11月25日に本件被相続人から本件株式の返還義務の免除（以下
「本件返還義務の免除」という。）を受けた。

　原処分庁は、本件返還義務の免除を本件被相続人からWに対する贈
与とみなして更正処分をした。

〔当事者の主張〕

○納税者の主張

　Wの財産及び債務の状況は平成 5 年11月25日現在31,496,152円の債
務超過の状態であるから、相続税法第 8 条（贈与又は遺贈により取得

したものとみなす場合—債務免除等）ただし書の規定（以下「本件ただし書」という。）により、本件返還義務の免除は贈与とみなされる場合には該当しない。

○課税庁の主張

　本件ただし書は、本件返還義務の免除の時点において債務者であるWが資力を喪失している場合に適用されるものであり、Wの財産及び債務は、本件返還義務の免除の時点の価額（時価）に基づいて算出されることになるから、W所有の株式等の価額は、平成5年11月25日の終値で算出される。

　原処分庁は、平成5年1月1日時点の本件宅地の価額に同時点から平成5年11月25日までの時価下落率を乗じて算出した価額が平成5年分の路線価に近似していたことから、平成5年分の路線価に基づき本件宅地の価額を算出している。

　したがって、本件宅地の価額は、平成5年分の路線価に基づき算出した相続税評価額によるのが相当であり、また、路線価は地価公示価格と同水準の価格の80パーセントを目途に定められていることから、平成6年分の路線価に基づいて本件宅地の価額を算出すべき理由がないことは明らかである。

　本件建物は、昭和62年12月11日に新築されて所有権保存登記されたものであり、新築されてから本件返還義務の免除まで6年間しか経過していないことから、本件建物の時価は、本件建物の取得価額から減価償却費相当額を控除した価額によるのが相当と認められる。

　したがって、本件建物の価額を本件建物の時価より明らかに低いと認められる固定資産税評価額とすべき理由はない。

　Wは、Kの相続財産について遺産分割をしていないことから、民法第899条及び同法第900条の規定に基づき遺産の額に法定相続分を乗じた価額を取得しており、WがKの遺産について遺留分相当額を取得したと認められる事実はない。

　以上述べたことに基づき、Wの財産及び債務を算出するとWは、資力を喪失して債務を弁済することが困難な状態であるとは認められず、また、ａ社の専務取締役であり、給与収入が29,620,000円あること、かつ、昭和61年及び昭和62年に本件宅地及び本件建物を総額331,104,095円で取得していること等の事実に照らせば、債務超過部分があつたとしても弁済することができると認められる。

　なお、Wは、本件返還義務の免除により本件株式の返還義務を免除されていることから、Wの資力を判断するに当たって本件株式の価額をWの債務に含めることはできない。

　したがって、本件返還義務の免除について本件ただし書の規定の適用はないから、本件株式の価額相当額78,480,000円が相続税法第19条（相続開始前３年以内に贈与があった場合の相続税額）の規定により本件相続税の課税価格に算入される。

〔判断〕

　請求人は、相続税法第８条ただし書に規定する資力喪失か否かの判定（所有財産の時価算定）に当たり、１）株式は平成５年11月25日から30日までの終値の平均値、２）本件宅地は平成６年分の路線価、３）本件家屋は固定資産税評価額及び４）母Ｋからの相続財産は遺留分によって計算すべきである旨主張する。

　ところで、相続税法第８条ただし書は、第１号に規定する債務者が資力を喪失して債務を弁済することが困難である場合においてその全部又は一部の免除を受けたときには、その債務を弁済することが困難である部分の金額を限度として、贈与税の課税対象から除外する旨規定しており、債務者が資力を喪失して債務を弁済することが困難である場合とは、その者の債務額が積極財産の額を超えるときのように社会通念上支払不能と認められる場合をいうものと解されている。

　そうすると、債務免除があった場合に、当該債務の免除が贈与に該

当するか否かの判断は、債務者が債務免除を受けた時点において債務
超過であったか否かによることが相当であると認められ、この場合、
債務者の財産の価額又は債務額は、債務免除があった時の時価による
のが相当であると解される。

　本件の場合、

1）請求人所有の株式の価額は、平成５年11月25日の終値（１億
6,459万円）によるのが相当であり、また、買建ての信用取引の
含み損失額は、買建ての約定金額から同日の終値と金利相当額を
控除した金額（１億2,492万円）によるのが相当であること、

2）本件宅地の価額は、接面道路、面積及び用途地域が同一である
公示地の平成５年及び平成６年の公示価格から比準し、更に時点
修正した価格が相当であり、これに地積と持分（３／４）を乗じ
た１億4,892万円となること、

3）昭和62年11月に新築した本件家屋の価額は、取得価額１億4,392
万円から減価償却費相当額を控除した１億3,096万円が相当であ
ること、

4）請求人が母Ｋから相続した財産は１億2,682万円、債務等は225
万円、税額は1,966万円であることから、請求人が被相続人から
ａ株式会社ほか２銘柄の本件株式の返還義務の免除を受けた平成
５年11月25日における請求人の積極財産の額は６億2,905万円、
債務等の額は４億5,343万円であり、差引１億7,562万円の超過と
なり、3,149万円の債務超過という請求人の主張は採用できない。

　したがって、本件株式の返還義務免除7,848万円は、相続税法第8
条ただし書に該当しないので、贈与により取得したとみなされるのが
相当であり、同法第19条（相続開始前３年以内に贈与があった場合の
相続税額）の規定により相続税の課税価格に加算されることとなり、
請求人らの相続税の課税価格及び納付すべき税額は、いずれも異議決
定を経た後の更正処分の金額と同額であるから、更正処分は適法であ

る。

　争点は

　1）当該債務免除はみなし贈与に該当性するか

　2）ただし書の適用における債務超過の時点はいつの時点を指すか

　3）債務者の債務超過額はどのように算定するか、すなわち評価の問題
　　の3点です。

　1）みなし贈与の該当性と3）評価の問題については、債務者が資力を
喪失して債務を弁済することが困難である場合には、その者の債務の金額
が積極財産を超えるときのような社会通念上支払不能と認められる場合で
す。そして、それは、債務免除時の客観的交換価値を示す価額によるのが
相当と判断します。

　裁決によりますと、この客観的交換価値は、財産評価基本通達に基づく
評価損の額により判断していくわけではないことになります。

　2）の債務超過の測定時点においては、親族間・同族間における債務免
除の時期については、実務上選択の余地があります。裁決でも柔軟な対応
をとっています。

　1）、2）、3）共通して言えることですが、債務免除につき本件但書の
適用を想定するのであれば、債務者の財産及び負債の状況ならびにその評
価額につき慎重に検討します。

2-5
利息の設定をせずにした
金銭の貸し借り等（相法9、相基通9-10）

Q 2-23　利息の設定をせずにした金銭の貸し借り

利息の設定をせずにした金銭の貸し借り等（相基通9-10）に係る基本的な考え方について教えてください。

Answer

下記です。

【解説】

明らかに子供に返済能力がない場合において、親から子へ貸付を行った場合、親も子供も当該資金の返済がなされないことを前提としていますから、実質的な贈与がなされたものとし、みなし贈与の発動可能性が高まります。

税務上の取扱いを検討する際には、法律上の形式だけでなく、実態を総合的に勘案し、事実関係を実質的に判断する必要があります。

実質課税の原則です。形式のみをいくら整えたとしても実態が異なっていると認められる場合には、形式だけで課税関係を判断すると税務上の問題につながります。

親子間など親族間では無利息による金銭貸借が行われるケースは頻繁にあります。無利息による金銭消費貸借は利息相当額の経済的利益を貸主から借主に贈与したことになります（相基通9-10）。

　しかし、その金額が少額である場合、課税上弊害がない場合などにおいては贈与税の課税は実務上なされません。

　相続税法基本通達9-10の趣旨については横浜地裁昭和38年3月11日判決が参考になります。

（参考）

> 横浜地裁昭和35年（行）第7号贈与税課税決定取消等請求事件
>
> （一部抜粋）なお、本件課税にあたって被告が準拠した相続税法基本通達第64条は、措辞正確を欠くため、夫と妻、親と子、祖父母と孫等特殊の関係にある者相互間の無利子の金銭貸与については貸与を真実と認めた場合であっても相続税法第9条に規定する利益を受けた場合に該当するものとする取扱いを認めるかの如き誤解を与える虞なしとしないが、同通達第64条前、後段の趣意は、要するに右の如き特殊関係にある者相互間の無償の金銭授受についてはその特殊関係に鑑み、それが貸与であることが明らかな場合でない限り、贈与として取り扱うものとする趣旨と解される。

　また「課税上弊害がない」については平成元年6月16日裁決が参考になります。

（参考）

> 【無利息の金銭貸与】
> 無利息の金銭借入れにおいて、利息相当額の経済的利益の額を贈与により取得したとみなして贈与税の課税をすることは所得税との二重課税とならず適法であるとした事例（平元.6.16裁決）
>
> （一部抜粋）また、請求人は、相続税法第9条に規定する「その他の

利益の享受」について、相続税法基本通達9−1は、「利益を受けた」
とは、「おおむね利益を受けた者の財産の増加又は債務の減少があっ
た場合をいう。」と意義付けており、本件金銭貸借の場合には、利息
相当額の認定は、「財産の増加又は債務の減少」といい得るかどうか
疑問であると主張する。しかしながら、請求人は、通常一般の経済取
引においては当然支払うべき利息を、親子という特別の関係によって
全く支払わずに済んだのであり、この事実に照らしてみれば、実質的
な意味において、本件経済的利益の額相当額の「財産の増加又は債務
の減少」があったとみるべきであり、請求人の主張は採用できない。

（参照）

TAINSコード　Z253-9483

津地方裁判所平成14年（行ウ）第12号贈与税決定処分取消請求事件
（棄却）（控訴）

平成15年12月4日判決【贈与事実／親族間の資金移動】

概　要

判示事項

(1)　省略

(2)　納税者が妻子等から受けた資金提供に関して、①資金移動の際に
　　金銭消費貸借契約書が作成されておらず、返済期限も定められてい
　　なかったこと、②妻子等は納税者に対して返済を催告したり、訴訟
　　を提起するなど返還を求める具体的な行動を起こしておらず、納税
　　者は妻子等に金銭を返還していないこと、③関与税理士の作成した
　　母親（被相続人）の相続税申告書には、母親からの資金移動の額
　　が、納税者に対して生前贈与がされたとの記載があること、④納税
　　者の長男から金銭を受け取るに当たって、競売物件の仲介業を営み
　　多額の金銭を貸し付けても不自然ではなく疑われにくい納税者の知

人2名からの借入れがあったように偽装していること、⑤妻子等から納税者への資金提供であるにもかかわらず、納税者が代表者となっているA会社と納税者、A会社と妻子等という真実に反する不自然な金銭消費貸借契約公正証書を作成し、税務当局に対し取引の実態を殊更に糊塗しようとしていることなどの諸事情に鑑みれば、本件取引は贈与であると認めるべきであるとされた事例

(3)　納税者が長男から贈与を受けた金銭について、いったん現金で受領したにもかかわらず、この現金を納税者の知人Bについてはそのまま、知人Cについてはいったん同人名義で預金とした後、それぞれの名義で納税者名義の銀行口座に振り込むよう依頼し、両名からの借入金に仮装したこと、相続税調査時において調査担当職員に対して、知人からの借入金であるとの虚偽の答弁をしていることからすると、贈与の事実を隠ぺいする目的であったといわざるを得ず、納税者のこれらの行為は、通則法68条2項に規定する「その国税の課税標準等又は税額等の計算の基礎となるべき事実の全部又は一部を隠ぺいし、又は仮装し、その隠ぺいし、又は仮装したところに基づき法定申告期限までに納税申告書を提出しないとき」に該当するから、重加算税の賦課決定処分は適法であるとされた事例

Q 2-24　無利息での金銭貸借に係る当局調査の基本的考え方と相基通9-10の趣旨

当局調査での基本的な考え方と同通達の趣旨について教えてください。

Answer

下記です。

【解説】

・夫と妻、親と子、祖父母と孫等特殊の関係がある者相互間で、無利子の金銭の貸与等があった場合

・それが事実上贈与であるのにかかわらず、貸与の形式をとったものであるかどうかについて念査を要する。

・これらの特殊関係のある者間において、無償又は無利子で土地、家屋、金銭等の貸与があった場合には、相続税法第9条に規定する利益を受けた場合に該当するものとして取り及うものとする。

・ただし、その利益を受ける金額が少額である場合又は課税上弊害がないと認められる場合には、強いてこの取扱いをしなくても妨げない

と考えられることが通常です。

　しかし、上述の実質主義の原則から、

・夫と妻、親と子、祖父母と孫等、特殊の関係がある者相互間で無償又は無利子で土地、家屋、金銭等の貸与等があった場合に、実質は贈与であるにもかかわらず、貸借に仮装して贈与税の課税回避を図ろうとする例がある。

・そこで、相続税法基本通達9-10は、これら特殊の関係がある者相互間で無償又は無利子で土地、家屋、金残等の貸与等があった場合には、それが事実上贈与であるにもかかわらず、貸与の形式をとったものでないか念査を要する旨の運営上の留意事項を定めるとともに、念査の結果、貸与であると認められる場合であっても、賃貸借による場合の各年の地代、家賃、利子等に相当する金額は、相続税法第9条に規定する経済的利益の享受に該当するものとして取り扱う旨を定めている。

・例えば、無利息で金銭の賃貸借契約を交わした場合には、本来支払うべき利息に相当する金額についで相続税法第9条に規定する経済的利益の享受があったものとして、みなし贈与課税される。

（参考）

> 夫婦間の土地の使用関係に相続税法第9条が適用された事例（大阪地裁昭43.11.25. 判決）
>
>
>　税法上における経済的利益の有無は、当該法律関係の形式と性質によって決定されるものではなく、もっぱら経済的実質によって決定されるものであって、…（中略）…原告は本件土地を使用して共同住宅を建築し、これを他人に賃貸して賃料収入を挙げている事実が認められるから夫婦別産制をとるわが法制下においては、原告は、自己の営む事業によって自己の所得をえているのであり、原告は税法上の見地においては独立の経済主体として本件土地を夫甲から借用することによって相当の経済的利益をうけているものというべく、右利益は、原告が夫から直接贈与をうけたものではないが、贈与をうけたのと同様の経済的効果を有するものであるから対価を支払わないで利益をうけた場合に当り相続税法第9条により原告は夫甲から利益の価額に相当する金額を贈与により取得したものとみなされることとなる。

同通達の解釈上、疑義が生じる論点として下記の事項もあります。

・同通達は特殊関係がある者相互間での無償又は無利子で土地、家屋、金銭等の貸与等があった場合に限っていることから、特殊関係のない第三者間で無償又は無利子で土地、家屋、金銭等の貸与等があった場合には贈与税の課税がされないとの疑義が生じる。

・同通達が特殊関係者に限って規定しているのは、特殊関係者間においては、利益の授受についての意思の合致があったかどうかの事実認定が困難を伴うことを理由に、特殊関係がある者相互間での無償等で土地等の貸与等があった場合には、相続税法第9条に規定する経済的利益に該当するものとして取り扱うと定めているのであり、第三者間において無償等で土地等の貸与等があった場合には、一般的には、借り

受けた者が貸し付けた者から賃料や利息相当額の利益の授受があった
と推定することができることから、あえて例示していないと考えられ
る。

Q 2-25　特殊関係者間の金銭消費貸借

　住宅取得のために、父から子に無利息で多額の借入をした場合に係
る基本的な考え方について教えてください。

Answer

　下記です。

【解説】

　住宅取得のために、父から子に無利息で多額の借入をした場合における
贈与税の課税関係についてです。事実上贈与であれば贈与税が課税されま
す（相基通９-10）。

　特殊関係者間の金銭消費貸借については、下記の事項が当事者間で明確
に取り決められていることが必要です。

　すなわち、当該金銭消費貸借について贈与認定を受けないようにするた
めの下記のような要件を満たす必要性があるということです。

　そこで、贈与と認定されないためには、次のような書類及び条件を備
え、借入が真実であることを常に立証できるようにしておくことが必要と
なります。

　　1　借入契約書

　　　・契約書（確定日付が望ましいです）に返済期間（期日）が明確にされ
　　　　ていること

　　2　返済の事実を証する書類（領収書等）

　　　・銀行等を通じて第三者にはっきりと分かるような記録を残すこと

・定期・同額の返済を銀行振込みでしていること

　　ただし1年後後払いでも問題ありません。

・金額が多額な場合は平均調達金利以上の利息をつけること

　　1年後後払いでも構いません。受け取った方は雑所得です。前述の通り金額僅少なら利息自体付す必要はありません。

・出世払い・全く返済をしてないことは典型的な贈与認定事由です。

3　借りる理由が明確であること

4　借主に返済能力があること

Q 2-26　代償分割に伴う負債の利子払い

　代償分割に伴う負債の利子払いの課税関係に係る基本的な考え方について教えてください。

Answer

下記です。

【解説】

　父の遺産について、相続人A・B間で遺産分割を行い、遺産のすべてをAが相続する代わりに、AはBに対して相続分に見合う現金を今後10年間にわたって支払うことで協議が成立しました。

　利息については何も取り決めませんでしたが、この場合、利息を支払う必要があるのか、また、利息を支払う必要あるとされた場合の贈与はどうなるのでしょうか。

　この場合、利息を支払う必要はありません。また、支払わなくても贈与税は課税されません。

　被相続人の遺産を代償分割の方法により分割することとした場合、当事

者間の合意でその代償債務について利息を支払うとしても、これを認めない理由は何もありません。

　また、逆に当事者同士の合意で利息を支払わないこととした場合に、その債務を負担することになった者に対して、経済的利益の享受があったとして贈与税が課税されることもありません。

　元来、代償債務は遺産分割の履行の過程で発生する分割遺産の一部と考えられ、一般取引における債務と同じものとは考え難いからです。

　一方、当初利息を支払うこととしていたものについて、その後支払いを免除した場合には、当然その免除益に対して贈与税が課税されることになります（相法8、9、相基通19の2-8）。

　なお、相続開始から1年以上要するような代償分割においても、期間の経過に伴い金銭贈与認定されることはありません。ただし、代償金の捻出に困難を伴っている背景、事情がわかる疎明資料の準備は必要です。

（参考）

【無利息の金銭貸与】
　無利息の金銭借入れにおいて、利息相当額の経済的利益の額を贈与により取得したとみなして贈与税の課税をすることは所得税との二重課税とならず適法であるとした事例（平成1年6月16日裁決）（J37-4-03）

〔事案の概要〕
　請求人が、昭和53年に開設し経営しているA自動車学校の運営資金に充てるため、請求人の父であるB男（昭和60年9月1日死亡）並びにB男死亡後は相続人であるC男及びD子から借り入れた無利息の借入金について、原処分庁は、本件金銭貸借に伴う利息相当額の経済的利益の額が発生していると認定し、本件経済的利益の額を請求人がB男らから贈与により取得したものとみなして、贈与税を課税した。

〔当事者の主張〕

○納税者の主張

　相続税法第9条（贈与又は遺贈により取得したものとみなす場合—その他の利益の享受）に規定する「その他の利益の享受」について、相続税法基本通達9-1（「利益を受けた」の意義）によれば、「利益を受けた」とは、「おおむね利益を受けた者の財産の増加又は債務の減少があつた場合等をいう。」と意義付けている。

　しかるに、本件金銭貸借における利息相当額の認定は、「財産の増加又は債務の減少」といい得るかどうか疑問である。

　相続税法基本通達9-10（無利子の金銭貸与等）のただし書によれば、無利息による金銭の貸付け等の場合における課税上の取扱いについて、「その利益を受ける金額が少額である場合又は課税上弊害がないと認められる場合には、強いてこの取扱いをしなくても妨げないものとする。」と定められている。

　この「課税上弊害がある」とは、租税回避を意図したり、あるいは借入金を借入目的以外に流用したりすることであると考えられ、請求人のように借入金を自動車教習所としてP県公安委員会の基準にそうよう借入目的に従って使用している者については、課税上何らの弊害もないものと考える。

　上記通達には、「少額又は課税上弊害がないと認められる場合」と明記しているのみで、金額の基準については定めていないので、金額の多少は何ら関係がないものと考える。

○課税庁の主張

　相続税法第9条の規定は、一般的に、対価を支払わないで又は著しく低い価額の対価で利益を受けた場合には、その利益を受けた者が、その利益の価額に相当する金額をその利益を受けさせた者から贈与により取得したものとみなして、贈与税の課税財産とすることを規定したものである。

したがって、本件決定は、この規定に基づき、請求人がB男らから無利息で金銭の貸付けを受けたことに伴う本件経済的利益の額をB男らから贈与により取得したものとみなして課税したものである。

ところで、相続税法第9条の規定における「利益を受けた場合」の意義については、請求人の主張のとおり、相続税法基本通達9－1において「おおむね利益を受けた者の財産の増加又は債務の減少があった場合等をいう。」ものとして取り扱われているが、本件金銭貸借の場合は、金銭貸借において本来支払うべき利息相当額を支払わずに済んだという意味において、上記通達にいう「財産の増加又は債務の減少があつた場合等」に該当するものといえる。

なお、相続税法基本通達9－1は、むしろ、「財産の増加又は債務の減少」を「利益を受けた場合」の例示として掲げ、このような例には労務の提供等を受けた場合は含まないとしたものである。

したがって、本件経済的利益の額が、財産を増加させ又は債務を減少させたといい得るかどうか疑問であるとする請求人の主張は相当でない。

請求人は、相続税法基本通達9－10ただし書によれば、「課税上弊害がないと認められる場合は、強いてこの取扱いをしなくても妨げないものとする。」と定められているとして、この課税上の弊害とは、租税回避を意図したり、あるいは借入金を借入目的以外に流用したりする場合を指すものであり、本件金銭貸借はこれに該当しないので、課税上何ら弊害はないとみるべきであると主張する。

しかしながら、課税上弊害がある場合とは、租税回避を意図したり、借入金を本来の借入目的以外に流用するという場合にのみ限定されるものではなく、その行為を容認して課税を行わないとした場合には、一般的に課税の公平が保てないというようなものが該当するものであり、請求人が主張するように限定的にとらえるべきではない。

〔判断〕

　請求人はその経営する自動車学校の運営資金に充てるため請求人の父から無利息の約定で昭和53年から昭和60年まで金銭を借り入れたが、当該利息相当額は、事業所得の計算上必要経費に算入しておらず、その額だけ事業所得の金額が多く算出された結果となっているから、利息相当額の経済的利益の額を贈与により取得したとみなして贈与税の課税をすることは所得税との二重課税となり違法である旨主張するが、贈与税は取得した財産を課税対象としており、資産の運用益等、すなわち、所得を課税対象とする所得税とはおのずからその課税対象を異にするものであり、また、本件経済的利益の額は事業所得の収入金額には加算されておらず、所得税は課税されていないのであるから、二重課税であるとの請求人の主張は採用できない。

2−6
登記に係るみなし贈与（相法9等）

Q 2-27　増改築の課税関係

増改築の課税関係に係る基本的な考え方について教えてください。

Answer

下記です。

【解説】

既存の家屋に増改築をする場合、当該家屋の所有者本人が増改築したときにはその増改築した部分について、その所有者本人に帰属することとなります。

しかし、既存の家屋で他人が所有している部分について、増改築資金を当該家屋の所有者本人以外の者が負担した場合において、その増改築部分が独立した1戸の家屋に当たらない場合は、その増改築部分は不動産の付合（民法242）に該当します。

この場合、既存の家屋の所有者に帰属することになり、その増改築工事について何ら対価を支払わない場合には、建物所有者はその増加した財産価値に相当する金額の経済的利益を享受したことになります。

そして、その費用を資金負担者が償還請求しない場合にはその経済的利益相当額を贈与により取得したものとみなされます（相法9）。

しかし、資金負担者がその費用の償還請求に代えて、建物所有者がその建物の持分のうち、その償還請求額と譲渡する建物の共有持分の価額とが等価となる金額で資金負担者に譲渡することとなる場合は、相互に経済的

利益の享受はないことになるので贈与税の課税関係は生じません。

（参考）

> みなし贈与～請求人所有の居宅に係る改修工事費用を母親が負担した
> 場合～（平29-05-24　非公開裁決　棄却　Ｆ０－３－533）

　この事案は、原処分庁が、請求人の母が行った請求人所有の建物（本件居宅）の改修工事によって、請求人が改修工事部分の所有権を取得したと解した上で、請求人に対し、その部分の所有権に相当する経済的利益を贈与により取得したものとして、みなし贈与課税（相法9）をしたことから争われたものです。

　審判所は、次の通り判断し、みなし贈与課税は適法であるとしました。

> 　改修工事のうち、照明器具等及びその取付工事等を除いた工事部分については、本件居宅から容易に取り外せず、本件居宅の構成部分となっているもの、又は社会通念上本件居宅の一部分と認められるべきものであって、取引上の独立性を有しないといえるから、本件居宅への付合（民法242）が成立する。
> 　その付合部分については、本件居宅の所有者である請求人がその所有権を取得し、付合部分の工事費用を負担した母は、請求人に対し、民法第248条に基づき、付合により生じた損失に相当する費用について償還請求することができるが、母には、請求人に対する費用償還請求権を行使する意思はおよそなく、当該権利を放棄していたと認められ、結局、請求人は付合による所有権取得に見合う債務を何ら負担していないということができる。
> 　したがって、付合部分については、請求人は、付合が成立した時点で、母から相続税法第9条に規定する「対価を支払わないで…利益を受けた」といえる。

（参考）

> 国税庁タックスアンサー No.4557
> 「親名義の建物に子供が増築したとき」
> https://www.nta.go.jp/taxes/shiraberu/taxanswer/zoyo/4557.htm
> ［令和2年4月1日現在法令等］
>
> 　親名義の建物に子供が増築した場合、増築部分は建物の所有者（親）の所有物となります。
> 　この場合、親が子供に対して対価を支払わないときには、親は子供から増築資金相当額の利益を受けたものとして贈与税が課税されることになります。
> 　しかし、子供が支払った増築資金に相当する建物の持分を親から子供へ移転させて共有とすれば、贈与税は課税されません。
> 　なお、この場合、親から子供への建物の持分の移転は、親から子供に対する譲渡となり、譲渡利益が生じるときは譲渡所得の課税対象になりますが、共有とするための譲渡及び親子間の譲渡であることから、居住用財産を譲渡した場合の特例は適用できません。
> （相法9、所法33、措法31の3、35、措令20の3、措通31の3-11、35-6）

Q 2-28　不動産の付合と課税関係

> 　不動産の付合と課税関係に係る基本的な考え方について教えてください。

Answer

　下記です。

【解説】

> 民法第242条（不動産の付合）
>
> 　不動産の所有者は、その不動産に従として付合した物の所有権を取得する。ただし、権原によってその物を附属させた他人の権利を妨げない。

　但書「権限によってその物を附属させた他人の権利を妨げない。」とあります。このため、賃借権などに基づいて付合をした場合、不動産の所有者は付合した物の所有権を取得しないとも考えられます。

　ここで付合の種別と但書の関係性について理解しておく必要があります。付合対象物とは

　・第一種付合物 ･･･ 完全に不動産との独立性を失うもの

　・第二種付合物 ･･･ 不動産とは一応別個に存在する（付合した物単体で所有権を観念し得る）

の２種類に区分されます。そして第一種付合物は但書の対象にはなりません。

　通常の増改築は社会通念＝常識で、第一種付合物に該当します。したがって贈与の課税関係が生じます。

（参考）

> 最高裁昭和44年７月25日判決
>
> （要旨）
>
> 　建物の賃借人が建物の賃貸人兼所有者の承諾を得て賃借建物である平家の上に二階部分を増築した場合において、右二階部分から外部への出入りが賃借建物内の部屋の中にある梯子段を使用するよりほかないときは、右二階部分につき独立の登記がされていても、右二階部分は、区分所有権の対象たる部分にはあたらない。
>
> （判事事項）

　本件第三建物は、第二建物の一部の貸借人Dが昭和33年以前に自己の費用で第二建物の屋上に構築したもので、その構造は、四畳半の部屋と押入各一箇からなり、外部への出入りは、第二建物内の六畳間の中にある梯子段を使用するほか方法がないものであることは、原審が適法に確定した事実である。

　そうとすれば、第三建物は、既存の第二建物の上に増築された二階部分であり、その構造の一部を成すもので、それ自体では取引上の独立性を有せず、建物の区分所有権の対象たる部分にはあたらないといわなければならず、たとえDが第三建物を構築するについて右第二建物の一部の賃貸人Eの承諾を受けたとしても、

　民法242条但書の適用はないものと解するのが相当であり、その所有権は構築当初から第二建物の所有者Eに属したものといわなければならない。

　また、他人の建物を賃借した場合の「造作」は第一種付合物に該当し、賃借権に基づくものでも付合は成立します。

　租税係争では、建物附属設備に係る造作費用は、付合が成立するため賃貸人に帰属することとなります。すなわち、賃借人である評価会社の資産には該当しません。

　平成2年1月22日裁決（J39-4-02）

　有限会社の出資の評価に当たつて、賃借人である評価会社が賃借建物（工場）に施した附属設備の工事内容は、壁及び床の断熱工事塗装工事、電気工事、水道工事、ホイストのレール工事等であるが、これら附属設備は、賃借建物の従たるものとしてこれに付合したことが明らかであり、かつ、それ自体建物の構成部分となつて独立した所有権の客体とならないから、評価会社の資産として計上することはできな

いというべきである。

　もつとも、そうすると本件建物の所有者は、本件附属設備相当額を不当利得する結果となるから、評価会社は、建物所有者に対し有益費償還請求権を有するはずである。

　本件賃貸借契約によれば、建物内部改造費、造作、模様替えについて、借主は貸主に対してその買取り請求を一切行わないこと、原状回復は借主の費用負担において行うことが定められているので、評価会社は、有益費償還請求権を放棄したといえるから、本件附属設備の相続税評価額の計算に当たり、有益費償還請求権を有額評価することは相当でない

　ここから読みとれることは、原則として造作部分については株式評価に反映させなくてもよいということです。一方、有益費償還請求権については課税時期時点でその権利が生きているかどうかにより評価するか、しないかが変わります。

TAINS　相続事例東京会010102
東京税理士会会員相談室0102　資産税　取引相場のない株式の評価上、賃借建物の内装設備を純資産価額に計上すべきか【東京税理士界平成30年6月1日第737号掲載】

【事例】

　評価会社が有する賃借店舗の内装設備（貸借対照表に建物附属設備として未償却残高が計上されている）は、取引相場のない株式を評価する際の純資産価額の計算上、資産として計上する必要があるか。

　なお、賃貸借契約書には「契約が終了した際は造作を施す前の原状に回復して明け渡すか、設置した造作を無償で賃貸人に渡さなければならない」旨が記載されている。

【回答】

　本事例の内装設備は、取引相場のない株式を評価する際の純資産価額の計算上、資産として計上する必要はない。

【検討】

　建物所有者が自己の建物に設置した内装設備については、一般的には財産評価基本通達92（附属設備等の評価）を用いて評価する。

　しかし、本事例の場合は、賃借人が賃借店舗について設置した内装設備であり、民法上、その内装設備の所有権は建物所有者に帰属することになる。

　要するにこの内装設備は建物に従として付合したものであり、付合させられた動産は不動産の所有者のものとなるため、相続税の財産評価上、賃借人の資産として計上しなくてよいことになる。

　なお、有益費償還請求権の行使は速やかにすべきです。将来的に行使しうる状態であるから、みなし贈与の適用はされない、という主張は通りません。

東京地裁昭和51年2月17日判決（Z087-3718）

夫が妻名義の家屋につき増改築費用を出捐し、増改築工事をなさしめた場合、当該増改築部分は附合による妻の所有に帰するから、妻が夫に対し増改築工事について何ら対価を支払っていないときは、相続税法9条の適用をける場合に該当

　原告は無職であって夫の収入によって生活しているものであり、それ故にこそ夫が費用を負担して増改築工事をしたものであることが認められるから、夫がいまさら償還請求権を行使するものとは社会通念上到底認められない。

　従って、法律上償還請求権が成立するとしても、これをもって、対

価を支払った場合に当るとして相続税法9条の規定の適用を排除すべ
き理由とはならないというべきである。

Q 2-29　不動産の付合と課税関係の典型事例

不動産の付合と課税関係に係る典型事例について教えてください。

Answer

下記です。

【解説】

> 父所有の古家（固定資産税評価額200万円）を増改築して同居しま
> す。予算は1,800万円で私の夫がその全額を銀行から融資を受ける予
> 定ですが、建物の所有権名義に夫を入れるようにとの条件がありま
> す。贈与税の課税関係はどうなるでしょうか。

この場合、増改築した部分が、家屋として独立した構造と機能を有さな
いと、増改築部分を娘婿名義に登記することはできず、増改築した部分の
所有権は、従前所有者の父に帰属します（民法242）。

一方、娘婿は義父に対して償還請求権を有しますが、親子であるため行
使しないのが通常です。

父は資金負担せずに増改築部分の所有権を得るので、みなし贈与となり
（相法9、最高裁昭和53年2月16日判決）、贈与税の課税関係が生じます。

実務上の対策としては、下記の2つのいずれかです。

① 増改築前に父から娘婿に建物を贈与し、その後に増改築部分を含め
　　た全部を娘婿名義として登記を行う。

② 増改築前と増改築後の建物価額の比率、即ち、父は200万円÷（200
　　万円＋1,800万円）＝1割、娘婿は残り9割の比率にて共有登記を行

う。

　この場合、父は増改築前の家屋持分9割相当分が娘婿に移転し、娘婿は残存する父の持分1割に対応する増改築費用相当分を負担するので、贈与は生じません。

　他方、父は増改築前の持分9割相当分で譲渡したものと扱い、取得費を控除した金額が譲渡所得の金額となります。

　各種条件が許されるのであれば、①が簡便です。

　なお、登記の取扱いについては小規模宅地等の適用との兼ね合いも考慮すべきです。

（参照）

> TAINSコード　相続事例000727
>
> 相事例0727　子の家屋に親が増築した場合の贈与税
>
> 〔問〕　Aは、子B夫婦と同居することになり、B所有の家屋をAの資金で増改築した。増改築前の家屋の名義がB名義であることから、この増改築部分もB名義で登記したが、このような場合にも贈与税が課税されるか。
>
> 〔答〕　Bに贈与税が課税される。
>
> 　本問の場合は、Aが共有持分権を放棄したことによりその持分は他の共有者に帰属したことになり〔民法255〕、Bは持分の贈与を受けたものとして取り扱われる。〔相基通9-12〕
>
> 　個人が、現金、不動産、株式などの財産を贈与によって取得したときには、その取得した財産に対して贈与税が課税される。「贈与は、当事者の一方が、自己の財産を無償で相手方に与える意思を表示し、相手方が受諾することによって、その効力を生ずる」〔民法549〕民法上の契約のことである。

　したがって、子の所有する家屋に、親の資金で増築し、その増築部分を子の名義で登記した場合には、子が親から無償で増築資金相当額の財産を取得したことになり、贈与があったものとされ、当然に贈与税が課税される。［相法9］

　そこで、贈与税の課税を避けるためには、Bが増築資金相当額を負担することで解決するが、Bが負担しない場合においては、増築部分をBの名義にせず、実際に増築資金を負担した親であるAの名義にしなければならない。家屋が一体で区分不可能等の場合には、増築資金相当額の共有持分権を親であるAが取得する方法がある。このような方法をとればBは無償で増築部分を取得したことにはならず、贈与税は課税されない。

（参考）

> 夫が妻名義の建物につき増改築費用を出捐し増改築工事をなさしめた場合には、当該増改築後の建物全部の所有権を妻に帰属せしめる合意又は増改築部分の附合により生ずべき費用償還義務の免除があったものと認められ、相続税法9条に基づきその経済的利益の贈与があったものとみなされるとされた事例
> S53-02-16最高裁　Z097-4130

（参考）

> 妻名義の家屋の増改築資金を夫が負担したことは贈与に当たるとされた事例
> 東京地裁昭和48年（行ウ）第128号贈与税決定取消請求事件（棄却）
> （原告控訴）（Z087-3718）
>
> ［事案の概要］
> 　原告の夫である甲は、原告所有の建物（東京都文京区千石3丁目18

番地3に所在する木造木羽葺平家建4,958平方メートル）の増改築工事を代金4,236,391円で建築請負業者の本間兼治に施工させ、昭和44年5月頃竣工したが、右代金は、甲が本間と協議の上4,200,000円に減額したうえ甲において負担して支払った。その後昭和45年4月2日に右増改築後の建物（木造瓦葺2階建176.89平方メートル、2階64.12平方メートル）は原告名義で、増築を原因として変更登記され原告の所有となったものであるが、原告は右工事代金に相当する金員等を甲に対し何ら支払っていない。

〔当時者の主張〕

○納税者の主張

　原告は、本件建物の増改築部分につき甲と贈与契約をしたことはない。

　即ち甲は、法律事務所として長年賃借していたビルの1室を貸主に明渡しせざるをえないことになり、原告ら夫婦の居住家屋である本件建物の一部を利用して右業務を継続する必要が生じたため、急遽本件建物を増改築したのであって、右増改築部分は民法242条所定の附合により主たる建物の所有者である原告がその所有権を取得したことは否めないが、甲が原告に右増改築部分を贈与する意思もなければ、原告の側においても受贈の意思もない。

○課税庁の主張

　相続税法9条は、対価を支払わないで利益を受けた場合は、贈与の意思の有無に拘わらず、当該利益に相当する金額を、当該利益を受けさせた者から、贈与により取得したものとみなす旨を規定している。

　右規定の趣旨は、私法上の贈与契約によって財産を取得したのではないが、贈与と同じような実質を有する場合に、贈与の意思がなければ贈与税を課税することができないとするならば、課税の公平を失することになるので、この不合理を補うために、実質的に対価を支払わ

ないで経済的利益を受けた場合においては、贈与契約の有無に拘わらず贈与に因り取得したものとみなし、これを課税財産として贈与税を課税することとしたものであるから、本件課税処分が同条による適法なものである。

　本件弁論の全趣旨によれば、原告は無職であって夫の安寿の収入によって生活しているものであり、それ故にこそ安寿が費用を負担して増改築工事をしたものであることが認められるから、原告の主張するような事情を加味してみても甲がいまさら償還請求権を行使するものとは社会通念上到底認められない。

　従って、法律上償還請求権が成立するとしても、これをもって、対価を支払った場合に当たるとして相続税法の前記規定の適用を排除すべき理由とはならないものというべきである。

〔判断〕

　夫が妻名義の家屋につき増改築費用を出捐し、増改築工事をなさしめた場合、当該増改築部分は附合による妻の所有に帰するから、妻が夫に対し増改築工事について何ら対価を支払っていないときは、相続税法9条の適用を受ける場合に該当するとされた。

　夫が出捐した増改築費用につき、妻が償還請求に応ずべき法律上の義務を負うとしても、相続税法9条の適用を排除すべき理由とはならないとされた。

　婚姻の継続中、夫婦間に経済的利益の変動が生じても、その都度当該利益につき権利義務の帰属を問題とするのは不合理であるとする原告の主張が排斥された。

　相続税法9条の規定は、私法上の贈与契約によって財産を取得したのではないが、贈与と同じような実質を有する場合に贈与の意思がなければ贈与税を課税することができないとするならば、課税の公平を失することになるので、この不合理を補うために、実質的に対価を支

払わないで経済的利益を受けた場合においては、贈与契約の有無に拘わらず贈与に因り取得したものとみなし、これを課税財産として贈与税を課税することとしたものである。

　原告は無職であって夫の収入によって生活しているものであり、それ故にこそ夫が費用を負担して増改築工事をしたものであることが認められるから、夫がいまさら償還請求権を行使するものとは社会通念上到底認められない。従って、法律上償還請求権が成立するとしても、これをもって、対価を支払った場合に当るとして相続税法9条の規定の適用を排除すべき理由とはならないというべきである。

　婚姻継続中の夫婦を一個の共同体と考えるべきものとしても、相続税法9条に関し同法が夫婦間の行為について特段の定めもしていない以上、婚姻中の夫婦の間においても、民法の規定に則って経済的な利益の変動があると認められれば同条の適用を受け、これを贈与とみなして課税することができると解するよりほかないものというべきである。

　補足です。原告は控訴審において、夫が負担した増改築費用は、扶養義務者相互間の生活費に充てるためのものであり、贈与税の非課税（相法21の3①二）と主張しています。

　しかし増改築費用は通常認められる範囲を超えているとしてその主張は排斥されました。

（参考）

【みなし贈与（居宅の改修工事費用と付合）／非課税財産（扶養義務者相互間の生活費）】
請求人の母が工事費用を負担した請求人所有の居宅の改修工事について、請求人が当該改修工事部分の所有権を付合により取得したものとして、その経済的利益を母から贈与（相法9）により取得したものと

みなされ、また、贈与とみなされる部分は請求人の「生活費」(相法
21の3①二) に充てるためになされた贈与と解することはできないと
された事例(平成29年5月24日裁決)

〔事案の概要〕

　原処分庁が、請求人の母が行った請求人所有の建物(本件居宅)の
改修工事(本件改修工事)によって、請求人が当該改修工事部分の所
有権を取得したと解した上で、請求人に対し、当該部分の所有権に相
当する経済的利益を贈与により取得したものとみなされる(相続税法
第9条) として、贈与税の決定処分等をしたところ、請求人が、当該
改修工事は日常生活に支障が出ていた部分の修理を行ったにすぎない
から、同法第9条の規定する経済的利益を受けていないし、仮に利益
があったとしても、扶養義務者相互間の生活費に充てるためにした贈
与であって、通常必要と認められるものに当たる(同法第21条の3
《贈与税の非課税財産》第1項第2号) などとして、当該処分の全部
の取消しを求めた事案。

○納税者の主張

　請求人と母は同居しており、同居関係にある場合にまで付合の適用
があるとは考えられない。

　また、本件改修工事は、バリアフリー工事を含めて本件居宅におけ
る日常生活に支障が出ていた部分の修理を行ったにすぎず、建築確認
申請が必要な大規模な増改築とは異なるし、本件改修工事によっても
本件居宅の固定資産税評価額が増加していないことからしても、付合
の適用は否定されるべきである。

　加えて、本件改修工事は主に高齢の母のためにしたものであり、こ
れにより最恩恵を受けたのは母であって、請求人は何ら利益を得てい
ない。

　したがって、母が本件改修工事に係る工事代金を負担したことにつ

いて、請求人が相続税法第9条に規定する「対価を支払わないで…利益を受けた」といえない。

　本件改修工事は、修理の程度をはるかに超えるものであるし、本件各年分において請求人に多額の所得があるとからすると、請求人が受けた利益の価額に相当する金額が請求人の通常の日常生活を営むのに必要な費用であるとも、社会通念上適当と認められる範囲であるともいえない。

　したがって、請求人が受けた利益の価額に相当する金額は、相続税法第21条の3第1項第2号に規定する「扶養義務者相互間において生活費…に充てるためにした贈与により取得した財産のうち通常必要と認められるもの」に該当しない。

○課税庁の主張

　工事部分は、本件居宅の一部を構成するものとして機能し、本件居宅と結合し不可分一体となったといえることから、本件居宅に付合し、請求人がその所有権を取得した。

　また、本件改修工事の費用は母が全額負担していたところ、母が請求人に対して民法第248条に基づく償金を請求したことや請求人が母に償金を支払ったことはない。請求人と母との間で金銭消費貸借契約が締結されたこともない。

　したがって、母が本件改修工事に係る工事代金を負担したことについて、請求人が相続税法第9条に規定する「対価を支払わないで…利益を受けた」といえる。

　本件改修工事は、本件居宅における日常生活に支障が生じていた部分の修理を行ったものであって、仮に請求人が贈与により取得した財産があると評価されるとしても、税務当局が立ち入るべきでない家庭内の出来事というべきである。

　したがって、請求人が受けた利益の価額に相当する金額は、相続税法第21条の3第1項第2号に規定する「扶養義務者相互間において生

活費…に充てるためにした贈与により取得した財産のうち通常必要と
認められるもの」に該当する。

〔判断〕

　本件改修工事のうち、本件除外部分（照明器具などの電化製品及び
その取付工事等、本件居宅の敷地に対して施工されたもの）を除いた
工事部分については、その工事内容等に照らせば、本件居宅から容易
に取り外せず、本件居宅の構成部分となっているもの、又は社会通念
上本件居宅の一部分と認められるべきものであって、取引上の独立性
を有しないといえるから、本件居宅への付合が成立する（以下、本件
改修工事のうち、本件除外部分を除いた工事部分を「本件付合部分」
という。）。

　本件付合部分については、本件居宅の所有者である請求人がその所
有権を取得し、本件付合部分の工事費用を負担した母は、請求人に対
し、民法第248条に基づき、付合により生じた損失に相当する費用に
ついて償還請求することができる。

　しかしながら、母には、請求人に対する費用償還請求権を行使する
意思はおよそなく、当該権利を放棄していたと認められ（現に、請求
人が提出した母に係る相続税の申告書においても、当該権利の記載は
ない。）、結局、請求人は付合による所有権取得に見合う債務を何ら負
担していないということができる。

　したがって、本件付合部分については、請求人は、付合が成立した
時点で、母から相続税法第9条に規定する「対価を支払わないで…利
益を受けた」といえる。

　相続税法第21条の3第1項第2号に規定する「生活費」の意義につ
いて、相続税法基本通達21の3-3は、その者の通常の日常生活を営
むのに必要な費用（教育費を除く。）をいう旨定めるところ、かかる
費用には、日常の衣食住に必要な費用のみでなく、治療費、養育費そ

の他これらに準ずるもの（保険金又は損害賠償金により補てんされる部分の金額を除く。）を含むものと解されている。

　また、相続税法第21条の3第1項第2号に規定する「通常必要と認められるもの」の意義について、相続税法基本通達21の3-6は、被扶養者の需要と扶養者の資力その他一切の事情を勘案して社会通念上適当と認められる範囲の財産をいうものとすると定めている。

　相続税法第21条の3第1項第2号の立法趣旨が、生活費又は教育費は、日常生活に必要な費用であり、それらの費用に充てるための財産を扶養義務者相互間の贈与により取得してもそれにより担税力が生じないことはもちろん、その贈与の当事者の人間関係などの面からみてもこれに課税することは適当でないこと等にあることに鑑みれば、当審判所においても、上記通達の取扱いはいずれも相当であると解される。

　本件では、母が多額の費用をかけて本件改修工事を依頼し、請求人が付合により当該工事の大部分に当たる本件付合部分の所有権を取得したことで、請求人は、合計約2,700万円に上る利益を受け、当該利益について母から贈与を受けたものとみなされる。

　このような当該利益の額、本件改修工事の規模及び内容、請求人には本件各年分において2,000万円前後の多額の所得があること等に照らせば、当該贈与とみなされる部分が請求人の「生活費」に充てるためになされた贈与に当たると解することはできない。

　扶養義務者相互間のやりとりは個別具体的に事実認定が総合勘案されます。

Q 2-30 遺産分割のやり直しと贈与税

> 遺産分割のやり直しと贈与税について教えてください。

Answer

下記です。

【解説】

いったん、有効に遺産分割協議が成立し、分割により共同相続人等に帰属した財産を、その分割のやり直しとして再配分した場合には、その再配分により取得した財産は、相続登記の有無に関係なく、税務上、遺産分割以外の原因（贈与、交換等）により取得したものとして取り扱われます（相基通19の2-8但書）。

なお、当初行った遺産分割協議に瑕疵があったことにより改めて遺産分割協議を行ったものでなく、単に相続した土地の時価が上昇したために分割のやり直しをする等当事者間合意価額の調整等の場合には、再配分により取得した財産は贈与等により取得したものとして課税されることになります[5]。

Q 2-31 遺言と異なる遺産分割と贈与税

> 遺言と異なる遺産分割と贈与税について教えてください[6]。

---

[5] 遺産分割または遺贈により設定された配偶者居住権が消滅した場合における、贈与税の課税関係が生じる場合があります。

　配偶者の死亡または存続期間の満了により配偶者居住権が消滅した場合、特に課税関係は生じません。

　一方、配偶者居住権の存続期間の満了前に配偶者居住権が消滅した場合、配偶者から居住建物・敷地の所有者に対して当該建物を使用・収益する権利の贈与があったものとみなされます。

Answer

　下記です。

【解説】

　平成2年9月27日の最高裁判例では、

　　「共同相続人の全員が、既に成立している遺産分割協議の全部又は一
　　部を合意により解除した上、改めて遺産分割協議をすることは、法律
　　上、当然には妨げられるものではなく、上告人が主張する遺産分割協
　　議の修正も、右のような共同相続人全員による遺産分割協議の合意解
　　除と再分割協議を指すものと解される。」

としています。

　税務上は、相続税法基本通達19の2−8により、

　　「法第19条の2第2項に規定する「分割」とは、相続開始後において
　　相続又は包括遺贈により取得した財産を現実に共同相続人又は包括受
　　遺者に分属させることをいい、その分割の方法が現物分割、代償分割
　　若しくは換価分割であるか、またその分割の手続が協議、調停若しく
　　は審判による分割であるかを問わないのであるから留意する。

　　　ただし、当初の分割により共同相続人又は包括受遺者に分属した財
　　産を分割のやり直しとして再配分した場合には、その再配分により取
　　得した財産は、同項に規定する分割により取得したものとはならない
　　のであるから留意する。」

となります。

　タックスアンサー No.4176では、

　　「特定の相続人に全部の遺産を与える旨の遺言書がある場合に、相続
　　人全員で遺言書の内容と異なった遺産分割をしたときには、受遺者で
　　ある相続人が遺贈を事実上放棄し、共同相続人間で遺産分割が行われ
　　たとみるのが相当です。

6　弁護士法人ピクト法律事務所「税務判断・税務調査に必須の法律知識」2018年講演内容から一
　部筆者改変。

　　　したがって、各人の相続税の課税価格は、相続人全員で行われた分
　　割協議の内容によることとなります。なお、受遺者である相続人から
　　他の相続人に対して贈与があったものとして贈与税が課されることに
　　はなりません。(相法11の2、民法907、986)」
としています。
　さいたま地裁平成14年2月7日裁判例において、
　　「特定の不動産を特定の相続人に「相続させる」旨の遺言がなされた
　　場合には…（中略）…直ちに当該不動産は当該相続人に相続により承
　　継される。
　　　しかしながら、…（中略）…被相続人が遺言でこれと異なる遺産分
　　割を禁じている等の事情があれば…（中略）…一旦は遺言内容に沿っ
　　た遺産の帰属が決まるものであるが、このような遺産分割は、相続人
　　間における当該遺産の贈与や交換を含む混合契約と解するのが可能で
　　あるし、その効果についても通常の遺産分割と同様の取り扱いを認め
　　ることが実態に即して簡明である。」
としています。
　これらに対して現実的な対応として1回限りの再分割であれば税額を恣
意的に変更する可能性も限りなく少なく、租税公平主義に反しないという
意見もあるようです。
　留意すべき事項は、
　・遺言書上で再分割が禁じられている場合
　　　遺言後の贈与として評価すべき
　・遺言執行者が選定されているときに執行者の同意がないとき
　　　遺言後の贈与として評価すべき

民法第1013条（遺言の執行の妨害行為の禁止）
　遺言執行者がある場合には、相続人は、相続財産の処分その他遺言の
執行を妨げるべき行為をすることができない。

（参考）

> 東京地裁平成13年6月28日裁判例
>
> 　民法1013条によれば、遺言執行者がある場合には、相続人は、相続財産の処分その他遺言の執行を妨げるべき行為をすることが出来ず、これに違反するような遺産分割行為は無効と解すべきである。
>
> 　もっとも、本件遺産分割協議は、分割方法の指定のない財産についての遺産分割の協議と共に、本件土地持分については、夏子が本件遺言によって取得した取得分を相続人間で贈与ないし交換的に譲渡する旨の合意をしたものと解するのが相当であり、…（中略）…有効な合意と認めることができる。

・既に相続登記等、客観的に明示できる登記を行っている場合

　　再分割に「限りなく近い」ので、贈与税が生じる可能性が非常に高いことにつきクライアントに説明責任を要します。

　　一方で、前提は異なりますが、名古屋国税局文書回答事例「別紙相続財産の全部についての包括遺贈に対して遺留分減殺請求に基づく判決と異なる内容の相続財産の再配分を行った場合の課税関係について」において相続税法基本通達19の2-8の解釈として、

　　「このため、当初の遺産分割などにより取得した財産について、各人に具体的に帰属した財産を分割のやり直しとして再配分した場合には、一般的には、共同相続人間の自由な意思に基づく贈与又は交換等を意図して行われるものであることから、その意思に従って贈与又は交換等その態様に応じて贈与税又は譲渡所得等の所得税の課税関係が生ずることとなります。

　　ただし、共同相続人間の意思に従いその態様に応じた課税を行う以上、当初の遺産分割協議後に生じたやむを得ない事情によって当該遺産分割協議が合意解除された場合などについては、合意解除に

至った諸事情から贈与又は交換の有無について総合的に判断する必要があると考えます。

　また、当初の遺産分割による財産の取得について無効又は取消し得べき原因がある場合には、財産の帰属そのものに問題があるので、これについての分割のやり直しはまだ（当初の）遺産の分割の範ちゅうとして考えるべきであると思われます。」

なお、上記論点については共有持分の放棄でも近似の考え方をします。

2-7
共有持分の放棄（相基通 9 -12）

Q 2-32　共有持分放棄と贈与税

共有持分放棄と贈与税について典型事例を教えてください。

Answer

下記です。

【解説】

共有に属する財産の共有者の 1 人が、その持分を放棄（相続放棄は除きます）したときには、または死亡した場合にはその者の相続人がないときは、その者の持分は、他の共有者がその持分に応じ贈与又は遺贈により取得したものとして取り扱われます（相基通 9 -12）。

また、個人が金融機関等から借入をして住宅や敷地を取得した場合には、その借入金の返済が借入者以外の負担によってなされているときは、その負担部分は借入者に対する贈与となります。

しかし、その借入者及び返済者が共働きの夫婦であり、しかも、借入金の返済が事実上夫婦の収入によって共同でされている場合には、夫婦それぞれの所得の割合に応じて借入金を負担しているものとして取り扱われます（昭34.6直資58）。

相続により取得した財産の共有持分を保存登記した場合には、その登記に遺産分割に基づく登記ではないことからその財産は共同相続人の共有に留まります。

その後、改めて遺産分割協議を行い、その過程でいったんその持分を放

棄し、相続人の単独取得とする遺産分割が成立した場合、相続による取得
となります。

当初の遺産分割が相続人間の正式な手続によるものであり、遺産分割に
よる相続登記が済まされている財産について、その後、相続人が他の者と
共有する財産の持分を放棄した場合には、その所有権が無償で共有者へ移
転します。この場合、贈与税の課税関係が生じます。

（参考）

TAINS　所得事例千葉会030153

千葉県税理士会相談事例Ｑ＆Ａ0153　所得税　共有持分の放棄によ
り取得した場合の取得費

【千葉県税理士界　平成30年10月20日　第211号掲載】

共有持分の放棄により取得した場合の取得費

【Ｑ】

共有者から共有持分の放棄により土地を取得した後、この土地を譲
渡した場合の取得費及び取得時期の取扱いはどのようになるのでしょ
うか

【Ａ】

共有者が持分を放棄した場合、民法上その持分は他の共有者に帰属
するとなっていますが、持分放棄は単独行為なので民法上の贈与には
該当しません。

しかし、相続税法上はみなし贈与として贈与税の課税対象になりま
す。共有持分の贈与の場合も共有持分の放棄の場合も相続税法上の課
税関係は贈与として課税されますが、これらの事由により取得した土
地を譲渡した場合には、贈与により取得したのか持分の放棄により取
得したのかで譲渡所得を計算する際の取得費の取扱いが大きく異なり
ます。

贈与により取得した場合には取得時期及び取得費の引継ぎがありま

すが、持分の放棄により取得した場合には取得時期及び取得費は引き継がれず、取得費ゼロで短期譲渡所得の対象となります。

ただし、持分放棄に係る共有持分移転登記のための費用は取得費として控除できます。

なお、譲渡対価の5％の概算取得費は、譲渡対価全体に対して適用しますから、結果的に持分放棄に対応する概算取得費は控除できることになります。

【関係法令等】

　民法255、549、所法33(1)、38(1)、60(1)、措法31の4、措通31の4－1、相法9

【千葉県税理士会　会員相談室提供】

Q 2-33　遺産分割と共有持分の放棄と贈与税

遺産分割と共有持分の放棄に係る贈与税について典型事例を教えてください。

Answer

下記です。

【解説】

下記が典型事例です。

父が死亡し、私と弟が相続人でしたが、遺産分割が決定していません。そこで不動産については、とりあえず法定相続分を共有持分とする相続登記をしました。

この度、協議が整い分割が確定し、不動産については、私が単独で取得することになりました。この場合、私に贈与税の納税義務が生じるのでしょうか。

　この場合、共有持分の放棄が、未分割遺産を分割協議したものであれば、贈与税の納税義務は生じません。

　共有に属する財産の共有者の1人が、その持分を放棄（相続放棄を除く）したときは、その放棄した者に係る持分は、他の共有者がその持分に応じ贈与により取得したものとして取り扱われます（相基通9-12、相法9）。

　ただし、共有持分の放棄が、未分割遺産を分割したことに伴う登記変更の一方法であれば、贈与税の納税義務は生じません。

　したがって、その共有持分の放棄が、未分割遺産の分割協議の結果によるものであるという事実を明確に証明することが必要です。

　近似の事例で次のようなケースも考えられます。

　被相続人甲は、この度死亡しました。甲には、既に妻は亡く、相続人は長男乙のみです。甲の遺産中に、令和4年に甲が乙と共同購入した土地の持分3分の2が含まれています。土地の共有者であった乙は、平成30年にその妻丙に対し、同土地の自己の持分3分の1を贈与しました。

　甲の相続開始後において、乙に次の①～③の事実が生じた場合に、甲・乙が有していた土地に係る下記の持分は、誰にどのように帰属し、どのように課税されるのでしょうか。

　①　乙が相続開始後3月以内に相続の承認・放棄をしなかった場合の甲の持分について

　②　乙が相続の放棄をした場合の甲の持分について

　③　乙が相続した土地の持分3分の2をその後に放棄した場合の当該乙が有していた持分について

　上記①、②の場合の甲が有していた土地の持分及び③の場合の乙が有していた土地の持分は、それぞれ以下の者に帰属します。

　①　乙は、甲が有していた土地持分3分の2を相続により取得します。

②　土地の甲の持分3分の2は、他方共有者丙に帰属します。課税上では、丙が甲から遺贈により取得したものとみなされます。

③　乙が相続により持分取得をした後に放棄をした土地の持分3分の2は、他方共有者丙に帰属します。

課税上は、共有持分の放棄として、丙が乙からの贈与により取得したものとみなされます。

数人が一の物を共同使用する形態として民法の共有（民法249以下）があります。財産法における共有では、各共有者が、共有物に所有割合としての持分を有し、その持分には処分権や分割請求権が付与されており、各共有者は、1つの所有権を持分の範囲で有するものとされています。

したがって、共有不動産の各持分は、売買・贈与等により自由に取得することができますし、各共有者は、その有する持分を処分することもできます。

また、共有持分を有する者が死亡したときは、原則として、その持分は相続財産となり相続人等に承継されます。

ところが、民法はこの共有持分の承継につき別段の定めを置いていて、「共有者の1人が、その持分を放棄したとき…は、その持分は、他の共有者に帰属する。」と規定し、共有者の1人が死亡したが相続人がないときも、その持分は他の共有者に帰属すると規定しています（民法255）。

共有者の1人が共有不動産の自己の持分を放棄したときは、その持分は所有者がいないこととなりますから、同持分権は国庫の所有に属することになり（民法239②）、相続人のいない不動産の共有者が死亡すると、その持分権は、相続財産法人を経て国庫に帰属します（同951、959）。

民法は、上記いずれの場合にも、その持分権は、他の共有者に帰属する旨を規定しています。

そもそも、「共有」という財産所有形態は、所有権と変わらず、共有者の権利は、所有権の本質を有し、ただその権利強弱が持分割合により制約を受けます。

　しかし、持分による所有権の制約は好ましい状態でなく、共有物に係る持分としての所有形態は、完全支配権の単独所有権に復帰するのが望ましいです。

　民法第255条の規定は、共有の弾力性といわれています。また、相続税法基本通達9-12は、相続税法第9条所定のみなし贈与・みなし遺贈となる「その他の利益の享受」の例示です。

　本事例の甲の持分は、乙がした上記「事例」①～③の行為により、①では相続につき単純承認をしたことになり、②では丙に相続人がないことになり、③では共有持分を放棄したことになりますから、上記の①～③の通り扱われることになります。

Q 2-34　債務の引継ぎと贈与税

> 　債務の引継ぎと贈与税の関係について教えてください。
> 　遺言により、長男が、被相続人である父の全ての資産および債務である銀行借入金の全額を引き継ぐことになりました。相続税法上どのような取扱いとなりますか。
> 　なお、法定相続人は、兄の他母と妹である私の3人であり、当該債務の引継ぎについて銀行は同意しています[7]。

Answer

　下記の取扱いとなります。

【解説】

　相続税の計算は、長男1人が遺産及び債務の全額を承継したものとされ

---

[7] 本FAQは公益財団法人日本税務研究センター
https://www.jtri.or.jp/counsel/detail.php?id=558
「債務控除　遺言による債務の引継ぎ」を参照しています。

ます（可分債権である預貯金が遺産分割の対象となる旨の最高裁大法廷（平成28年12月19日））。

　一方、銀行借入金などの可分債務は相続開始時に当然に各相続人がその相続分に応じて債務を承継することになります。債務の承継について、共同相続人間の分割協議又は遺言により法定相続分と異なる分割指定等がある場合においても、債権者は各相続人に対し法定相続分に従った債務の履行を求めることができます。

　しかし、銀行の同意があるということは、免責的債務引受契約又は重畳的債務引受契約がなされているということですから、当該長男1人の債務承継は民法上も有効です。

　したがって、当該債務は、相続税法第13条の規定上「その者の負担に属する部分の金額」に該当し債務控除の対象になります。この場合、長男以外の相続人に対して相続税法第8条によるみなし贈与の規定は適用されません。

（参照条文）

　相続税法第8条、第13条、民法第427条、第898条、第899条、最高裁判決昭和34年6月19日、印紙税法基本通達別表第一第15号文書の2

2-8
財産の名義変更等があった場合（相基通9-9）

Q 2-35　財産の名義変更と贈与税

　財産の名義変更等があった場合と贈与税の関係について教えてください。

Answer

　下記の取扱いとなります。

【解説】

　贈与は、通常、親族その他特殊関係がある者相互間において行われることが多く、しかも租税実務上はあってはならないことですが、書面によらないものが大半です。

　したがって、財産の名義変更が行われた場合であっても、「当局にとって」贈与に該当するか否かの判断は困難です。

　しかし、財産の名義変更は、新たにその所有権を取得した者が第三者に対し、所有権を主張するために行われる場合がほとんどであり、一般的に名義人を所有権者と推定します。みなされるわけではありません。

　贈与税では、不動産や株式等の名義変更が行われた場合において、対価の授受が行われていないとき又は他人名義で新たに不動産や株式等を取得したときには、それらの財産は、その名義人となった者が贈与を受けたものとして取り扱われます。

　ただし、これらの行為が贈与の意思に基づくものではなく、他のやむを得ない理由に基づいて行われたことが明らかな場合には、その財産について贈与税が課税される前に、その財産の名義を実際の所有者の名義にしたときに限り、贈与がなかったものとして取り扱われます。

　なお、当該名義変更等に係る不動産、有価証券等の従前の名義人等について債権者の内容証明等による督促又は支払命令等があった後にその者の有する財産の全部又は大部分の名義を他人名義としている事実があることなどにより、これらの財産の名義変更等が強制執行その他の強制換価手続を免れるために行われたと認められ、かつその行為をすることについて真にやむを得ない事情（これらの財産を失うときは、通常の生活に重大な支障をきたす等）がある場合に限定して、これらの財産については贈与がなかったものとして取り扱うことが可能です。この取扱いは配偶者及び三親等内の親族の名義とした場合を除きます（昭39直審（資）34「2」、昭39.5.23付直審（資）22・直資68）。

　不動産等の名義変更があったとします。その名義変更が権利の移転を伴っているものなのか、それとも名義変更は名目のみで、実質的には名義人に権利が移転していないものなのかの判断が難しい場合があります。

　そこで、相続税法基本通達9-9は、財産の名義変更があった場合又は他人名義による財産の取得があった場合には、権利の移転があるかないかにかかわらず、そこに権利の移転があったものとして取り扱い、さらにそこに対価の授受がない場合には、贈与として取り扱うと定めています。

　この場合の贈与税の納税義務者について、同通達は定めを置いていません。

　これは、同通達は「他人名義による財産の取得または財産の名義変更があった場合には、その当事者の関係を問わず、そこに権利の移転があったものとし、そこに対価の授受がない場合に贈与として取り扱うことを定めたもの」という趣旨だからです[8]。

　この取扱いにより、無償で不動産等の名義変更があった場合には相続税

法第1条の4に規定される贈与、つまり、本来の贈与として取り扱われることになります。

　そして、贈与税の納税義務者について、「贈与により財産を取得した者」と規定し、贈与者と受贈者との関係については特に規定していません。

　したがって、親族等の特別な関係がある者間に限らず、第三者間であっても、他人名義による財産の取得が行われた場合における当該名義人は、贈与税の納税義務者となり得るということになります。

　ところで、財産の名義変更又は他人名義による財産の取得が行われた場合においても、それが贈与の意思に基づくものではなく、ほかのやむを得ない理由に基づいて行われたことが明らかなときなど、一定の場合には、別途「名義変更等が行われた後にその取消等があった場合の贈与税の取扱いについて」（昭39直審（資）22、直資68）通達により、贈与がなかったものとし、贈与税の課税をしないこととする取扱いを定めていると解釈します。

（参考）

> 宇都宮地裁昭和36年10月13日裁判例判決
> 親権者が子の所有建物に自己の費用をもって施した増改築による建物価額の増加を相法1条の2（現行1条の4）により、本来の贈与として課税した事例
>
> 　親権者が子の所有建物に対して修繕を施すことは親権者の財産管理行為として、民法第828条但書にいわゆる「財産の管理」の範囲内に属する行為であるというべきであるが、前掲の本件増改築はその程度が遥かに修繕の程度を越脱しているから、これをもって親権者の財産

---

[8] 桜井四郎「名義変更等が行われた後にその取消等があった場合の贈与税の取扱いについて」（税経通信19巻9号・119頁（1964））

管理行為とはいい得ず、右増改築が親権者の費用をもって行われた時
は右増改築により増加した建物価額は親権者の贈与により子の取得し
た財産価額というべく…（以下省略）

　実質課税の原則は祖税法の考え方を貫徹すると当然、相続税、贈与税に
も趣旨は及びます。

Q2-36　財産の名義変更と贈与税（課税対象外）

　　財産の名義変更等があった場合でも贈与税の課税対象とならない
ケースについて教えてください。

Answer

　下記の取扱いとなります。

【解説】

　不動産、株式等の名義変更をし、それにつき、贈与であるかどうか判断
が困難な場合は、みなし贈与課税の認定リスクは高まります。

　なお、下記のすべての要件を満たす場合、もしくはやむを得ない事情が
あった場合には贈与税の課税対象とはなりません。

　・財産の名義を贈与税の申告・決定前に戻している

　・名義人になった者が、自分が名義人になったことを知らない

　・贈与税を逃れようとしたものではない

　・名義人となった者が、贈与財産を使用し、その収益を得ていない

　当然、税務調査の現場では上記は事実認定の問題となり総合勘案され結
論が導き出されます。先述の錯誤無効については事実認定に着地すること
になりますが、近似のイメージといえます。

Q 2-37　強制執行を免れるための財産の名義変更

　強制執行を免れるために財産の名義変更をした場合について教えて
ください。

Answer

　下記の取扱いとなります。

【解説】

　事例で考えてみます。

> 　私は、Aの借金の保証人となっていました。そのAが、倒産したの
> で、強制執行から免れるため、やむを得ず私の住宅の名義をB名義に
> 書き換えました。私はこの住宅以外財産はなく、収入も少ないです。
> この場合、Bに贈与税が生じるのでしょうか。

　この場合、贈与はなかったものとされます。

　不動産の名義変更があり、対価の授受がなければ、原則として、贈与が
あったものとして取り扱われます（相法9、相基通9-9）。

　しかし、名義人となった者が、配偶者、三親等内の血族、三親等内の姻
族でなく、不動産の名義変更が事実のものではない場合に、名義変更が名
義人となった者との合意に基づき行われ、次に掲げる名義変更等がやむを
得ない理由に基づいて行われた事実がある場合は、贈与はなかったものと
されます（昭39. 5.23直審（資）22、直資68「6」、昭57. 5.17直資2-177、徴管
2-88、昭39. 7.14直資103「2」）。

　上記についての補足です。

　「不動産の名義変更が、強制執行その他の強制換価手続を免れるために
行われたこと」とは、例えば、債権者の内容証明等による督促、又は支払
命令等があった後に、不動産の名義変更が行われている事実がこれに該当
します。

「不動産の名義変更をすることについて真にやむを得ない事情があること」とは、例えば、これらの財産を失うときは、通常の生活に重大な支障をきたすと認められる事実がこれに該当しますが、配偶者、三親等内の血族及び三親等内の姻族の名義とした場合は除かれます。

また、名義人となった者との合意により名義を借用したものであると認められる事実も判断要素となります。

なお、実務上、法令等によりやむを得ず他人名義とする場合もあります。

他人名義により不動産等の取得等が行われたことが法令に基づく所有の制限その他のこれに準ずる真にやむを得ない理由に基づいて行われたもので、その名義の貸借がお互いの合意の上でなされたものであり、しかもその事実が確認できる場合には、その不動産等については贈与がなかったものとして取り扱うことが可能です（相基通9-9、昭39.5直資68外1課共同）。

2-9
その他の事例

Q 2-38　借地権とみなし贈与

借地権とみなし贈与について教えてください。

Answer

下記の取扱いとなります。

【解説】

① **典型事例**

親が借りている土地を子供が買い取った場合について考えてみましょう。

> この度、父が20年前から借りている土地を、その地主から買い取って欲しいとの申出がありました。父に借地権があるため、私が買い取るにしても時価より相当低い価額で買うことができます。
>
> さて、私が地主となっても、父から地代を受け取りませんが、このような場合、私に贈与税がかかるのでしょうか。

子が借地権の設定されている底地を購入し、親が借地権者である場合には、通常、土地の使用の対価としての地代の授受が行われないこととなる場合があります。

ところが、底地の購入者である子と従前の借地権者である親との間に使用貸借による土地の貸借が開始されると、親が有していた借地権がなくなるので、子は親から借地権の贈与を受けたものとされます（相法2の2、

9）。

　ただし、子の住所地の所轄税務署長に対し、借地権者である親と、底地を取得した子の連署により、「借地権者の地位に変更がない旨の申出書」を提出すれば、子に贈与税は課税されません。

　当該借地権は、従前通り親の所有するところとなります。上記の「土地の使用の対価としての地代の授受が行われないこととなった場合」には、例えば、土地の公租公課に相当する金額以下の金額の授受がある場合を含み、権利金その他地代に代わるべき経済的利益の授受のある場合は含まれません（昭48.11. 1 直資2-189、直所2-76、直資2-92「5」、昭57.5.17直資2-177、徴管2-28）。

②　使用貸借に係る土地の上にある建物の贈与

　使用貸借に係る土地の上に存する建物を贈与により取得した場合における贈与税の課税価格に算入する価額は、土地の使用貸借の価額をゼロとして取り扱います。

　したがって、建物のみの贈与がなされた場合は、その建物のみの価額について課税されます（昭48直資2-189「4」）。

③　平成19年8月23日東京地裁との関係性

　例えば、親族間での借地権の設定に際し、通常権利金を支払う取引上の慣行がある地域において、通常の権利金の額に満たない権利金が支払われ、かつ通常の地代が支払われて土地の借受けがあった場合、借地権者は、土地の所有者から借地権相当額から実際に支払われた権利金の金額を控除した金額に相当する利益を受けたものとして、借地権者に対して権利金の認定課税がなされます。

　この場合の借地権の評価にあたって、本判決の考え方を踏まえれば、自用地の通常の取引価額と相続税評価額との開差の多寡にかかわらず、評価通達による借地権の評価額で権利金の支払いが行われていれば、相続税法

第9条の「著しく低い価額の対価で利益を受けた場合」に当たらず、権利金の認定課税が行われないこととなると解され、相続税法第9条についても適用範囲が限定されることとなります。

④ 使用貸借の場合のみなし贈与発動リスク

使用貸借契約において当該土地の上に賃貸用共同住宅を建築し、家賃収入を得ても、権利金の認定課税はありません。使用貸借による利益の額は賃料相当額になりますから相当の地代相当額です。

所得分散などを目的とし、親族にマンションを数棟贈与し、敷地について使用貸借をする場合には、経済的利益を積極的に移転させる意図があると認定されるリスクは高まります。この場合、みなし贈与が発動します。

⑤ 借地権の取引が同族関係者となされた場合

下記の事例が参考になります。

（参考）

【借地権の無償返還／借地上の建物を地主である役員に譲渡した取引】
審査請求人が借地権を無償返還したことは、経済環境の変化等により、従前の借地上の建物をそのまま利用することが経済的に困難となり、やむを得ず借地契約を解消したものであって、無償返還は相当であると判断された事例（平22.7.9裁決）

〔裁決の要旨〕

本件は、原処分庁が、建設機械用部品の製造業を営む審査請求人が借地権の設定されていた土地上の建物を地主である請求人の役員に譲渡した取引について、請求人が当該取引において建物価額の金額のみ授受しており、収受すべき借地権相当額の金額の授受がないことから、借地権の無償の譲渡等として益金の額に算入すると同時に、役員

への経済的利益の供与に当たり、臨時的な給与である役員賞与であって損金の額に算入することはできないとして更正処分等を行ったことに対し、請求人が、当該取引は借地権の無償返還が認められる取引であるとして、その取消しを求めたという事案である。

　争点は、次の3点である。

　争点1　借地の返還の時期はいつか。

　争点2　法人税基本通達13-1-14に定める借地権存続困難と認められる事情の有無

　争点3　原処分庁の主張する借地権価額相当額の計算が正当か否か

　本件合意解除が認められたとしても、請求人と相手方との間で、本件建物の処分に関する協議が整わず、賃借人である請求人において本件借地についての原状回復義務を履行したとはいえない間は、相手方においては、借地の使用収益が制限される状態であって、借地の引渡しがあったということはできない。

　これに対し、本件建物売買契約を締結した日以降は、相手方において自由に使用収益することができることになったというべきであり、同日に本件借地の返還があったと見るのが相当である。

　借地の返還に際して、借地権の価額に相当する金額を立退料として授受する取引上の慣行があるにもかかわらず、借地権対価の全部又は一部を授受しなかったときは、原則として実際に収受した金額との差額について、税務上は当事者間に借地権価額相当額の贈与があったものと認定して課税関係を処理することになるが、法基通13-1-14(3)は、借地上の建物が著しく老朽化したことその他これに類する事由により、借地権が消滅し、又はこれを存続させることが困難であると認められる事情がある場合は、借地の無償返還が認められる旨定めており、当該通達の定めは、ある程度弾力的に無償返還を認めるという趣旨であり、当審判所においても相当と認められる。

　請求人が、弁護士等と連名で作成した再建計画書並びに本件覚書案

のいずれにも本件借地権の価額相当額が記載されていたことが認められるが、本件覚書案は、再建計画等を踏まえて個人資産の供出等をめぐって協議をする中で作成されたものであり、いずれも請求人の本社機能が旧本社から新本社に移転された平成16年4月以前に作成されたものであって、請求人が本件建物及び借地権を保有することについて、必要性や経済性がなくなったのは、本社機能を旧本社から新本社に移転したことに起因するものであり、その時期は平成16年4月以降のことであると認められる。

　以上の通り、本件借地権を無償返還したことは、経済環境の変化等により、従前の借地上の建物をそのまま利用することが経済的に困難となり、やむを得ず借地契約を解消したものであり、法基通13-1-14(3)に当たり、無償返還は認められる。

　以上によれば、本件借地権には無償返還とする事情が存在するので、その価値相当額を益金の額に算入する必要はない。

　納税者勝利事案ですが、当該近似事案のように、同族会社とその役員又は親族などで無意識でも利益を与える関係になっていないか、相続税法第9条の発動可能性について個別に検討する必要があります。

　法人税基本通達13-1-14は借地権の無償譲渡が贈与認定されない事例が列挙されており、その中の(3)においては借地借家法上の借地権は有しているが、保有者にとって財産としての価値が無くなった場合も内包されると考えられます。

（参照）

借地権相当額のみなし贈与～借地権の取引慣行の有無～
（平25-04-24　非公開裁決　棄却　Ｆ０-３-452）

　この事案は、審査請求人甲が、その母の所有するＡ土地及びＢ土地につ

いて、権利金等の支払を行うことなく、賃貸借契約を締結し、建物を建築したところ、原処分庁が、借地権相当価額の利益を受けたとして、みなし贈与課税（相法9）を行ったことから、甲が、各土地が所在する地域には借地権の取引慣行がなく、何ら利益を受けていないとして、その取消しを求めたものです。

　審判所では、次の通り判断し、甲の請求を棄却しました。

　沖縄国税事務所長は、借地権の取引慣行の有無の判定を含む借地権の評定に当たって、評価通達27の定めに基づき、借地権の取引に精通している不動産鑑定士等から借地権の取引慣行の有無及び借地権割合について意見を求め、売買実例価額、地代の額等を勘案して借地権割合を評定していることが認められる。

　A土地の平成17年分及びB土地の平成20年分の借地権割合は、40％である。この借地権割合は、不動産鑑定士等の精通者による借地権の取引慣行がある地域であるとの意見を基に評定されていると認められ、また、各土地が所在する市内で、借地権の設定された土地は、借地権相当額を控除した価額で売買されていることからすると、各土地の所在する地域は、平成17年中及び平成20年中ともに借地権の取引慣行のある地域、すなわち、借地権の設定に際しその設定の対価として通常権利金等を支払う取引上の慣行がある地域であると認められる。

（参考）

【みなし贈与／借地権の無償取得／使用貸借契約から賃貸借契約への変更】
新潟地方裁判所平成22年（行ウ）第17号贈与税決定処分等取消請求事件（棄却）（確定）国側当事者・国（処分行政庁　新潟税務署長）平成25年1月24日判決〔税務訴訟資料第263号─13（順号12137）〕（Z263－12137）

〔事案の概要〕

　本件は、原告が、義父が所有していた本件土地について、平成16年1月31日付けで使用貸借契約から賃貸借契約に変更したところ、新潟税務署長が、上記賃貸借契約の締結による原告の借地権の取得は、相続税法9条が規定する「対価を支払わないで利益を受けた場合」に当たるとして、原告に対して、平成16年分の贈与税の決定処分等をしたのに対し、原告が利益を受けていないと主張して、その全部の取消しを求めた事案である。

〔当事者の主張〕

○納税者の主張

　原告には、以下の事情が存在し、本件賃貸借契約は使用貸借契約に近似したものといえるから、本件借地権の評価に当たり、評価通達に定める評価方式によらないことが正当として是認されるような特別な事情がある。したがって、本件借地権には経済的な価値はなく、原告に相続税法9条にいう「利益」は存在しないから、本件各処分はいずれも違法である。

　原告と乙は嫁婿と義父の関係にあり、昭和57年から平成16年1月まで本件土地を無償使用させるような家族関係にあった。

　原告は、平成16年2月以降乙に対する感謝の念から月額7万円の賃料を支払うことにしたにすぎず、両者において、借地権という経済的価値の発生を予定せず、その価値を贈与するという認識を有していなかった。

　原告は、乙死亡後、本件土地を相続した丙との間で、その利用形態を変えることなく、本件土地を無償使用している。

　本件賃貸借契約書作成から無償使用に戻るまで本件賃貸借契約に基づいて本件土地を使用した期間は9か月半にすぎない。

　本件賃貸借契約書作成前後において、本件土地の用途に変更はな

く、第三者への借地権の譲渡等は全く想定されていなかった。

○課税庁の主張

　借地権は、原則として評価通達に従って取得時の時価によりその価額を評価する。ここでいう時価とは客観的交換価値をいうから、個別具体的な事情があることによって、当該財産の評価額と客観的な交換価値が乖離する結果を招く場合に限り、評価通達に定める評価方式によらないことが正当として是認されるような特別な事情として考慮し、評価通達による評価によらず他の合理的な評価方式によることが許される。

　本件において原告が主張している事情は、家族の内部関係、当事者の感情、契約内容とは関係のない関係者の認識など、いずれも極めて主観的かつ個人的な事情に過ぎず、本件土地の客観的な交換価値に影響するものではないから、上記特別な事情には該当しない。

　本件土地は借地権取引の慣行がある地域に所在するから、本件借地権の価額は評価通達27本文によって評価すべきである。そして、原告は本件賃貸借契約によって上記価額に相当する経済的利益を受けたこととなる。

〔判断〕

　評価通達に定められた評価方法を画一的あるいは形式的に適用することにより、客観的交換価値とは乖離した結果を導き、そのため、実質的な租税負担の公平を著しく害し、法の趣旨及び評価通達の趣旨に反することとなるなど、評価通達に定める評価方式によらないことが正当として是認されるような特別な事情がある場合は、評価通達とは別の評価方式により時価を評価することも許される（同旨・東京地裁平成4年3月11日判決・判例時報1416号73頁、その上告審最高裁平成5年10月28日第一小法廷判決・税務訴訟資料199号670頁）が、かかる事情がない限りは、評価通達に定められた評価方式によって当該財産

の時価を評価すべきである。

　賃貸借契約の締結にあたり、原告と乙との間で権利金その他の一時金が支払われていないこと、賃貸借契約は建物所有を目的とすることからすると、原告は、対価を支払うことなく借地権（本件借地権）を取得したものと認められる。

　原告は、賃貸借契約は義父である乙から本件土地の無償使用を許されていたことに対する感謝の念から賃料を取り決めたにすぎず、使用貸借契約に近似する旨主張する。

　しかし、認定事実によれば、原告は乙との間で賃貸借契約書を取り交わしていること、土地上の建物について原告名義で保存登記されていること、期間は20年間で建物所有を目的とすること、地代は月額7万円であり、近隣の地代の額を参考にして決定していて、本件土地の固定資産税額を大きく上回ること、原告は同地代を現実に支払って本件土地を使用していたこと、丙を含む乙の法定相続人は、乙に係る相続税申告に際し、本件土地を貸宅地とし、借地権割合50パーセントを控除した額で申告していること、原告はその本人尋問において、丙（原告の妻）が本件土地を相続しなかった場合に対する不安もあったなどと述べていることを総合すれば、乙が原告の義父であり、原告が賃貸借契約の締結前に本件土地を長期間無償で使用していたこと、賃貸借契約の締結後も本件土地の用途に変更がなかったこと、賃貸借契約に基づく使用はわずか約9か月にすぎないこと、原告に借地権を譲渡する意思はなかったこと等原告が主張する事情を考慮しても、本件借地権は借地借家法の保護を受ける借地権であると認めるのが相当であって、使用貸借契約に近似したものと認めることはできない。

　そうすると、原告が主張する諸事情によっても、本件借地権の時価の評価について、本件借地権を使用借権と評価しなければ本件借地権の客観的交換価値と乖離するなど評価通達に定める評価方式によらないことが正当として是認されるような特別な事情があるとは認められ

ず、その他、かかる特別な事情を認めるに足りる証拠はない。

　以上によれば、本件借地権の価額の評価は、評価通達の定める評価方式によるべきである。認定事実のとおり本件土地は借地権の取引慣行がある地域にあるから、評価通達27本文を適用し、平成16年分に係る本件土地の自用地としての価額2,542万3,440円に借地権割合50パーセントを乗じた1,271万1,720円が本件借地権の価額となる。

　したがって、原告は、相続税法9条によって、賃貸借契約締結時に本件借地権の価額である1,271万1,720円に相当する利益を贈与により取得したものとみなされる。

Q 2-39　信託とみなし贈与

信託とみなし贈与について教えてください。

Answer

　下記の取扱いとなります。

【解説】

①　信託の基本項目

　基本的な考え方は「受益権が移動するたびに」「適正な対価を負担せずに」「受益権を獲得した場合には」贈与税が生じるとみなすということです。

> 相続税法第9条の2（贈与又は遺贈により取得したものとみなす信託に関する権利）
>
> 　信託（退職年金の支給を目的とする信託その他の信託で政令で定めるものを除く。以下同じ。）の効力が生じた場合において、適正な対価を負担せずに当該信託の受益者等（受益者としての権利を現に有する者及び特定委託者をいう。以下この節において同じ。）となる者があるときは、

> 当該信託の効力が生じた時において、当該信託の受益者等となる者は、当
> 該信託に関する権利を当該信託の委託者から贈与（当該委託者の死亡に基
> 因して当該信託の効力が生じた場合には、遺贈）により取得したものとみ
> なす。

〈解説〉　最も基本的な他益信託です。この場合、委託者から受益者へのみ
なし贈与課税が生じます。「適正な対価を負担せず」とありますから「適
正な対価を負担した場合」、つまり時価で移転した場合には、みなし贈与
課税は生じません。

> 2　受益者等の存する信託について、適正な対価を負担せずに新たに当該
> 　信託の受益者等が存するに至った場合（第四項の規定の適用がある場合
> 　を除く。）には、当該受益者等が存するに至った時において、当該信託の
> 　受益者等となる者は、当該信託に関する権利を当該信託の受益者等であっ
> 　た者から贈与（当該受益者等であった者の死亡に基因して受益者等が存
> 　するに至った場合には、遺贈）により取得したものとみなす。

〈解説〉　「前の」受益者から「後の」受益者へ信託財産が「適正な対価を
負担せず」移動した場合にはみなし贈与課税が行われます。このように受
益権は移動する都度、「適正な対価を負担していないのであれば」、贈与税
は課税されます。

> 3　受益者等の存する信託について、当該信託の一部の受益者等が存しな
> 　くなった場合において、適正な対価を負担せずに既に当該信託の受益者
> 　等である者が当該信託に関する権利について新たに利益を受けること
> 　となるときは、当該信託の一部の受益者等が存しなくなった時において、
> 　当該利益を受ける者は、当該利益を当該信託の一部の受益者等であった
> 　者から贈与（当該受益者等であった者の死亡に基因して当該利益を受け
> 　た場合には、遺贈）により取得したものとみなす。

〈解説〉　複数受益者がいる場合において、一部の受益者がいなくなり、その受益権を残りの受益者が「適正な対価を負担せず」取得するに至った場合には贈与税課税の対象となります。

　4　受益者等の存する信託が終了した場合において、適正な対価を負担せずに当該信託の残余財産の給付を受けるべき、又は帰属すべき者となる者があるときは、当該給付を受けるべき、又は帰属すべき者となった時において、当該信託の残余財産の給付を受けるべき、又は帰属すべき者となった者は、当該信託の残余財産（当該信託の終了の直前においてその者が当該信託の受益者等であった場合には、当該受益者等として有していた当該信託に関する権利に相当するものを除く。）を当該信託の受益者等から贈与（当該受益者等の死亡に基因して当該信託が終了した場合には、遺贈）により取得したものとみなす。

〈解説〉　信託が終了した場合に、信託終了時の受益者から信託の残余財産が給付されるものに対して贈与によって財産が移転したものとみなす、という規定です。

　5　（省略）
　6　（省略）

相続税法第9条の4（受益者等が存しない信託等の特例）
　受益者等が存しない信託の効力が生ずる場合において、当該信託の受益者等となる者が当該信託の委託者の親族として政令で定める者（以下この条及び次条において「親族」という。）であるとき（当該信託の受益者等となる者が明らかでない場合にあっては、当該信託が終了した場合に当該委託者の親族が当該信託の残余財産の給付を受けることとなるとき）は、当該信託の効力が生ずる時において、当該信託の受益者は、当該委託者から当該信託に関する権利を贈与（当該委託者の死亡に基因して当該信託の効力が生ずる場合にあっては、遺贈）により取得したものとみなす。

〈解説〉 受益者がいない信託では、

　・税法上の信託財産の所有者は受託者

　・受託者が個人の場合、法人とみなす

　・受託者の課税関係は、信託財産から生じる所得を申告する

　・信託による財産の移転は委託者から受託者への贈与とみなす

と考えます。

　2　受益者等の存する信託について、当該信託の受益者等が存しないこととなった場合（以下この項において「受益者等が不存在となった場合」という。）において、当該受益者等の次に受益者等となる者が当該信託の効力が生じた時の委託者又は当該次に受益者等となる者の前の受益者等の親族であるとき（当該次に受益者等となる者が明らかでない場合にあっては、当該信託が終了した場合に当該委託者又は当該次に受益者等となる者の前の受益者等の親族が当該信託の残余財産の給付を受けることとなるとき）は、当該受益者等が不存在となった場合に該当することとなった時において、当該信託の受託者は、当該次に受益者等となる者の前の受益者等から当該信託に関する権利を贈与（当該次に受益者等となる者の前の受益者等の死亡に基因して当該次に受益者等となる者の前の受益者等が存しないこととなった場合にあっては、遺贈）により取得したものとみなす。

〈解説〉 当初委託者が存する信託が存しない信託になった場合、上記第1項の解説に移行するということです。

　3　（省略）

　4　（省略）

相続税法第9条の5

　受益者等が存しない信託について、当該信託の契約が締結された時その他の時として政令で定める時（以下この条において「契約締結時等」という。）において存しない者が当該信託の受益者等となる場合におい

> て、当該信託の受益者等となる者が当該信託の契約締結時等における委
> 託者の親族であるときは、当該存しない者が当該信託の受益者等となる
> 時において、当該信託の受益者等となる者は、当該信託に関する権利を
> 個人から贈与により取得したものとみなす。

〈解説〉　受益者がいない信託で、その後存することとなった場合は、下記
の2要件を満たす限り、受益者に対して贈与税課税がなされます。

　・受益者が契約締結時等において存しない

かつ

　・受益者が契約締結時等における委託者の親族である

　旧信託税制下において、みなし贈与が争われた事案があります。平成25
年4月3日／名古屋高等裁判所／民事第2部／判決／平成23年（行コ）36
号（通称：中央出版事件）です。

②　信託に係る税務申告書類とみなし贈与の関係

> **所得税法第13条（信託財産に属する資産及び負債並びに信託財産に帰せられる収益及び費用の帰属）**
> 　信託の受益者（中略）は当該信託の信託財産に属する資産及び負債を
> 有するものとみなし、かつ、当該信託財産に帰せられる収益及び費用は
> 当該受益者の収益及び費用とみなして、この法律の規定を適用する。（以
> 下略）

〈解説〉　所得税法では、信託財産から生じる収益及び費用は、受益者のも
のとみなす旨を規定しています（パススルー）。

　税務署への届出書類は、所得税法と相続税法で規定されています。

　相続税法では受益者別の調書について提出義務があります。

　信託の効力発生当初から他益信託となっている場合や、信託の効力発生
後、受益権の無償譲渡がなされた場合等には、贈与税が課税されます。

　「受益者別の調書」では、当局が贈与税課税もれをしないために受託者に提出を義務付けている書面です。

相続税法第59条（調書の提出）

　3　信託の受託者（中略）は、次に掲げる事由が生じた場合には、当該事由が生じた日の属する月の翌月末日までに、（中略）調書を（中略）所轄税務署長に提出しなければならない。

　一　信託の効力が生じたこと（略）。

　二　（略）受益者等が変更されたこと（略）。

　三　信託が終了したこと（略）。

　四　信託に関する権利の内容に変更があったこと。

〈解説〉　上記一～四の事由が生じれば、その翌月の末日までに、受託者は、所轄税務署長へ受益者別の調書を提出する必要があります。

③　特定委託者とみなし贈与の関係

相続税法第９条の２（贈与又は遺贈により取得したものとみなす信託に関する権利）

　　信託（退職年金の支給を目的とする信託その他の信託で政令で定めるものを除く。以下同じ。）の効力が生じた場合において、適正な対価を負担せずに当該信託の受益者等（受益者としての権利を現に有する者及び特定委託者をいう。以下この節において同じ。）となる者があるときは、当該信託の効力が生じた時において、当該信託の受益者等となる者は、当該信託に関する権利を当該信託の委託者から贈与（当該委託者の死亡に基因して当該信託の効力が生じた場合には、遺贈）により取得したものとみなす。

〈解説〉　上記の条文は他益信託の場合、贈与税が生じる、という意味に留まりません。条文における受益者等とは受益者と特定委託者が該当します。相続税法９条の２第１項において、受益者等とは、「受益者としての

権利を現に有する者及び特定委託者である」と規定しています。

　信託契約においては、特定委託者にみなし贈与課税がなされないための配慮が必要になります。特定委託者とは、

相続税法第9条の2

　5　第一項の「特定委託者」とは、信託の変更をする権限（軽微な変更をする権限として政令で定めるものを除く。）を現に有し、かつ、当該信託の信託財産の給付を受けることとされている者（受益者を除く。）をいう。

とあるとおり、受益者と経済的実質として同様の地位を有するものを特定委託者としています。上記条文は2つの要件で構成されています。

　　・信託変更権限を現に有する者（契約書上での判断になりますが、契約変更の当事者とされるものは全て含まれます）

　　・信託財産の給付を受けることとされている者（将来受けることが予定されているものも含む）

　特定委託者に該当しないような信託契約を設計すればよいため、信託変更権限に一定の制限を加えます。具体的には下記の施行令の「信託の目的に反しない限り信託の変更することができる権限」などを配慮して軽微な変更しかできない、とするものです。

　執筆時点で係争案件は皆無ですが、多くの信託実務家がこれを実行していることから、これから係争案件は出てくると思われます。事実認定に着地する案件になります。

相続税法施行令第1条の7　（信託の変更をする権限）

　　法第9条の2第5項に規定する政令で定めるものは、信託の目的に反しないことが明らかである場合に限り信託の変更をすることができる権限とする。

　2　法第9条の2第5項に規定する信託の変更をする権限には、他の者との合意により信託の変更をすることができる権限を含むものとする。

---

④　信託報酬とみなし贈与の関係

　信託報酬を決定する場合、相場が重要となります。不動産信託型で不動産管理会社を別途組成した場合、普通法人が不動産管理会社に支払う手数料と平仄を合わせなければなりません。目安を大きく上回った部分はみなし贈与課税対象になります。

　なお、本稿とは関係ありませんが、あまりに相場と乖離している場合、みなし贈与のリスクのみならず当該信託契約の有効性についても問われることになるでしょう。

Q 2-40　夫婦間（扶養親族間）の財産移転

　夫婦間（扶養親族間）の財産移転とみなし贈与について教えてください。

Answer

　下記の取扱いとなります。

【解説】

① 　夫婦財産契約

【質疑応答事例】
夫婦財産契約と贈与税

〔照会要旨〕

　夫婦間において、次のような内容の夫婦財産契約を締結した事例があります。この場合、贈与税の課税関係が生じますか。

　「婚姻中に夫婦の一方がその名において得た財産については、民法第762条第2項の規定にかかわらず持分2分の1ずつの共有とする。」

〔回答要旨〕

　夫婦財産契約は、財産の帰属関係を定めたものにすぎないものと考えられます。

　相続税法上のみなし贈与に関する規定は、民法上の贈与に該当しないものであっても、財産上の利益の供与があったときには贈与税を課税することとしているものですから、夫婦財産契約の履行によって得た利益は、相続税法第9条の規定により贈与税の課税の対象になります。

〔関係法令通達〕

　相続税法第9条、民法第762条

②　贈与税が生じるケース

　離婚について財産分与に係る論点があります。

　財産分与とは、

イ　夫婦が共同で築いた財産を清算した部分

　　結婚してから夫婦で貯めた預金、結婚後に購入した家財道具、持家など

ロ　離婚した配偶者が将来受け取る扶養料部分

　　将来受け取る年金など

ハ　慰謝料

　　損害賠償金

が挙げられます。上記イ〜ハは一体となっていることが多いですが、ここでは離婚協議の段階で明確に区分されていたと仮定します。

　ロ、ハは社会通念で考え、贈与税又は所得税などかからないことは明らかです。問題になるのはイのケースです。原則として贈与税はかかりません。

　しかし、分与される財産の額が、それまでの財産形成における夫婦の協

力度合いなどの事情を考えて多すぎる場合は、当該部分につき贈与税が課せられます。

　ただし、事実認定が非常に困難であるため、当局調査ではそれほど留意しません。

　なお、婚姻が継続している場合は、イの財産は典型的な名義財産の論点に移行しますので十分ご留意ください。

（参考）

【贈与財産の範囲】
離婚成立前に登記原因を贈与とする所有権移転登記をした上で行った贈与税の申告について、その後裁判上の離婚をしたことを理由とする国税通則法第23条第2項による更正の請求を認めなかった事例（平成13年3月30日裁決）〔裁決事例集61集550頁〕（J61-4-42）

〔事案の概要〕
〈時系列〉
　・平成7年9月25日　誓約書作成
　・平成8年2月29日　本件贈与
　・平成11年5月17日　離婚等請求訴訟
　・平成11年11月25日　離婚判決確定

〔当事者の主張〕
○納税者の主張
　請求人は、離婚を条件として前夫から取得することとなっていた土地について、離婚前に登記原因を贈与とする贈与税の申告をしたが、その後の裁判により離婚が確定したことをもって、当該土地は財産分与であるとして、国税通則法第23条第2項を適用して、更正の請求が認められる旨主張する。

○課税庁の主張

　しかしながら、請求人が当該土地の所有権移転登記をしたのは、裁判離婚を提訴する前で、婚姻状態が継続していたこと、また、提訴の内容は離婚を求めるものであり、財産分与の額を決定したものではないことから、当該土地の取扱いは、財産分与とは認められず、相続税法第9条の規定により、贈与として取り扱うのが相当であるから、更正の請求は認められない。

〔判断〕

　相続税法第9条（贈与又は遺贈により取得したものとみなす場合―その他の利益の享受）では、「対価を支払わないで又は著しく低い価額の対価で利益を受けた場合においては、当該利益を受けた時において、当該利益を受けた者が、当該利益を受けた時における当該利益の価額に相当する金額を当該利益を受けさせた者から贈与により取得したものとみなす。」と規定しており、不動産、株式等の名義変更があった場合において対価の授受が行われていないときは、原則としてこれらの資産の贈与があったものとして取り扱うと解される。

　また、婚姻の取消し又は離婚による財産の分与によって取得した財産については、離婚によって生じた財産分与請求権に基づいて給付されるものであり、贈与によって取得するものではないと解されるところ、離婚に伴う財産分与請求権は、当事者間の協議によっても成立するが、財産分与は離婚の効果によって生ずるものであるから、離婚届出前に協議がなされた場合には財産分与は離婚を条件に効力が生じることとなる。

③　典型事例

　　甲は、妻乙と家庭裁判所の調停により以下の条件で協議離婚することになりました。この場合の甲と乙それぞれの課税関係はどのようになるのでしょうか。
　　イ　甲は慰謝料として金銭500万円を乙へ支払う。
　　ロ　甲が所有している自宅マンション（所有期間15年）は、乙へ財産分与する。
　　ハ　甲の自宅マンションの住宅ローンは乙が引き継ぐ。
　　ニ　高校生である息子丙の親権は乙が取得し、乙と共に生活する。甲は丙が大学を卒業するまでは乙へ学費相当額である養育費を支払う。丙の生活費は、同居している乙が働いて負担する。

　結論は下記です。
　甲が慰謝料として支払う金銭500万円に対しては、甲及び乙ともに課税関係が生じません。
　財産分与については原則として下記のようになります。
・財産分与による資産の移転は譲渡になるため、財産分与をした自宅については、その取得費よりも財産分与時の時価が高く、譲渡所得が発生するのであれば、甲は譲渡所得の申告を行う必要があります（この場合に、租税特別措置法第35条の居住用財産の特別控除3,000万円と租税特別措置法第31条の3の居住用財産の軽減税率の特例が適用できます）。
・共有財産から財産分与によって取得した資産は、贈与により取得した資産ではないため、財産分与を受ける乙について原則として贈与税は課されません。
・乙が取得した自宅マンションは、財産分与時に時価で取得したことになります（この場合、財産分与による居住用家屋の取得は、租税特別措置法第41条の住宅借入金等特別控除の対象となる既存住宅の取得に該当しますので、居住要件等その他の適用要件を満たすときは、乙が引き継いだ住

宅ローンについて、住宅借入金等特別控除の適用を受けることができます）。
・扶養控除については下記のようになります。

　　息子である丙に係る扶養控除については、甲は丙の学費を負担し、
　乙は丙の住居費を含む生活費を負担しているため、甲、乙ともに丙の
　扶養義務を果たしていることになります。

　　丙に係る扶養控除は、甲、乙いずれか一方のみにて適用することに
　なるので、どちらが丙を所得税法上の扶養親族とするかを甲と乙で協
　議して決定する必要があります。

④　典型事例の補足

○分与財産が金銭の場合の取扱い

　　分与財産が金銭の場合の取扱いについてですが、民法では、協議上の
　離婚をした者の一方は、相手方に対し財産の分与を請求することが認め
　られています（民法768）。

　　この財産分与請求権には、ⓐ婚姻中に夫婦が協力して蓄積した財産の
　清算（清算的要素）ⓑ離婚後において生活に困窮する配偶者に対する扶
　養（扶養的要素）ⓒ離婚の原因について責任のある配偶者から離婚によ
　り精神的苦痛を被った相手方配偶者への賠償（慰謝料的要素）の3つの
　要素を併せもつものとされています。

　　分与財産が金銭の場合は、課税関係は生じません。慰謝料として支
　払った金銭についても同様です。

○分与財産が金銭以外の資産の場合の取扱い

　　原則として、民法第768条の規定による財産の分与として資産の移転
　があった場合には、その分与をした者は、その分与をした時においてそ
　の時の価額によりその資産を譲渡したことになります（所基通33-1の
　4）。

　　すなわち、財産分与及び慰謝料として譲渡所得の基因となる資産を給

付した場合には、その財産の移転については、その給付が財産分与の義務を消滅させるものであり、それ自体1つの経済的利益の享受であるから、その分与義務の消滅という経済的利益を対価とする資産の譲渡があったものとして譲渡所得の課税が行われるものです（最高裁昭50.5.27判決）。

　なお、財産分与による資産の移転は、財産分与義務の消滅という経済的利益を対価とする譲渡であり、贈与ではないので、みなし譲渡課税（所法59①）の規定は適用されません（所基通33-1の4（注）1）。

　居住用財産を分与した場合の課税の特例の適用の有無個人が、居住の用に供している家屋及び敷地を譲渡した場合には、譲渡所得金額から3,000万円の特別控除（措法35）の適用があり、その居住用財産の所有期間が10年を超える場合には、居住用財産の軽減税率の特例（措法31の3）の適用がありますが、その個人の配偶者その他の親族に対する譲渡については、居住用財産の譲渡所得の特別控除及び軽減税率の特例の適用は認められていません。

　しかし、離婚に伴う財産分与は、離婚により夫婦関係が終了した後にされるものであり、配偶者に対する譲渡に該当しないので、居住用財産の譲渡所得の特別控除及び軽減税率の特例の適用が認められます（措通31の3-23、措通35-5）。

　なお、離婚前（戸籍の除籍手続前）に財産分与があっても、その後速やかに除籍手続が行われた場合には、その譲渡は財産分与時ではなく除籍後に効力が発生したものと考えられるため、居住用財産の譲渡所得の特別控除及び軽減税率の特例の適用は認められます。

○財産分与を受けた側の税務上の取扱い

　慰謝料として受け取った金銭については、贈与を受けたものではないから所得となりますが、心身に加えられた相当の損害に起因して支払いを受けるものとなるため、所得税は課税されません（所法9①17）。

　財産分与についてですが、婚姻の取消し又は離婚による財産の分与によって取得した財産は、贈与によるものではなく、財産分与請求権により取得したものですから、前述の通り、贈与により取得した財産にならず、贈与税は課税されません。

　ただし、その分与に係る財産の額が婚姻中の夫婦の協力によって得た財産の額その他一切の事情を考慮してもなお過当であると認められる場合又は離婚を手段として贈与税若しくは相続税のほ税を図ると認められる場合には、その過当である部分又はその離婚により取得した財産の価額は、贈与によって取得した財産となります（相基通9-8）。

　なお、分与財産の取得費等の取扱いは下記の通りとなります。

　財産分与により取得した財産は、その取得した者がその分与を受けた時において、その時の価額により取得したことになります（所基通38-6）。

　財産を分与した者には、その分与時の時価を譲渡収入金額として譲渡所得の課税が行われることから、財産分与を受けた者は財産分与請求権と引換えに分与財産を取得したということになりますので、分与財産の取得時期は分与時、分与財産の取得費は分与時の価額（時価）となります。

　このように、財産を分与した者の当初の取得費を引き継がないので、分与を受けた財産を譲渡する際には、取得費として分与時の時価を算定する必要があります。

○住宅ローンの取扱い

　住宅ローン付きで居住用家屋の財産分与を受けた場合の取扱いは下記の通りとなります。

　住宅借入金等特別控除の対象となる既存住宅の取得の要件として、贈与によるもの及びその既存住宅を取得する時においてその取得する者と生計を一にしており、その取得後においても引き続き生計を一にする親

族等からの既存住宅の取得は、この住宅借入金等特別控除の対象とならないものとされています（措法41①、措令26③）。

　しかし、財産分与による居住用家屋の取得は、贈与による取得ではなく（所基通33-1の4（注）1）、さらに、すでに離婚している場合には、財産分与をした元の配偶者は、生計を一にする親族等にも該当しません。

　したがって、財産分与による居住用家屋の取得は、住宅借入金等特別控除の対象となる既存住宅の取得に該当するので、居住要件等その他の要件を満たしていれば、新たに負担することになった住宅ローンについて、住宅借入金等特別控除の適用を受けることができます。

○扶養義務

　養育費と扶養義務者、扶養控除などの取扱いについては下記の通りとなります。

　離婚に伴い、子に対する養育費の支払いが、①扶養義務の履行として、②「成人に達するまで」など一定の年齢に限って行われる場合には、その支払われている期間については、原則として「生計を一にしているもの」として扶養控除の対象とすることができます。

　本事例においては、甲が丙の学費である養育費を負担し、乙が丙の生活費を負担しているので、甲、乙いずれもが丙と生計が一であり、丙を扶養していると考えられます。

　このように、子が元夫の控除対象扶養親族に該当するとともに元妻の控除対象扶養親族にも該当することになる場合には、扶養控除は当然のことながら元夫又は元妻いずれか一方だけにしか認められません。

　したがって、扶養控除の適用を受けるのは、養育費を支払っている親もしくは実際に同居して生活全般の扶養をしている親のいずれかにすることを、離婚の協議内において、お互いに合意しておくべきです。

○離婚による財産分与の限度

　　離婚により妻が夫から財産分与として居宅（一般的な規模）を取得しましたが、贈与税が課税されない財産分与の限度額はあるのでしょうか。

　　財産分与額については、税務上、「財産分与額が夫婦の協力によって得た財産の額その他一切の事情を考慮してもなお過当であると認められる場合を除き、離婚のため受ける財産分与は原則として贈与とはならない」とされています。したがって、財産分与額について、特に定められた限度額はありません（相基通9-8、民法768）。

○協議離婚成立前に支払った一部財産

　　何かしらの事情で事実上の分割払いになった場合、その背景、事情に係る疎明資料を用意しておけば財産分与の一部として認められ、贈与の課税関係は一切生じません。

（参考）

【みなし贈与／贈与事実の認定】

金融業を営むAから審査請求人及びその亡妻に渡された小切手は、Aが自ら蓄えた財産を原資として審査請求人らに交付されたものであるとして、相続税法9条のみなし贈与課税を相当とした事例（平成18年5月8日裁決）（F0-3-173）

〔事案の概要〕

　　本件は、■■■から審査請求人（以下「請求人」という。）及び■■■■■■に死亡した■■■（以下「被相続人」という。）に渡された小切手がみなし贈与に該当するとしてされた原処分に対し、請求人が、原処分には、小切手が運用委託金の返金であるのに、みなし贈与に該当すると判断した違法及び調査手続の違法又は不当がある

として、原処分の全部の取消しを求めた事案

〔当事者の主張〕
○納税者の主張
　請求人らが■■■から受領した本件小切手は、同人に運用委託していた「■■■■■」ともいうべきファンド（以下「本件ファンド」という。）の返金であり、同人から贈与を受けたものではない。
　本件ファンドは、■■■■■が■■■に1,200,000,000円の資金を提供し、同人自身の判断でその資金を運用して、その運用利息を定期的に受け取るとの形態で委託していたものである。
　請求人らは、■■■■の死亡により、同人が■■■に提供した資金を受け継いだものである。
　■■■に対する資金運用の委託関係は、同人が■■■■■■に死亡するまで継続していた。
○課税庁の主張
　本件小切手は、■■■個人に帰属する本件証券会社口座及び本件普通預金口座から出金されたものであり、請求人らが、■■■から本件小切手を受領し、これを請求人らに帰属する各預金口座へ入金したことは、実質的に対価を支払わないで経済的利益を受けた場合に該当すると認められるから、相続税法第9条《贈与又は遺贈により取得したものとみなす場合―その他の利益の享受》の規定により、贈与があったものとみなされる。

〔判断〕
　Aが残した書類には、資産運用に関して第三者からの借入れがあることを示す資料や、金銭の運用委託を受けたことを示すような書類は存在しなかった等の認定事実によれば、本件小切手は、Aが自ら蓄えた財産を原資として請求人らに交付したものであり、この交付と対価

関係にあると認められる債権等が存在する事実は認められない。

　これに対して、請求人は、本件小切手は、請求人の亡妻の亡父Bが
Aに運用委託しており、B及び亡妻から相続した本件ファンドの返金
である旨主張するが、本件小切手の総額は440,000,000円であるとこ
ろ、これほど多額の支払が発生する金員について、本件ファンドのよ
うな運用委託をするのであれば、委託者、受託者の双方が契約書ない
しはこれに準じる裏付書類を作成、所持しているのが通常であるとこ
ろ、原処分関係資料及び当審判所の調査によっても、そのような書類
は、一切存在しないなど、請求人の上記主張に沿う申述及び答述は信
用することはできず、他に請求人の主張を裏付ける証拠はないので、
請求人の主張は採用できない。

　したがって、本件小切手は、相続税法9条により贈与財産とみなさ
れるから、原処分には請求人の主張する違法はない。

　請求人は、本件調査担当職員が、請求人らに対し、本件調査の着手
当初において、相続税調査であるとの説明をして、請求人らに対する
贈与税の調査である旨を開示しなかったことが違法又は不当であると
主張するが、調査理由の開示は税務職員の合理的判断にゆだねられて
いるから、開示をしないことが直ちに違法となるものではない。ま
た、当審判所の調査によれば、本件調査担当職員は、平成15年4月7
日の本件調査の着手時に、相続税調査並びに請求人らの贈与税及び申
告所得税の調査である旨を被相続人に告げていることが認められるか
ら、請求人の主張には理由がない。

（参考）

J124-2-06
（贈与税の課税価格の計算　課税価格の計算　その他の利益に係る課
税価格）
請求人の夫名義の預金口座から請求人名義の証券口座に金員が入金さ

れたことは、相続税法第9条に規定する対価を支払わないで利益を受けた場合に該当しないとした事例（令03-07-12公表裁決）

《ポイント》

　本事例は、請求人の夫名義の預金口座から請求人名義の証券口座に金員が入金されたことは、本件の各事情を考慮すれば、当該請求人名義の証券口座において夫の財産がそのまま管理されていたものと評価するのが相当であるとして、相続税法第9条に規定する対価を支払わないで利益を受けた場合に該当しないと判断したものである。

《要旨》

　原処分庁は、請求人の夫名義の預金口座からの金員が入金（本件入金）された請求人名義の証券口座（本件口座）について、①請求人自身の判断で取引を行っていたこと、②本件口座の投資信託の分配金が請求人名義の普通預金口座に入金されていたこと、③当該分配金等を請求人の所得として確定申告がされていたことから、本件入金は、相続税法第9条に規定する対価を支払わないで利益を受けた場合に該当する旨主張する。

　しかしながら、①請求人は、本件入金の前後を通じて夫の財産の管理を主体的に行っており、その管理に係る全部の財産について請求人に帰属していたものと認めることはできないから、本件口座において請求人自身の判断で取引を行った事実をもって利益を受けたと認めることはできない上、②分配金等の入金があっても、請求人が私的に費消した事実が認められない本件においては、これを管理・運用していたとの評価の範疇を超えるものとはいえず、③確定申告をしたことは、申告をすれば税金が還付されるとの銀行員の教示に従い深く考えずに行ったものとの請求人の主張が不自然とまではいえず、殊更重要視すべきものとは認められないことなどの各事情を考慮すれば、本件

入金によっても、夫の財産は、本件口座においてそのまま管理されていたものと評価するのが相当であるため、本件入金は、請求人に贈与と同様の経済的利益の移転があったものと認めることはできず、相続税法第9条に規定する対価を支払わないで利益を受けた場合に該当しない。

《参照条文等》

　相続税法第9条

《参考判決・裁決》

　東京高裁平成21年4月16日判決（税資259号順号11182）

Q 2-41　ジョイント・テナンシーとみなし贈与

ジョイント・テナンシーとみなし贈与について教えてください。

Answer

　下記の取扱いとなります。

【解説】

　以下、前提として米国制度のみを対象に説明します。米国では不動産等を対象に、日本にはない合有所有権（Joint Tenancy）という制度が存在します。

　ジョイント・テナンシーとは、2人以上の者が同一の譲受け又は譲与により、同一の不動産等につき取得する財産権をいいます。

　この所有形態による不動産等合有者（「ジョイント・テナンツ」といいます）は、目的の不動産等について、一定の期間、同一内容の利益と占有権を有することになります。

　ジョイント・テナンシーが成立するためには、その創設の際に、次の4つの条件が充足されていなければならないとされます。

　その場合、一定の書面でその旨を定めることが必要であるとされています。

・すべてのジョイント・テナンツが同時に所有権を取得すること
・すべてのジョイント・テナンツが同一の証書によって所有権を取得すること
・各自の持分内容が均等であること
・各自が財産権全体を占有していること

　ジョイント・テナンツの誰か1人が死亡した場合には、その権利は生存者へ権利の帰属（「サバイバーシップ」といいます）の原則に基づき、「無償で」生存しているジョイント・テナンツの権利に吸収されることになります。この吸収とは、わが国において存在するような「相続」とは全く異なる概念です。

　このように、相続とは別の法により所有権が移転することになります。したがって、相続制度に内包される「遺言」によっても、その内容を変更することはできないとされています。

　このように、ジョイント・テナンシーの場合は誰に相続されるか検討する余地はなく、サバイバーシップの原則により自動的に所有権が移転するため、プロベート手続も不要となります。

　米国でこの手段が一般的なのは下記の理由からです。

　米国では、アメリカ市民権を持つ夫婦の場合、配偶者への贈与及び相続に関しては制限が全くありません。したがって生前贈与として金額の多寡にかかわらず、相続財産を残しても、「配偶者が」受け取る場合、一切相続税や贈与税の課税関係は生じません。

　したがって、夫のみ100万ドル出捐して、不動産を購入し、ジョイント・テナンシーで登記した場合においては、実質的には、50万ドルを妻に贈与したことと同様のこととなります。しかし、上述の通り贈与税は一切

生じません。

　では、これが日本国籍の夫婦だと仮定したらどうなるでしょうか。

　日本国籍の被相続人及び相続人の計2名がジョイント・テナンシーの形態で所有しているコンドミニアムがあるとします。

　ジョイント・テナンツの1人である被相続人が死亡したことにより、相続されることなく、サバイバーシップの原則に基づいて、残りのジョイント・テナンツである相続人が法の作用により取得したことになります。

　これにおいては、サバイバーシップの原則による権利の増加であるコンドミニアムの取得について、相続人が取得した時に対価の授受はありません（そもそも当該制度は対価の授受の関係性が生じません）。

　当該相続人へのサバイバーシップの原則による権利の増加は、「対価を支払わないで利益を受けた場合」に該当することになります。

　そして、相続税法第9条は、「対価を支払わないで利益を受けた場合」には、当該利益を受けた者が当該利益を受けさせた者から贈与により取得したものとみなす旨規定しています。

　したがって、サバイバーシップの原則による相続人の権利の増加は、相続人が被相続人から贈与により取得したものと「みなされる」ことになります。

　被相続人がジョイント・テナンシーの形態で所有するコンドミニアムについては、被相続人が死亡したことにより、当該コンドミニアムの価格の2分の1に相当する部分の金額については、相続人が、被相続人から贈与により取得したものとみなされます。

　下記の質疑応答事例が実務上の指針となります。

　ハワイ州に所在するコンドミニアムの合有不動産権を相続税の課税対象とすることの可否

　〔照会要旨〕

　被相続人は、米国ハワイ州に所在するコンドミニアムを相続人（長男）と合有の形態（ジョイント・テナンシー）で所有していました。ハワイ州の法律によると、この所有形態では、合有不動産権者のいずれかに相続が開始した場合には、生存合有不動産権者がその相続人であるか否かにかかわらず、また、生存合有不動産権者がその相続人であったとしてもその相続分に関係なく、被相続人の合有不動産権が生存合有不動産権者（本件の場合には長男）に移転することとされています。

　この場合、被相続人の合有不動産権については、相続税の課税対象となりますか。

〔回答要旨〕

　被相続人の合有不動産権が移転したことによる生存合有不動産権者の権利の増加は、対価を支払わないで利益を受けた場合に該当するため、生存合有不動産権者が移転を受けた被相続人の合有不動産権の価額に相当する金額については、被相続人から贈与により取得したものとみなされることになります（相法9）。

　したがって、生存合有不動産権者が被相続人から相続又は遺贈により財産を取得している場合には、被相続人から贈与により取得したものとみなされた合有不動産権の価額に相当する金額は、相続税の課税価格に加算され（相法19①）、相続税の課税対象となります。

　なお、合有不動産権は、ある不動産を取得する際に、当事者間で合有不動産権を創設しようとする契約上の合意により創設されるものであり、その合意は、お互いに「自分が死んだら、生存合有不動産権者に合有不動産の権利を無償で移転する」という契約、すなわち実質的な死因贈与契約であるとみることもできます。

　よって、合有不動産権者の相続開始による生存合有不動産権者への合有不動産権の移転は、死因贈与契約によるものであるといえるた

め、被相続人から死因贈与（遺贈）により取得したものとして相続税の課税対象としても差し支えありません。

　（注）　合有不動産権とは、同一の不動産に関する同一の譲渡行為によって、2名以上の者が同時に始期を開始する同一の権利を共同所有するという不動産権（joint tenancy）であり、共有不動産権と異なり、権利者のうち1人が死亡した場合には、その権利は相続性を持たず（遺言による変更も不可）、その権利は生存者への権利帰属（survivorship）の原則に基づいて生存合有不動産権者に帰属することとされています。

〔関係法令通達〕

　相続税法第1条の3第1項第1号・第2号、第9条、第19条第1項

（参考）

被相続人が米国f州にジョイント・テナンシーの形態で所有していた不動産について、生存合有者（ジョイント・テナンツ）が取得した被相続人の持分は、みなし贈与財産に該当し、相続税の課税価格に加算されるとした事例（平成27年8月4日裁決）（J100-4-09）

〔事案の概要〕

　本件は、審査請求人P2及び同P1が、相続税の修正申告書を提出したところ、原処分庁が、その修正申告に基づき過少申告加算税の各賦課決定処分を行い、併せて、請求人らに対して、被相続人が米国f州にジョイント・テナンシーの形態で所有していた不動産及び同州に所在する会社の被相続人名義の株式の各価額を相続税の課税価格に算入するとともに、被相続人の請求人P2からの借入金は債務として控除することはできないなどとして、相続税の各更正処分及び過少申告加算税の各賦課決定処分を行ったのに対し、請求人らが、①当該修正

申告書の提出は、調査があったことにより更正があるべきことを予知してされたものでないこと、②原処分庁所属の調査担当者の調査手続には違法事由があること、③当該不動産及び当該株式については、それらの取得資金はいずれも請求人Ｐ２が負担したものであるから、それらの当該各価額は、相続税の課税価格に算入されるべきものではないこと、④当該借入金は、公正証書等によって証明されその存在が明らかであるから、債務として控除すべきであることを理由に、これらの各処分の全部の取消しを求めた事案。

〔当事者の主張〕

○納税者の主張

　以下のとおり、本件被相続人がジョイント・テナンシーの形態で所有する本件ｆ不動産は、本件相続税の課税価格に算入されるべきものではない。

　ジョイント・テナンシーは、欧米での財産所有権の一形態で、日本には存在しない概念であり、また、ジョイント・テナンシーは、合有財産であって、共有財産ではない。

　原処分庁は、ジョイント・テナンシーにより本件被相続人が本件ｆ不動産について２分の１の持分を有し、請求人Ｐ２は死因贈与により本件被相続人の本件ｆ不動産に係る持分を取得したとしているが、税法上、このような財産が相続税の課税価格に算入されるとする根拠はない。

　また、本件ｆ不動産は、請求人Ｐ２が購入したものであり、請求人Ｐ２がその代金の全てを支払ったことは、請求人Ｐ２の秘書の手帳のメモから確認できることに加え、当該不動産に係る修繕費等が請求人Ｐ２宛に請求されていることからすれば、当該不動産は請求人Ｐ２の財産であり、本件被相続人の財産ではない。

○課税庁の主張

　以下のとおり、本件被相続人がジョイント・テナンシーの形態で所有する本件f不動産は、本件相続税の課税価格に算入されるべきものである。

　ジョイント・テナンシーは、日本に存在しない財産の所有形態であるところこのような財産の課税関係については、日本の私法上の法律関係との等価性・同質性の有無の観点からその法的性質を評価し、等価性・同質性を有するものであれば、それに対する日本の課税上の取扱いと同様に課税がなされるべきである。

　そして、ジョイント・テナンシーの形態による不動産の取得は、自己の死亡を原因として、生存合有者に合有不動産の権利を無償で移転するという契約であり、これは、実質的には民法第554条《死因贈与》に規定する贈与者の死亡によ死因贈与》に規定する贈与者の死亡によって効力を生ずる贈与（死因贈与）による契約であると認められるから、ジョイント・テナンシーの合有者の死亡に基づき他の生存合有者が受ける権利は、相続税法第1条の3《相続税の納税義務者》第1号に規定する遺贈（死因贈与）により取得した財産に該当するものと解するのが相当である。

　そうすると、本件f不動産は、昭和○年7月に本件被相続人と請求人P2とがジョイント・テナンシーの形態で取得したものであり、本件相続開始日の時点において、本件f不動産の2分の1に相当する部分は、本件被相続人に帰属する財産であると認められ、当該財産は、請求人P2が本件被相続人から遺贈（死因贈与）により取得したものと認められるから、本件相続税の課税価格に算入されるべきものである。

　なお、請求人らが主張する請求人P2の秘書の手帳のメモは、本件f不動産の購入代金を請求人P2が全額支払っていることを証明するものとは認められず、また、修繕費等の請求は、当該修繕等に係る契約者に対して行われるものであって、必ずしも所有者に対して行われ

るものとはいえないことから、請求人らの主張には理由がない。

〔判断〕

　請求人らは、ジョイント・テナンシーの形態により被相続人が米国 f 州に所在する不動産（本件不動産）について有する持分は、我が国における共有財産ではないから、相続税の課税価格に算入されるべきものではない旨主張する。

　しかしながら、被相続人及び請求人 P 2 がジョイント・テナンシーの形態で所有している本件不動産については、ジョイント・テナンツ（合有者）の一人である被相続人が死亡したことにより、その権利は、相続されることなく、生存者への権利の帰属（サバイバー・シップ）の原則に基づいて、残りのジョイント・テナンツである請求人 P 2 の権利に吸収されたものと認められる。

　そして、サバイバー・シップの原則により請求人 P 2 の権利が増加した時に対価の授受があった事実は認められないから、生存者である請求人 P 2 は相続税法第 9 条に規定する「対価を支払わないで利益を受けた場合」に該当すると認められるところ、この権利の増加は、同条により、請求人 P 2 が被相続人から贈与により取得したものとみなされる。

　さらに、この権利の増加につき、請求人 P 2 には、相続税法第19条《相続開始前 3 年以内に贈与があった場合の相続税額》第 1 項が適用されることとなる。

　したがって、被相続人がジョイント・テナンシーの形態で所有する本件不動産の持分については、請求人 P 2 が被相続人から贈与により取得したものとみなされ、本件不動産の価額の 2 分の 1 に相当する部分の金額については、相続税の課税価格に加算すべきものと認められる。

（参考）

【みなし贈与／原告夫妻がジョイント・テナンツとして登記された米
国所在の不動産】
名古屋地方裁判所平成○○年（○○）第○○号贈与税更正処分等取消
請求事件（棄却）（確定）平成29年10月19日判決

〔事案の概要〕

　本件は、原告夫妻がジョイント・テナンツ（共同所有者）として登
記されたアメリカ合衆国カリフォルニア州所在の不動産につき、昭和
税務署長が、原告は上記不動産の購入資金を支払うことなくその権利
の2分の1に相当する利益を受けたとして、相続税法9条、国税通則
法65条に基づき贈与税に係る更正処分及び過少申告加算税の賦課決定
処分をしたことに違法があるとして、原告が、上記各処分の取消しを
求める事案。

〔当事者の主張〕
○納税者の主張

　原告は、「名義変更等が行われた後にその取消し等があった場合の
贈与税の取扱いについて」昭和39年5月23日直審（資）22、直資68
（本件通達）の6に即してジョイント・テナンシーの形式にすること
は法令上やむを得ない理由に基づくものであるなどと主張する。

　原告は、本件通達の5に即して、本件不動産に原告の共有持分が設
定されたことについては過誤ないし錯誤があったなどと主張する。
○課税庁の主張

　仮に、カリフォルニア州家族法760条が原告に適用される余地があ
るとしても、夫婦共有財産に関する同条の規定は、名義のいかんを問
わず、婚姻中に得られた財産は共有財産として扱われるという趣旨を
述べるものにとどまると解されるから、この規定があるために、既婚

者が不動産を取得する際には、対外的に表示される持分を夫婦で等しくしなければならない、すなわちジョイント・テナンシーの形式で所有権を取得しなければならないという帰結が生ずるものとは解されない。

　また、カリフォルニア州家族法1500条は、夫婦間で制定法と異なる合意をする余地を認めているのであるから、同法760条はいわゆる任意規定というべきであり、この規定によって、特定の共同所有形態が強制されていると解することはできない。

　この点について、前提事実及び認定事実によれば原告から本件不動産の取得に関して包括的な委任を受けていたと認められる夫の認識を基準に考えた場合、夫は、①正確な法的意味がどのようなものかはともかく、本件不動産に係る権利の名義が原告と夫の共同名義になること、②それにもかかわらず、原告自身は何ら取得代金の負担を負わないことについては、何ら錯誤なく認識していたものと認められる。

　夫は、共同所有の形態、すなわちジョイント・テナンシーの法的意味については正確な認識を持っていなかったものと認められるが、上記①及び②についての認識があれば、みなし贈与を根拠とする課税の基礎となる事実関係、すなわちある者が出捐を伴うことなく経済的利益を得るという事実関係についての認識に食い違いがあるとはいえないから、夫の認識が正確ではなかったことは、課税の基礎となる事実関係についての錯誤に結び付くものではない。

　また、みなし贈与による課税は、私法的な意味で贈与契約が成立しているか否かを問わず行われるものであるし、原告は、本件不動産を夫がその資金で購入することを認識した上で、その手続について夫に包括的に委任したものであるところ、夫の単独名義で、夫が代金全額を支払って購入するだけであれば、原告の委任状が必要になるということは考え難いことからすれば、原告としても、具体的にどのような所有形態ないし名義であるかはともかく、自身が何らかの法的な意味

で権利主体となることについては、概括的に認識していたものと認めるのが相当である。

　このような事実関係の下では、みなし贈与の成立を前提とする課税を妨げるに足りる事情があるとはいえない。

〔判断〕

　前提事実及び認定事実のとおり、原告及び夫は、ジョイント・テナンシー（合有不動産権）の要件を満たす方法により本件不動産を購入し、本件不動産のジョイント・テナンツとして登記されたものであって、それぞれ2分の1の持分を有しているところ、本件不動産の取得に際し、その購入代金の全額を夫が負担していることからすれば、原告は、対価を支払うことなく本件不動産の2分の1相当の経済的利益を得たというべきであるから、贈与税の課税の基礎となるみなし贈与があったと認められる。したがって、本件更正処分については、みなし贈与に係る規定の適用に関する違法は認められない。

なお、上述と同様の論点で、ジョイント・アカウント（銀行口座）についても同様の問題が生じる可能性があります。

（参考）

東京地方裁判所平成24年（ワ）第17988号相続回復請求事件（棄却）（控訴）（平成26.7.8判決）〔共同名義の海外ジョイント口座に係る相続財産性〕

〔判示〕

　被相続人が金融資産等について子である原告に10分の6、妻である被告に10分の4を相続させる旨の遺言をしていたところ、バンク・オブ・ハワイの預金が相続財産であり、遺言で定めた金融資産等に当た

るとして、原告が、被告に対し、その10分の6の支払いを求めたのに
対し、被告が、上記預金はジョイント・アカウント（共同名義口座）
であって、相続財産を構成しないと主張して争った事案であり、上記
預金が相続財産を構成する財産に当たるか否かが主たる争点である。

　亡Aの相続については、法の適用に関する通則法36条により亡Aの
本国法である日本法が準拠法となるから、どのような財産が亡Aの相
続財産となるかについては相続準拠法である日本法によって定められ
る。他方、ある財産ないし権利が相続財産となるためには、相続の客
体性、被相続性を有することが必要であるところ、相続の客体となり
得るか否かは当該財産ないし権利の属性の問題であって、当該財産な
いし権利に内在するものというべきであるから、法律行為の成立及び
効力の問題として、同法7条及び8条が定める準拠法によって判断さ
れることになる。

　バンク・オブ・ハワイとの本件預金契約では、預金口座は、預金口
座が所在する地の法律により規律されるとの定めがあるから、本件預
金に適用される個別準拠法はハワイ州法である。以上のとおり、本件
預金が相続の客体となり得るか否かは、ハワイ州法によって判断すべ
きであり、相続の客体となり得ない場合には、本件預金が亡Aの相続
財産を構成することはないものというべきである。

　本件預金はジョイント・アカウントとして、亡A及び被告が合有に
より所有していたものであり、日本法には同様の預金契約ないし共同
名義人が合有により所有する預金債権はそもそも法制度として存在し
ていないことから、本件預金が相続の客体となり得るか否かを判断す
るについては、ハワイ州法において、ジョイント・アカウントをどの
ような制度としてハワイ州法の法秩序全体が構成されているかに配慮
しつつ検討すべきである。

　ハワイ州法は、相続手続のほかに、死亡を原因とする財産移転の制
度としてジョイント・テナンシー（合有）の概念を持っているのであ

り、ジョイント・アカウントを含め、ジョイント・テナンシーにより財産を保有する場合に、単に2人以上の名前で保有することで足り、共同名義人の資格や親族関係等の要件を必要としていないこと、共同名義人の1人の死亡により、生存名義人が自動的に死亡名義人の財産を所有するとされ、死亡名義人の遺産を構成しないことが明示されている上、遺言によって生存者権を変更することができないとされていることからは、ジョイント・アカウントの死亡名義人の財産は、少なくとも死亡時においては、制度として定められた生存名義人が所有するという以外の財産の移転を予定していないものといえるのであり、他への一般的な移転可能性はないものと解されるから、ジョイント・アカウントは、共同名義人の死亡時においては、相続により移転することができず、他への一般的な移転可能性もない財産としてハワイ州法が定めているものと認めるのが相当である。

　したがって、ジョイント・アカウントは、個別準拠法上、相続の客体とならないものとして、法秩序に組み込まれた制度であるというべきであり、本件預金は相続の客体とはなり得ないから、亡Aの相続財産を構成しないものと解される。

第3章

株主間贈与

Q 3-1　株主間贈与

株主間贈与の基本的な考え方を教えてください。

Answer

下記の通りです。

【解説】

①　簡便的なまとめ

「株式」の異動が生じる取引は下記です。

　・相続

　・遺贈

　・贈与

　・譲渡

　・増資

　・減資

「株主」に贈与税が課税される取引例は下記の通りです。

　同族法人が個人との間で下記の取引をして、同族法人の株式の価額が増加したときは、株主は当該価値の増加分の贈与を下記に示す者から受けたものとして株主に贈与税が課されます。

①　贈与（同族法人が遺言により被相続人から遺贈を受けた場合には、株主に相続税が課されます）を受けた場合

　　同族法人に対して財産を贈与した者

②　現物出資（著しく低い価額による現物出資）を受けた場合

　　現物出資した者

③　債務免除（債務弁済、債務引受も含む）してもらった者

　　債務免除した者

④　財産の取得（著しく低い価額による取得）

　　財産を譲渡した者

② 個別論点

著しく低い価額で同族会社に資産を譲渡した場合の贈与税

> 私は自分が経営している同族会社に工場敷地として時価12,000万円
> の土地を5,000万円で譲渡しました。この場合、その会社の株主であ
> る私の妻子に贈与税が生じるでしょうか。

株式の価額の増加という経済的利益を贈与により取得したものとされま
す。株式又は出資の価額が増加した場合については、次のように取り扱わ
れることになっています（相基通9-2）。

相続税法基本通達9-2

　　同族会社の株式又は出資の価額が、例えば、次に掲げる場合に該当し
て増加したときにおいては、その株主又は社員が当該株式又は出資の価
額のうち増加した部分に相当する金額を、それぞれ次に掲げる者から贈
与によって取得したものとして取り扱うものとする。

　　この場合における贈与による財産の取得の時期は、財産の提供があった
時、債務の免除があった時又は財産の譲渡があった時によるものとする（※
筆者注：提供を受けた同族法人には法人税課税が生じますし、キャピタル
ゲインの含み益のある財産を提供した者は譲渡所得税等が課税されます）。

(1) 会社に対し無償で財産の提供があった場合
　　当該財産を提供した者（※筆者注：当該法人にはその受贈益に対し
　　て法人税が課税されます。法人の株式の価額の増加額はその法人税
　　負担を控除して計算することになります）

(2) 時価より著しく低い価額で現物出資があった場合
　　当該現物出資をした者（※筆者注：既設の法人で低額の現物出資があ
　　ればその差額は既存の株主の有する株式の価額の増加をもたらします）

(3) 対価を受けないで会社の債務の免除、引受け又は弁済があった場合
　　当該債務の免除、引受け又は弁済をした者

(4) 会社に対し時価より著しく低い価額の対価で財産の譲渡をした場合
　　当該財産の譲渡をした者（※筆者注：(3)(4)共通で、この場合も(1)と
　　同様に会社の純資産が増加した部分に対応する贈与があったものと
　　します）

　当該法人は、私に5,000万円支払うことにより12,000万円の土地を所有することとなり、その差額7,000万円の含み益資産を持ったこととなります。

　このため、当該法人の株式の評価額は、土地の取得前よりも高額となり、私以外の株主は株式の評価額の増加部分に相当する利益を、私から贈与によって取得したものとされ贈与税がかかることになります。

　ただし、この場合、会社が資力を喪失した状態であれば、会社が受けた利益のうち、会社の債務超過額に相当する部分の金額については、次のように取り扱われます（相基通9-3）。

　同族会社の取締役、業務を執行する社員その他の者が、その会社が資力を喪失した場合において9-2の(1)から(4)までに掲げる行為をしたときには、それらの行為によりその会社が受けた利益に相当する金額のうち、その会社の債務超過額に相当する部分の金額については、9-2にかかわらず、贈与によって取得したものとして取り扱わないものとします。

　なお、会社が資力を喪失した場合とは、法令に基づく会社更生、再生計画認可の決定、会社の整理等の法定手続による整理のほか、株主総会の決議、債権者集会の協議等により再建整備のために負債整理に入ったような場合をいうのであって、単に一時的に債務超過となっている場合は、これに該当しません。

　したがって、意図的に債務超過状態を「作出」し、贈与課税を逃れようとする行為は当局から非常に指摘されやすいものとされます。

　また、「私」が譲渡した土地については、その土地の時価で譲渡したものとみなされて、譲渡所得の課税の対象となり、所得税の申告が必要となります（みなし譲渡、所法59）。

　なお、平成26年3月14日東京国税局文書回答（所得税法第9条第1項第10号の非課税所得）においては、資力を喪失して債務を弁済することが著しく困難である場合における破産手続などの強制換価手続による資産の譲渡による所得は非課税とされていますが（所法9①十、通法2十）、この「譲渡による所得」に配当所得や株式等に係る譲渡所得等は除かれていません

ので、強制換価手続による資産の譲渡により生じる配当所得や株式等に係る譲渡所得等も含まれるとされています。

さらに、相続税法第9条「当該利益を受けさせた者から贈与により取得したものとみなす」の規定に基づく低額譲受けの裁判例があります。

（参考）

> Z270-13473
> 東京地方裁判所平成29年（行ウ）第550号所得税更正処分等取消請求事件（甲事件）、平成29年（行ウ）第554号相続税更正処分等取消請求事件（乙事件）、平成29年（行ウ）第555号法人税更正処分等取消請求事件（丙事件）令和2年10月23日判決
> 【みなし譲渡（土地の時価）／みなし贈与（著しく低い価額の対価）】
>
> 要　点
> 同族会社への土地譲渡に係る売買代金は、「評価通達を準用した方法」により算定した時価の2分の1を超えるから、所得税法59条1項2号を適用することはできないとした事例

本件は、亡Dの相続人である原告A、原告B及び亡Dから不動産の譲渡を受けた原告C社が、その譲渡は低額譲渡であったとして、所得税、相続税、法人税等につきそれぞれ更正処分等を受けた事案です。東京地裁は、不動産を7評価単位に区分した上で、その評価単位ごとに評価し、各不動産の譲渡時点における時価を2億3,489万円余と判断しました。そして、各税目について、次のように判示しています。

> 本件譲渡に係る売買代金1億2000万円は、各不動産の譲渡時点における評価額2億3489万円余の2分の1（1億1744万円余）に満たない金額とはいえないから、本件譲渡に所得税法59条1項2号を適用する

ことはできない。

　しかし、本件譲渡の対価は各不動産の評価額の約51.1％であるから、相続税法9条の関係においては、「著しく低い価額の対価」で利益を受けさせたものに当たると解され、本件譲渡による原告B保有のC株式の増加益は、原告Bが亡Dから贈与により取得したものとみなして相続税の課税価格に加算されることとなる（相基通9−2）。

　本件譲渡は、原告C社が、時価に比して低い価額で各不動産の譲渡を受けたものであるから、その差額を受贈益として原告C社の益金に加算すべきである。

（参考）

大阪地裁　昭和53年5月11日判決
【非上場株式の時価／「低額譲受け」と「著しく低い価額」】

　A会社がB会社の株主からB会社株式を時価よりも著しく低い価額で譲受けた場合には、当該低額譲受けにより増加したA会社の純資産額に相当する経済的利益の額につきB会社株主からA会社株主に贈与があったものとされた事案です。

　この裁判例は相続税基本通達9−2を是認した裁判例です。また非上場株式評価における「著しく低い」という不確定概念にも一定の考え方を示しています。

　また、相続税法基本通達9−2の取扱いは、贈与を受けたものとみなされる者が相続税法基本通達9−4の場合と異なり、同族関係者に限定されていません、なお当局から、その理由について特に説明されたものはありません。

　同族法人に無償で財産の提供があったことにより、その法人の株式の価額が増加した場合には、その法人の株主は所有株式の価額の増加相当額を財産の提供者から受贈したものとみなされますが、株主が法人の場合にも

これに準じて取り扱われるのでしょうか。

相続税法基本通達9-2は、贈与税の課税財産のうちみなし贈与財産に関して示された取扱いで、原則として個人株主の場合だけの取扱いです。

贈与税は原則として個人間の贈与について受贈者が納税義務者となり、法人が納税義務者となるのは、財産受贈益に法人税が課税されない公益法人等だけです。

この相続税法基本通達9-2が、法人税の上でも同趣旨の認定がなされるかどうかですが、本例の場合、会社の所有する株式の発行会社において、他から財産の贈与があったことは、当該株式の発行会社が事業上利益を計上したことによる法人株主の利得と同様であり、株式の取得価額は変わらず、法人株主に課税されることはないものとされます（法法61の2、法令119）。

さて、相続税法基本通達9-2と後述の9-4に決定的な相違があります。

9-2は法人が株主と取引を通じて新たに獲得した経済的利益が、法人を通じて取引当事者間「外」の別の株主に移転することへの規制です。受贈者は現実にその利益相当額が増加しているので受贈者についての制限がありません。

（参考）

【みなし贈与／同族会社に著しく低い価額で出資持分の譲渡があった場合／出資の評価】
東京高等裁判所平成26年（行コ）第457号各贈与税決定処分取消等請求控訴事件（棄却）平成27年4月22日判決（Z265-12654）

〔事案の概要〕

本件は、g（控訴人mの母、控訴人nの祖母）が自己が有していたC社出資の全部をr社及びt合名会社に譲渡したところ、芝税務署長

が、本件各譲渡が時価より著しく低い価額の対価でされたもので、その結果いずれも同族会社であるr社の株式及びt合名会社の持分の価額が増加したことから、その株主等である控訴人らは相続税法9条にいう「対価を支払わないで」「利益を受けた」者と認められ、同条により、上記の価額が増加した部分に相当する金額を控訴人らがgから贈与により取得したものとみなされるなどとして、贈与税の決定処分等を行ったことから、控訴人らがその取消しを求める事案である。

〔当事者の主張〕
○納税者の主張

控訴人らは、相続税法9条の「利益」は資本等取引に起因する利益であることを要し相続税法基本通達9-2(4)のような損益取引による利益はこれに当たらない。

控訴人らは、控訴人m及びt合名会社においてC社を実質的に支配するような関係にはなく、本件において評価通達の定める評価方式以外の評価方式によるべき特段の事情はないなどとして、C社を控訴人m及びt合名会社の同族関係者に当たるとした原判決を論難する。

評価通達185ただし書の適用について控訴人らは、C社は控訴人m及びその同族関係者によって実質的に支配されていたものではないとして、C社出資の評価に当たり評価通達185ただし書の定める評価方法を適用すべき旨を主張する。

○課税庁の主張

相続税法9条の「利益」が法文上その発生原因となる取引を限定していると解すべき理由はない。また、相続税法基本通達9-2(4)は、同族会社に対し時価より著しく低い価額の対価で財産の譲渡をした場合、その譲渡をした者と当該会社ひいてはその株主又は社員との間にそのような譲渡がされるのに対応した相応の特別の関係があることが一般であることを踏まえ、実質的にみて、当該会社の資産の価額が増

加することを通じて、その譲渡をした者からその株主又は社員に対し、贈与があったのと同様の経済的利益を移転したものとみることができるから、株式又は出資の価額増加部分に相当する金額を贈与によって取得したものと取り扱う趣旨と解されることは、原判決が説示するとおりである。このような趣旨からすれば、控訴人らの主張するような取引による区別をする必要はないというべきである。

　C社の設立から本件13社がt合名会社に対しC社出資を売却するまでの経緯等の原判決が説示する事情に照らせば、C社は設立以来控訴人mと先代y、g及びt合名会社が実質的に支配してきたものと認められる。このような事実関係を踏まえると、C社出資の扱いにおいて評価通達188(1)等を形式的に適用することはかえって同通達188及び同通達188-2の趣旨にもとる結果となるから、同通達の定める評価方式以外の評価方式によるべき特段の事情があり、C社は控訴人m及びt合名会社の同族関係者に該当するというべきことは、原判決が説示するとおりである。

　関係証拠によれば、C社は控訴人m及びその同族関係者によって実質的に支配されていたと認められることは、上記のとおりであるから、控訴人らの上記主張はその前提を欠く。

〔判断〕

　r社の取引先である13社のC社出資取引に係る判断については、本件13社がいずれも有力酒造会社等であり、r社がその商品の重要な販路となる酒類等の大手卸売会社であるという特殊な個別的関係に基づき、将来にわたるrグループとの取引関係の維持又は強化という売買目的物の客観的交換価値とは別個の考慮要素が反映され、C社の支配継続を望む先代y及び控訴人mらの意向に沿って、購入や売却の取引に応じていたものであって、控訴人m及びその同族関係者の意向に反するような持分権者としての権利行使をする意図は終始なかったと推

認することができる。

　したがって、このような特殊性を有する t 合名会社と本件13社との間のＣ社出資の売買取引をもって、目的物の客観的な交換価値に即した売買実例として適切と認めることはできず、同取引における1口5,000円の価格をもって、Ｃ社出資の本件各譲渡時の時価でということはできない。

　以上によれば、控訴人らの請求をいずれも棄却した原判決は相当であって、本件控訴はいずれも理由がないから、これを棄却することとする。

　判示で着目すべき点は「実質的にみて、当該会社の資産の価額が増加することを通じて、…原判決が説示するとおりである。」の部分であり経済的利益の移転は当局及び裁判所から実質的に、かつ幅広くとろうとしていることがわかります。

　なお、本件に関する評釈について古谷勇二「相続税法第9条の「みなし贈与」について—資本取引等を巡る課税関係を中心として—」税大論叢85号もご参照ください。

（参考）

【課税財産の範囲】
時価より著しく低い価額で現物出資があった場合に利益を受けたか否かは、現物出資の前後における出資の価額の差額によって判断すべきであるとした事例（一部取消し）（平成3年10月18日裁決）（J42−4−02）

〔事案の概要〕
　請求人の父又は養父であるＦ男（以下「Ｆ男」という。）が昭和61年12月22日に、有限会社Ｇ（以下「Ｇ社」という。）に対して、Ｈ株

式会社の株式190,000株（以下「Ｈ株式」という。）、Ｊ株式会社の株式133,000株（以下「Ｊ株式」という。）及びＰ市Ｒ町43番の４所在の山林（現況雑種地）4,316平方メートル（以下「Ｒ土地」という。）（以下、これらを併せて「本件現物出資資産」という。）を現物出資（以下「本件現物出資」という。）し、Ｇ社が280,725,000円で引き受けた。

〔当事者の主張〕

○納税者の主張

　原処分庁は、当該受入価額（事案の概要参照のこと）が相続税法第９条（贈与又は遺贈により取得したものとみなす場合―その他の利益の享受）に当たるとしているが、これについては、昭和34年１月28日付直資10国税庁長官通達「相続税法基本通達の全部改正について」（以下「相続税法基本通達」という。）９－２（株式又は出資の価額が増加した場合）（平成元年４月10日付直資２-207による改正前のものをいう。以下同じ。）には当たらないものといえるから、同条の適用はない。

　すなわち、Ｇ社に現物出資した価額は「時価より著しく低い価額」ではないので、同通達に定める株式又は出資の価額が増加したときには該当しないというべきである。

　原処分庁は、本件現物出資に伴い、Ｇ社の出資１口当たりの価額が０円から726円に増加し、請求人の所有に係るＧ社への各出資の価額の増加分に相当する経済的利益の額（以下「本件経済的利益の額」という。）が次表のとおり発生していると認定し、本件経済的利益の額を請求人がＦ男から贈与により取得したものとみなして贈与税を課税しているが、本件経済的利益の額は、次表のとおりＧ社の出資時に請求人がそれぞれ取得した出資の取得価額1,000円を下回っているから、請求人は取得時点からみると、Ｆ男の現物出資によって何ら利益を享受していないものといえるから、この点からしても相続税法第９条に

当たらない。

○課税庁の主張

　請求人は、本件現物出資に係るG社の引受価額が時価より著しく低い価額となっていない旨主張するが、相続税法第9条に規定する「著しく低い価額」の判定基準については、所得税法のように時価の2分の1未満というような具体的基準はないものであるところ、相続税法基本通達9-2(2)の適用に当たり著しく低いかどうかの判定は、具体的事例について個々の取引の事情に応じ、取引当事者間の関係等を総合勘案し、贈与を受けたと認められる金額があるかどうかによりこれを判定するものと解すべきである。

　ところで、相続税法第9条の規定によれば、対価を支払わないで利益を受けた場合は、当該利益を受けた者が、当該利益を受けた時における当該利益の価額に相当する金額を、当該利益を受けさせた者から贈与により取得したものとみなすと規定し、また、相続税法基本通達9-2によれば、時価より著しく低い価額で現物出資があった場合、株主又は出資者は、株式又は出資の価額のうち増加した部分に相当する金額を当該現物出資をした者から贈与によって取得したものとして取り扱うこととされている。

　本件現物出資があったことにより、請求人は対価の支払もなく本件経済的利益の額を享受しており、このことは、相続税法第9条の規定に該当し、本件経済的利益の額を本件現物出資をしたF男から贈与により取得したものとみなされることになる。

　したがって、相続税法第9条の規定の適用に当たっては、本件現物出資前の出資の価額と本件現物出資があった後の出資の価額とを比較し、請求人を含む他の出資者がどれほどの利益を享受したかにより贈与財産の価額を決定するのであるから、G社の設立時に請求人が取得した出資の価額より本件経済的利益の額が下回っているから何ら利益を受けていないとする請求人の主張には理由がない。

〔判断〕

　請求人は、本件現物出資により出資の価額は現物出資前より増加しているものの、その価額は実際の取得価額に満たないから、本件現物出資により利益を受けていない旨主張するが、時価より著しく低い価額で現物出資があった場合に利益を受けたか否かは、現物出資後における出資の価額とその前の価額との差額によって判断すべきである。

相続税法基本通達9-2は、同族会社の行為計算否認規定（相法64）を念頭においた強いみなし規定です。

同族会社に対して債務免除、債務引受け、著しく低い価額の対価での譲渡を行う場合は、その行為による株価の変動につき財産評価基本通達の定めに基づき正確な計算を行った上で実行する必要があります。

（参照）債務免除の類似業種比準価額計算

　下記の手順で行います。

　1）Ⓑ、Ⓒ、Ⓓ＋債務免除益で株価を計算

　2）Ⓑ、Ⓒ、Ⓓで株価を計算

　3）その差額が贈与税の課税標準

なお、上述にも関わらず事実認定いかんによっては相続税法基本通達9-2は下記の場合でも生じる可能性が全くない、とは言い切れません。

　前提として、

・X社の株主はA社長が筆頭株主で約60％、それ以外の株主はAの第三者で数名いる

・X社の繰越欠損金は約1億円

・A社長が100％株主・1人役員であるY社（実質的に資産管理会社）が、X社に対して約7,000万円の貸付けをしている

・上記X社に対する貸付金を債務免除したい

・なお、今期は数百万円の所得（利益）がでる予定であるが、繰越欠損金は貸付金の範囲内で収まり、当面は同じ状況と予想される

　この場合、A社長が貸付をしていて債権放棄した場合はみなし贈与課税になるのは理解しておりますが、Y社が債権放棄した場合、みなし贈与は生じ得ます。正確には株主間贈与です。

　この場合、本来ならみなし贈与規定として相続税法第9条、相続税法基本通達9-2が適用される余地はありますが、本ケースにおいては法人が介在しているため、そのまま適用されません。経済的利益移転について個人、法人で別個に課税関係が生じる可能性があります。本件は事実上の迂回取引のため、当局調査では事実認定に着地します。

　なお、上場に係るみなし贈与の課税標準の計算方法は、

「債権放棄後の株価」－「その前の株価」

です。

③　同族会社の増資があった場合の贈与税（相基通9-4）

　当会社は、資本金5,000万円の同族会社です。発行済株式総数は10万株（1株当たりの相続税評価額1,500円）で、私（A）が8万株、長男（B）が1万株、次男（C）が1万株所有しています。この度倍額増資（1株当たり払込金額500円）を行いBが5万株、Cが5万株の合計10万株を引き受けました。課税関係はどうなるのでしょうか。

　B、Cは、募集株式引受権をAから無償で取得したことになり、贈与税が課税されます（相法9）。

　相続税法基本通達9-4において、誰からどれだけの数の募集株式引受権の贈与があったものとするかは、次の算式により計算するものとし、この場合において、その者の親族等が2人以上あるときは、親族等の1人ごとに計算します（相基通9-5）。

$A \times \dfrac{C}{B}=$ その者の親族等から贈与により取得したものとする募集株式引受け数

算式中の符号は、次の通り。

A：他の株主又は従業員と同じ条件により与えられる募集株式引受権の数を超えて与えられた者のその超える部分の募集株式引受権の数

B：当該法人の株主又は従業員が他の株主又は従業員と同じ条件により与えられる募集株式引受権のうち、その者の取得した新株の数が、当該与えられる募集株式引受権の数に満たない数の総数

C：Bの募集株式引受権の総数のうち、Aに掲げる者の親族等（親族等が2人以上あるときは、当該親族等の1人ごと）の占めているものの数

今回の場合、贈与とみなされる価額は、下記の通り計算します。

1）増資後1株当たりの価額

$$\dfrac{旧株の価額 + 募集株式1株当たりにつき払い込むべき金額A \times 旧株1株に対する募集株式引受権の割当数B}{1+B}$$

$$\dfrac{1,500円+500円\times1}{1+1}=1,000円$$

2）贈与とみなされる募集株式引受権の価額（1株当たり）

　　増資後の株価－払込金額の金額

　　1,000円－500円＝500円

3）B、CがAから贈与を受けたとみなされる金額

　　B、CはともにAから40,000株の募集株式引受権を受けた金額

　　500円×40,000株＝2,000万円

また、募集株式引受権の贈与で、親族以外の人が割当てを受けなかったことによって得た募集株式引受権の額は一時所得となります（所法34）。

上記相続税法基本通達9-2とは異なり9-4では考え方が下記のようになります。

当該通達は株主間の経済的利益移転の規制であり、法人との取引は関係しません。要するに、経済的利益の増加がないまま、同族関係者間でその

利益移転の配分をどのようにしようか、ということへの規制です。このため受贈者を無制限にすることは通達の趣旨から外れ、必然的に対象者を株主の親族等をしているわけです。

（参考）

神戸地裁昭和48年（行ウ）第22号相続税更正決定等取消請求事件（棄却）（原告控訴）神戸地裁昭和55年5月2日（Z113-4591）

〔事案の概要〕

　訴外会社は、豆腐、こんにゃくの製造販売を目的とする個人形態の会社であり、その資本金は800万円、発行済株式総数の85パーセントを原告ら一族が他を従業員らが保有しており、その株式は上場株式及び気配相場のある株式以外の取引相場のない株式であって、右相続開始時以前において客観的交換価値を適正に反映する売買実例もなかったこと、訴外会社の役員も殆ど原告ら一族で占められていることが認められる。

　一族代表者が死亡し、相続税の申告を行った。課税庁は該当会社が増資前の割合と異なる増資を行ったことは、増資引受人が代表者から新株予約権の利益を無償で移転したものとした。

〔当事者の主張〕

○納税者の主張

　本件会社の株価算定の基礎となった財産には、代表者の弟名義の財産も含まれており、これを課税庁は本件会社の財産を決め付けている。

○課税庁の主張

　含み資産を有する会社が増資をすれば、旧株式の価額は増資前の割合に準じて減少するはず。新株式の価額が増加することになる。新株

を引き受ける者がその新株の全部又は一部を引き受けなかったことは、新株の割当を受けたものは新株割りあてによる利益があったものと想定できる。

増資前の所有株式の割合に準じて新株の引受が行われれば、株主間に価値の増加は生じない。引受者は、それぞれ増資前に所有株式の割合に応ずる割合を超えて新株を引き受けている。

〔判断〕

訴外会社は、豆腐、こんにゃくの製造販売を目的とする個人形態の会社であり、その資本金は800万円、発行済株式総数の85パーセントを原告ら一族が他を従業員らが保有しており、その株式は上場株式及び気配相場のある株式以外の取引相場のない株式であって、右相続開始時以前において客観的交換価値を適正に反映する売買実例もなかったこと、訴外会社の役員も殆ど原告ら一族で占められていることが認められる。従って、訴外会社の業種、規模、株式の保有分布状況とか、その売買実例の存しない事実にかんがみ、訴外会社は個人類似の会社と異なるところはないから、その株式については会社資産負債を、その帳簿価額にかかわらず、個人の事業用財産と同様に評価し、その評価額による1株当たりの純資産価額によって評価するのが合理的であると解せられる。

一般に、含み資産を有する会社が増資をすれば、旧株式の価額は増資額との割合に応じて稀釈され、新株式の価額が逆に増加することとなるため増資に当り増資前の株式の割合に応じて新株の引受がなされなかったときは、右新株の全部又は一部を引き受けなかった者の財産が、旧株式の価額の稀釈に伴いそれだけ減少する反面、右割合を超えて新株を引き受けた者の財産は、それだけ増加するから、後者は前者からその差額分の利益を取得したことと評価しうる。従って、右利益を無償で取得すれば、相続税法9条所定の「みなし贈与」に該当する

と解すべきである。複数の親族から新株引受権の贈与があったとみな
される場合、そのいずれからどれだけの贈与があったかは、国税庁長
官通達昭和34年直資10の61条に定める方法（A×C／B＝D）による
のが合理的である。

> A　他の株主又は従業員と同じ条件により割当てを受ける新株引受
> 権の数をこえる割当てを受けた者のそのこえる部分の新株引受権
> の数
>
> B　その法人の株主又は従業員が他の株主又は従業員と同じ条件に
> より割当てを受ける新株引受権のうち、その者の引き受けた新株
> の数が割当てを受ける新株引受権の数に満たない数の総数
>
> C　（B）の新株引受権の総数のうち（A）に規定する者の親族
> （親族が2人以上あるときは、その親族の1人ごと）の占めてい
> るものの数
>
> D　その者の親族から贈与を受けた新株引受権の数

　相続税基本通達9-4及び9-5がまさに該当した事例です。同族会社が
株式割当によらないで新株発行をする場合には1株当たりの払込金額次第
によっては贈与税の課税問題が生じること、募集新株引受権の利益に対す
る課税は常に贈与税の対象となるわけではなく、所得税の課税対象に該当
する場合を除いた規定であることを念頭に置く必要があります[1]。また、
贈与税と一時所得が同時に発生する計算事例もあります[2]。

Q 3-2　金銭出資と株主間贈与の基本的考え方

金銭出資と株主間贈与の基本的な考え方を教えてください。

Answer

下記の通りです。

【解説】

※下記共通ですが、グループ法人税制については考慮していません。

① パターン別株主間贈与[3]

a 有利発行により個人⇒個人への株主間贈与

第三者割当の引受けを行う者において贈与税の問題は生じます。

父親が保有する会社が第三者割当増資により息子に対して新株を割り当てた場合、その新株を取得するために通常要する価額よりも有利な金額である場合には父親から息子に対する贈与があったものとみなされます。

なお、相続税法基本通達9−4が同族法人に限定しているのは、上記のような利益移転を容易に行うことが可能であるからです。

b 有利発行による個人⇒法人への株主間贈与

有利発行により有価証券を取得した者が法人で、他の株主が個人である場合には、個人から法人への贈与に当たることから贈与税の適用対象とな

---

[1] 佐藤信祐『会社法・租税法からアプローチする非上場株式評価の実務』（日本法令 2018/7/19）207～208頁

すなわち、発行法人が同族会社であり、かつ、募集株式引受権に基づき新株を取得した者が既存の個人株主の親族等である場合に限定して、既存の法人株主から引受人に対する経済的価値の移転があったものとして考え、それ以外の場合には、発行法人から引受人に対する経済的価値の移転があったものとして考えていることがわかる。その結果、前者の場合には贈与税の課税対象となり、後者の場合には所得税（一時所得）の課税対象となる。

しかし、既存の個人株主の親族等であっても、所得税法上、給与所得又は退職所得として分類されるときには、当該発行法人の役員又は使用人としての地位や職務等に関連して、又はこれらの者の退職に基因して経済的利益の移転を受けていることから、株主間贈与として捉えることは適当ではなく、贈与税の課税対象とはせず、所得税（給与所得又は退職所得）の課税対象としているという整理になる。

[2] 川尻慶夫・今西浩之／著、大沼長清・磯邊和男・井上久彌／編集『第八次改訂 会社税務マニュアルシリーズ 第2巻 増資・減資』（ぎょうせい 2015/8/28）84～87頁参照。

[3] 稲見誠一・佐藤信祐『組織再編における株主課税の実務Q&A』（中央経済社 2008年）3～47頁参照。

りません。有利発行により有価証券を取得した法人において受贈益は認識されます。

　また、既存の個人株主から有利発行により有価証券を取得した法人に対して無償による資産の譲渡又はその他の取引があったものとみなして、既存の個人株主に対して譲渡益課税を課すことができるか否かは法人税法ではなく、所得税法の問題です。

（参考）

【みなし贈与／同族会社に著しく低い価額で出資持分の譲渡があった場合／出資の評価】
東京地方裁判所平成23年（行ウ）第46号（第1事件）、平成23年（行ウ）第64号（第2事件）贈与税決定処分取消等請求事件（棄却）（控訴）平成26年10月29日判決（Z264-12556）

〔事案の概要〕
　第1事件は、r株式会社（以下「r」という。）の株主であり、t合名会社（以下「t合名」という。）の社員である原告mの母であるq（以下「q」という。）が、その保有する有限会社C（以下「C」という。）の持分をr及びt合名に対し譲渡したところ、芝税務署長が、その譲渡が時価より著しく低い価額の対価でされたものであり、その譲渡によっていずれも同族会社であるrの株式及びt合名の持分の価額が増加したことから、相続税法9条（平成19年法律第6号による改正前のもの。以下同じ。）の規定によりその増加した部分に相当する金額を原告mがqから贈与により取得したものとみなされるとして、原告mに対し、本件決定処分等をしたことに関し、原告mが、本件決定処分等が違法であると主張して、本件決定処分等（ただし、いずれも、異議決定により一部取り消された後のもの）の取消しを求める事案である。

　第2事件は、 rの株主であり、 t 合名の社員であるとともに、原告
mの子である原告nが、原告mから、 qのr及びt 合名に対する上記
の譲渡の後にt 合名の持分及び現金を贈与により取得したことについ
て、贈与税の申告書を提出したところ、芝税務署長が、同条の規定に
より、 qのr及びt 合名に対する上記の譲渡によって原告nが原告m
と同様の利益の価額に相当する金額をqから贈与により取得したもの
とみなされる上、原告mからの贈与に係るt 合名の持分の価額が上記
申告書に記載されたものより高額になるとして、原告nに対し、本件
更正処分等をしたことに関し、原告nが、本件更正処分等が違法であ
ると主張して、本件更正処分等（ただし、いずれも、異議決定により
一部取り消された後のもの）の取消しを求める事案。

〔納税者の主張〕
○納税者の主張
　原告らは、相続税法9条の「当該利益を受けた者」とは、当該利益
の「対価」の支払義務を負っている者と解すべきであると主張する。
　しかしながら、同条の「対価を支払わないで」利益を受けた者につ
いて、その文理に照らし、原告らの主張するように限定して解すべき
根拠は格別見当たらないことからすれば、原告らの上記主張は採用し
難いというべきである。
　原告らは、相続税法9条の規定は、「当該利益を受けさせた者」と
「当該利益を受けた者」との間に、「対立承継関係」の存する場合に
限って適用されるべきであると主張する。
　原告らは、同族会社が財産の低額譲渡を受けた場合における同社の
株式の含み益（評価益）は相続税法9条の「利益」には該当しないと
主張する。
　原告らは、相続税法9条の規定の適用範囲が著しく拡張され、納税
者の予測可能性、法的安定性を害する危険性がある旨の主張をする。

○課税庁の主張

　判断のとおり。

〔判断〕

　本件は、原告mの母・原告n（原告mの子）の祖母であるqが、その保有するC社の持分をr社及びt合名会社に対し譲渡したところ、芝税務署長が、その譲渡が時価より著しく低い価額の対価でされたものであり、その譲渡によっていずれも同族会社であるr社の株式及びt合名会社の持分の価額が増加したことから、相続税法9条の規定によりその増加した部分に相当する金額をr社及びt合名会社の株主及び社員である原告m及び原告nがqから贈与により取得したものとみなされるとして、原告らに対し、贈与税の決定処分等及び更正処分等をしたことから、原告らが、その取消しを求める事案である。

　同族会社に該当する会社に対する時価より著しく低い価額の対価での財産の譲渡により、譲渡を受けた当該会社の資産の価額が増加した場合には、当該会社の株主又は社員は、その株式又は出資の価額が増加することにより、実質的にみて、当該譲渡をした者から、その増加した部分に相当する金額を贈与により取得したものとみることができるものと考えられる。

　そうすると、このような場合には、相続税法9条に規定する「対価を支払わないで、又は著しく低い価額の対価で利益を受けた」と認められるから、相続税法基本通達9-2⑷の定めは、同法9条の規定に該当する場合の例示として適当なものというべきである。

　評価通達188《同族株主以外の株主等が取得した株式》⑴を形式的に適用すると、C社は、原告m及びt合名会社の同族関係者には該当しないことになる。

　本件における原告m及びt合名会社とC社との関係のように、前者が後者を実質的に支配する関係にある場合において、評価通達188⑴

及び法人税法施行令４条２項を形式的に適用することは、結局のところ、同通達188及び同通達188-２《同族株主以外の株主等が取得した株式の評価》の趣旨にもとるものというべきであって、上記の場合には、後者を前者の同族関係者とみることとするのが相当であり、その点において、同通達の定める評価方式以外の評価方式によるべき特段の事情があるというべきである。

　本件各譲渡に係るＣ社出資の価額の評価については株式保有特定会社通達（評価通達189⑵）を適用すべきであり、Ｃ社出資の価額を評価するに当たっては、評価通達189-３に定める方式、すなわち、純資産価額方式又は「Ｓ１＋Ｓ２」方式によることとするのが相当である。

　Ｃ社は、取引先13社が社員であった間、一貫して、原告ｍ及びその同族関係者によって実質的に支配されていたと認められるのであって、このような事情がある場合に、単独のグループの保有する株式数だけでは会社を完全に支配することができないといえる場合に評価減を行うものとした評価通達185《純資産価額》のただし書を適用することは、その定めを設けた趣旨にもとるというべきであって、その点において、同通達の定める評価方式以外の評価方式によるべき特段の事情があるというべきである。

　原告ｍの同族関係者であるｒ社及びｔ合名会社が本件各譲渡により取得したＣ社出資の価額について純資産価額方式によって評価する場合、評価通達185のただし書を適用すべきではないから、その定めによって20パーセントの評価減を行うことはできない。

　本件各譲渡により、ｑは、ｒ社に対し、Ｃ社出資２万4,000口を、時価19億4,889万6,000円のところ、９億4,164万円で譲渡し、また、ｔ合名会社に対し、Ｃ社出資２万3,995口を、時価19億4,848万9,980円のところ、９億4,144万3,825円で譲渡したものであって、本件各譲渡については、時価より著しく低い価額の対価でされたものであると認められる。

> 本件各譲渡によって、原告らは、それぞれ保有するr社の株式及びt合名会社の持分の価額が、原告mにつき合計3億9,155万6,650円、原告nにつき合計249万6,000円増加していることから、原告らは、相続税法9条に規定する「対価を支払わないで、又は著しく低い価額の対価で利益を受けた」と認められる。

　判示の「本件における原告m及びt合名会社とC社との関係のように、…同通達の定める評価方式以外の評価方式によるべき特段の事情があるというべきである。」からすると、みなし贈与の射程がいかに広いかわかります。

c　有利発行による法人⇒法人への株主間贈与

　第三者割当増資により有利発行が行われた場合、株式の割当を受けた者に対して受贈益課税がなされます。既存の法人株主に対して課税関係は生じません。

　なお、既存の法人株主にも課税関係を生じるものと判示したオウブンシャホールディングス事件（最判平成18年1月24日）がありますが典型的な限界事例です。租税実務上は一切考慮する必要はありません。

d　高額引受けによる個人⇒個人への株主間贈与

　後継者である長男が保有する会社が第三者割当増資により父親に対して新株を発行した場合、その新株が高額引受けである場合には、父親から長男への贈与があったものと考えられます。相続税法基本通達9-2では、当該増加部分につき贈与があったものとすることが明示されています。

　ちなみに当該会社が債務超過であるとして、第三者割当増資後も債務超過である場合には、当該会社株式の時価は0円で、当該会社の株式価値は増加していないことになります。この場合、連帯保証債務の実質的な債務引受けのような贈与行為がある場合を除き、贈与税の課税対象となりませ

ん（相基通9-3）。

e　高額引受けによる法人⇒個人への株主間贈与

　課税上の問題は特に生じません。贈与税においては相続税法基本通達9-2がありますが、所得税法上は通達も含めて類似の規定は一切ありません。

f　法人株主における高額引受けによる有価証券の取得

　特に課税問題は生じません。租税実務上の説明をすると当局調査で特に問題になることはありません。これは高額譲渡等他の高額取引でもほぼ共通の認識であると思われます。

　なお、下記の法人税基本通達9-1-12に係る事例もあります。典型的な租税回避行為と思われる取引として下記の方法が考えられていました。現在の評価はいずれも限界事例としての扱いのため租税実務で参照する必要は一切ありません。

　イ　増資直後に株式を譲渡することで、株式譲渡損を認識することを目的として行われた高額引受け

　　債務超過10億円の法人に、10億円の増資をします（高額引受け）。株価は0円のままです。その後、当該増資により取得した有価証券を備忘価額1円で他法人に譲渡する場合、10億円の株式譲渡損が生じます。相互タクシー事件（最判昭和41年6月24日）が最も有名な裁判例です。

　　高額引受けであっても払込みをした金銭の額をそのまま有価証券の取得価額として処理し、不当に法人税を軽減する目的がある場合のみ法人税法第132条の適用があります。なお、類似の事案として日本スリーエス事件（東京地裁平成12年11月30日）で法人税法第132条に基づいて更正処分が行われています。

　　オウブンシャホールディングス事件、相互タクシー事件、日本ス

　リーエス事件はいわゆる株式を介在した利益移転に関する裁判例です。

ロ　他の株主に贈与を行うことを目的とした高額引受け

　上記イと同様の考え方で法人税法第132条の適用は考えられます。もしくは寄附金認定される可能性は考えられます。

○スリーエス事件　東京地裁平成12年11月30日判決
○相互タクシー増資高額払込事件　福井地裁平成13年1月17日判決

　上記に共通していえますが、一連の取引が租税回避認定されれば、当該有利発行は妥当性を失います。

　相互タクシー事件（福井地裁平成13年1月17日判決）を検証してみましょう。グループ法人税制適用下にある取引は除外することと仮定します。事案は債務超過1億円の債務超過会社に対し1億円の出資をし（出資側は（借方）投資有価証券1億円が計上される）、その後、当該有価証券を備忘価額1円で関係会社に譲渡します。そうすると（1円－1億円）の金額が投資有価証券売却損として損金計上できるというものです（数値は仮値、事例は単純化している）。判決では増資払込金額のうち、寄附金に該当する部分は法人税法上の評価として払込みした金額に該当しないとされました。この事案は法人税法第132条適用ではなく法人税法第37条を適用して否認しています。

　寄附金発動ということは反射で受贈益課税の発動も考慮の余地がありそうです。つまり、上記でいえば、増資により新株を発行した債務超過会社に対する受贈益課税です。名古屋高裁判決文によると、この箇所は「私法上（商法上）有効な増資払込であっても、法人税法上、それを寄附金と認定することが妥当である。同じ増資払込行為を受入側では増資払込と認定しながら、払込側で寄附金の支出と認めることは法人税法上は何ら異とするに足りない」としており、受入れ側で資本組み入れ、払込み側で寄附金が発生することに矛盾はないと言いきっています。

現行法人税法は金銭出資は全て資本等取引で処理され、損金益金が介入する余地は全くありません。

別冊ジュリスト租税判例百選（第4版）（有斐閣）p.117（なお、最新版は第7版となります、下記・第1〜・第3までは上記文献を引用（一部筆者改変）しています）で岡村忠生教授は、下記の問題提起をしています。

- ・第1はいうまでもなく株式に関する会社法制の変化である。この事件では、寄附金となる境界として額面金額すなわち発行価額が利用されたが、もはやこれらは使うことができない。今日であれば、払込金額（会法199①二）が1株100万円とされ、種類株式を利用して支配が継続したはずである。

- ・第2は株主法人間取引に関する法人税法の変化である。すなわち、2001年改正により法2編1章6款の新設や法24条の改正等が行われ、分割、合併、現物出資による資産の移転は原則として時価移転、適格組織再編成に該当する場合は簿価移転とされた。この区別では、「贈与又は無償の供与」かどうかは考慮の余地がない。これら諸規定もまた「別段の定め」である以上、法22条2項はもちろん、法37条に一方的に劣後すると解することはできない。

- ・第3は法132条の主張にも現れている事案の特殊性の影響である。本判決は、「対価」の有無を経済的合理性で判断し、「払い込んだ金額」を法人税法上の対価として否認した。こうした経済的合理性に基づく判断や私法上有効な取引の実質による上書きは、行為計算否認そのものであり、これを法37条が一般的に認めているとみることはできない。なお、法132条を、子会社貸付金それ自体が貸倒れ等により損金算入されるかを基準として適用した判決がある。（筆者注：当該判決はスリーエス事件（東京地裁平成12年11月30日訴月48巻11号2785頁）を指しています）。

　この評釈に筆者は賛同します。すなわち、高額引受けの場合、当該払込金額は原則として有価証券の取得価額として処理しますが、法人税法第132条の要件に該当したときのみ、高額相当部分を寄附金課税（法法37）で否認すればよいと考えます。同様の考え方は適格分社型分割、適格現物出資でも同様です（ただし根拠条文は法法132の2）。後者については岡村先生の第2のご指摘に従うと、適格分社型分割等で高額引受けによる有価証券の取得がなされた場合、「移転資産の帳簿価額から移転負債の帳簿価額を減算した金額」（法令119①七）という法文から当該高額部分のみを寄附金抽出することが現実的に困難であると考えたためです[4]。

Q3-3　属人株による利益移転と株主間贈与

> 　属人株による利益移転と株主間贈与の基本的な考え方を教えてください。

Answer

　下記の通りです。

【解説】

　属人株は①配当期待権②残余財産分配請求権③議決権の3種について定款に定めるだけで異なる取扱いをすることが可能です。ただし導入には特殊の決議が必要になります。

　属人株は当局から税務上の取扱いについて一切公表されていません。将来の法改正リスクを考えると非常に導入しにくいものと思われます。

　①配当期待権と②残余財産分配請求権の取扱いですが、これは下記の2ケースを考えてみます。

---

[4] 稲見誠一・他『組織再編における株主課税の実務Q&A』（中央経済社　2008/09）該当箇所を適宜参照しています。

　例えば、出資者がA、Bの２人いるとします。この２人は赤の他人でジョイントベンチャーを行うものとします。Aは顧客500をもっている、Bは顧客2,000をもっているという状況で、配当についてA：Bは１：４でも特に課税上の問題は生じないと思われます。第三者間の取決めだからです。

　一方、Aが親、Bが子供で上記と同じような配当の取決めをしたとします。同族法人で、A、Bの業務内容はほぼ変わりません。この場合、AからBへの生前贈与（みなし贈与）があったと「認定されるおそれ」があります。

　こういった事情から財産権については属人株を導入するケースは今のところ非常に稀なケースだと考えられます。

　なお、税理士法人についても持分払戻請求権を定款で実際の持分と変更することは可能ですが、その場合、課税関係（みなし贈与）が生じる可能性もあるので十分ご留意ください（「税理士法人の手引」日本税理士会連合会）。

　また、持分ある社団医療法人において相続税法第９条の適用があった事例があります（平15.3.25裁決）。

（参考）

【財産の評価（医療法人の出資持分の評価）】

　医療法人の出資持分の評価は財産評価基本通達に定める方法により算定した価額が相当であるとした事例（平成15年３月25日裁決）〔裁決事例集第65集743頁〕

〔裁決の要旨〕

　請求人らは、医療法人は非営利法人であり株式会社とは性格を異にすること及び相続税法９条は同族会社のみに適用すべきと解されることから本件増資に贈与税を課税することは誤っており、また、医療法

人の場合、増資持分の権利は、増資後の期間に及ぶ（東京高裁平7.6.14判決）のであるから、増資により取得した持分の価額は出資額と同額となり経済的利益は生じないので、同条は適用されない旨主張する。

　しかしながら、本件医療法人は、持分の定めのある社団医療法人であり、同法人の新定款全体の定めや定款の変更の可能性の有無などを総合的に判断すると、本件増資により取得した財産権たる持分の価額と本件増資に係る出資額との差額を本件増資により取得したものと認められ、相続税法9条の規定は医療法人を除く旨定めたものでもないから、同条の規定の適用があるものと解される。また、請求人の主張する判決は、事件の個別事情を考慮した判決であって、医療法の解釈として請求人の主張するような趣旨を判示したものとは認められない。

　さらに、筆者は種類株式についても上記と同じ結論を想定しています。また、会社法上の限界点につき下記のような指摘もあります[5]。

　属人株は、株主平等原則にかかわらず、特殊決議要件を満たしていれば、当然有効のように法文では読みとれます。

　しかし、会社法制定時からこれは一部の少数株主の議決権をあまりにも低下させる等の効力が生じてしまうため、無条件に認めることは会社法の建前としてよろしくないという指摘もありました。この点につき、有名な裁判例として、東京地裁立川支部平成25年9月25日判決があります。

　　「条文の文言及び位置関係に照らせば、属人的定めの制度は、株主平等原則の例外として置かれたものであり、同制度について同法109条1項が直接適用されることはない」

---

[5] 「会社法上の限界点につき下記のような指摘～」の見解は弁護士法人ピクト法律事務所「属人的株式を利用した事業承継対策の盲点　税理士のための法律メールマガジン　2018年4月13日（金）配信号」より筆者が改変・一部引用しています。

として属人株は株主平等原則の例外的規定として位置付けることを認めながら、

> 「株主平等原則の背後には一般的な正義・衡平の理念が存在する…（省略）…属人的定めの制度についても株主平等原則の趣旨による規制が及ぶと解するのが相当であり、同制度を利用して行う定款変更が、…（省略）…差別的取扱いが合理的な理由に基づかず、その目的において正当性を欠いているような場合や、特定の株主の基本的な権利を実質的に奪うものであるなど、当該株主に対する差別的取扱いが手段の必要性や相当性を欠くような場合には、そのような定款変更をする旨の株主総会決議は、株主平等原則の趣旨に違反するものとして無効になる」

とし、属人株の定款変更をする株主総会決議を無効としています。

すなわち、属人株設定の際には、当該設定の目的の正当性や手段の相当性について、個別具体的に事実認定（上掲裁判例は商法判例であるものの、租税法判例においてもそのプロセスが原則として同じ）が総合勘案されることになります。

Q 3-4　自己株式取得と株主間贈与

> 自己株式取得と株主間贈与の基本的な考え方を教えてください。

Answer

下記の通りです。

【解説】

※下記共通でグループ法人税制は考慮していません。

※厳密には税務仕訳上「みなし配当」の変動を考慮する点が多々あります。

①　個人⇒個人間の税務上評価額の適正時価

　税務上の適正評価額は「譲受人ベース」での「譲受後の議決権割合」で判定します。原則が相続税評価原則、例外が配当還元方式です。みなし贈与認定は適正時価の約80％程度をきるくらいです。

　なお、判定は下記の表に従います（以下、判定に関しては全て同じ）。

区分	株主の態様				評価方式
同族株主のいる会社	同族株主	取得後の議決権割合が5％以上の株主			原則的評価方式
		取得後の議決権割合が5％未満の株主	中心的な同族株主がいない場合		
			中心的な同族株主がいる場合	中心的な同族株主	
				役員である株主又は役員となる株主	
				その他の株主	配当還元方式
	同族株主以外の株主				

区分	株主の態様			評価方式
同族株主のいない会社	議決権割合の合計額が15％以上の株主グループに属する株主	取得後の議決権割合が5％以上の株主		原則的評価方式
		取得後の議決権割合が5％未満の株主	中心的な株主がいない場合	
			役員である株主又は役員となる株主	
			その他の株主	配当還元方式
	議決権割合の合計が15％未満の株主グループに属する株主			

（参考）

TAINSコード　Z257-10622

東京地方裁判所平成17年（行ウ）第199号贈与税決定処分取消請求事件（棄却）（確定）【みなし贈与／譲渡制限自社株式を第三者から著しく低い価額により取得】

要　点

相続税法7条の規定は、租税回避の意図があることを主観的要件とせ

ず、独立第三者間取引においても適用されるとされた事案

　本件は、株式会社Ａ社の代表取締役である納税者（原告）が、複数の株主からＡ社の株式を買い受けたところ、相続税法７条の「著しく低い価額の対価で財産の譲渡を受けた場合」に当たるとして、Ａ社株式の譲渡対価と譲渡時における時価との差額に相当する金額を納税者が贈与により取得したものとみなし、課税庁が納税者に贈与税の決定処分をしたことにつき取消しを求めて起こされた裁判です。

　本件の争点は相続税法７条が、取引当事者の租税回避問題が生じるような特殊な関係にある場合に限り適用されるかどうかです。

　裁判所は、相続税法７条の趣旨及び規定の仕方に照らし、著しく低い価額の対価で財産の譲渡が行われた場合には、その対価と時価との差額に担税力が認められるため、税負担の公平という見地から同条が適用されるとしました。このため、同条の適用に当たり租税回避の問題が生じるような特殊な関係にあるか否かといった取引当事者間の関係及び主観面は問わないと判断しています。独立した第三者間取引においても同条は適用されるとしています。

　本件は、地裁で確定しました。

（参考）

　TAINSコード　Ｆ０-３-282
　（みなし贈与／低額譲受け）　審査請求人の取引相場のない株式の譲受けは、相続税法７条の「著しく低い価額の対価で財産の譲渡があった場合」に該当するとされた事例（平23-06-30裁決）

　概　要
　〔裁決の要旨〕
　1　本件は、請求人が取得した取引相場のない株式について、原処分

庁が、当該株式の取得価額はその時価よりも著しく低額であり、相続税法7条に規定する「著しく低い価額の対価で財産の譲渡を受けた場合」に当たるとして、当該株式の時価と取得価額との差額に相当する金額を贈与により取得したものとみなして贈与税の更正処分等を行ったのに対し、請求人が、原処分庁が当該株主の時価の算定の基礎とした建物及び土地の価額に誤りがあり、「著しく低い価額の対価で財産の譲渡を受けた場合」には当たらないとして、その処分の全部の取消しを求めた事案である。

2　固定資産税評価額における家屋の評価は、3年ごとの基準年度に、再建築価格を基準として、これに家屋の減耗の状況による補正及び需給事情による補正を行って評価する方法が採られているところ、本件建物の評価についても、家屋の減耗の状況に応じた補正を行って、本件の固定資産税評価額を算定したことが認められ、本件建物には損壊等の事実は認められないことからすると、本件建物の固定資産税評価額の算定において行った補正を超え、更なる補正を要するほどの本件建物の著しい損耗といった事情は認められず、本件建物の固定資産税評価額は、固定資産評価基準に則って適正に算定されており、客観的な交換価値を正確に反映していると認められる。

　また、本件建物には上記のとおり損壊等の事実は認められず、本件建物の固定資産評価額は客観的な交換価値を正確に反映しており、評価通達89の定めによる家屋の評価額は、その家屋の客観的な交換価値である固定資産税評価額と同額になることから、本件建物の価額についても評価通達の定めにより難い特別な事情は認められない。

3　取引事例に係る取引価格及び地価公示価格に基づいて算定した本件土地の更地価格（192,146,474円）は、本件土地の自用地としての価額（170,016,102円）を上回っていることからすれば、評価通達の

定めに基づき路線価を基礎とした本件土地の価額が客観的な交換価値を上回ることが明らかであるとはいえず、本件土地を評価するに当たり、評価通達の定めにより難い特別な事情は認められないことから、本件土地の価額は166,717,975円となる。

4　請求人は、本件建物及び土地の価額は、それらの取得価額に基づく帳簿価額とすべきである旨主張する。しかしながら、請求人が主張する本件建物及び本件土地の取得時期は平成12年であることから、本件建物及び本件土地の取得価額を基にした帳簿価額をもって直ちに客観的な交換価値を示す時価とみることは相当ではなく、本件建物及び本件土地の価額には、評価通達の定めにより難い特別な事情は認められないないので、請求人の主張には理由がない。

5　請求人は予備的主張として、本件建物及び本件土地の価額について、本件鑑定による評価額とすべき旨主張するが、本件鑑定には、それによる本件建物及び本件土地の評価額をそれらの時価と認め得るだけの十分な算定根拠が記述されているとは認められないことからすれば、請求人の主張は採用できない。

6　本件譲受日における本件株式の１株当たりの価額は、別表７（審判所認定額）のとおりであるから、本件株式20株の価額は■■■■■となるところ、請求人はこれを1,506,680円で取得しており、相続税法７条に規定する「著しく低い価額の対価で財産の譲渡を受けた場合」に該当し、その差額に相当する金額■■■■■は、請求人が本件譲渡人から贈与により取得したものとみなされる。

②　個人⇒法人間の税務上評価額の適正時価

a　個人⇒法人間の非上場株式の移転についての税務上の適正評価額

個人⇒法人間の非上場株式の移転については、税務上の適正評価額は「譲渡人ベースでの」「譲渡直前の議決権割合」で判定します。原則が所得税基本通達59-６、例外が配当還元方式価額です。

「あくまで」「原則は」所得税基本通達59-6を用います。しかし、「課税上、弊害がないときに限って」配当還元方式を使用することができる、という立て付けになっています。

　その「課税上、弊害がないときに限る」のメルクマールが「純然たる第三者」概念です。これに該当すれば「課税上弊害がないときに限る」に該当するのです。

（参考）

【法人税額等相当額控除の可否／非上場株式の低額譲渡と新株の有利発行における時価】
最高裁判所第三小法廷平成14年（行ヒ）第112号所得税更正処分等取消請求事件（破棄差戻し）平成17年11月8日判決

〔判決要旨〕

　所得税基本通達（平成10年課法8-2、課所4-5による改正前のもの）23～35共-9(4)（株式等を取得する権利の価額）は、発行法人から有利な発行価格による新株を取得する権利を与えられた場合における当該権利に基づく払込みに係る期日における新株の価額について、当該新株が非上場株式で気配相場や売買実例がなく、類似法人比準方式により評価することができない場合には、上記期日又はこれに最も近い日における発行法人の1株当たりの純資産価額等を参酌して通常取引されると認められる価額とする旨を定めており、同通達の定めは、株式の低額譲受けに係る給与所得の金額及び株式の譲渡に係る譲渡所得の金額を計算するために株式の価額を評価する場合において、当該株式が非上場株式で気配相場や売買実例がなく、類似法人比準方式により評価することができないときにも妥当するものと解されるが、このような一般的、抽象的な評価方法の定めのみに基づいて株式の価額を算定することは困難である。

　財産評価基本通達の定める非上場株式の評価方法は、相続又は贈与における財産評価手法として一般的に合理性を有し、課税実務上も定着しており、これと著しく異なる評価方法を所得税及び法人税の課税において導入すると、混乱を招くこととなるため、法人税基本通達９－１－15（企業支配株式等の時価）は、法人税課税において、財産評価基本通達を無条件で採用することには弊害があるため、発行会社の有する土地を時価で評価するなどの条件を付して財産評価基本通達が定める１株当たりの純資産価額の算定方式を採用しているが、このような修正をした上で財産評価基本通達所定の１株当たりの純資産価額の算定方式にのっとって算定された価額は、一般に通常の取引における当事者の合理的意思に合致するものとして、所得税基本通達23〜35共－９⑷（株式等を取得する権利の価額）にいう「１株当たりの純資産価額等を参酌して通常取引されると認められる価額」に当たるというべきである。

　財産評価基本通達185が、１株当たりの純資産価額の算定にあたり法人税額等相当額を控除するものとしているのは、個人が財産を直接所有し、支配している場合と、個人が当該財産を会社を通じて間接的に所有し、支配している場合との評価の均衡を図るためであり、評価の対象となる会社が現実に解散されることを前提としていることによるものではない。したがって、営業活動を順調に行って存続している会社の株式の相続及び贈与に係る相続税及び贈与税の課税においても、法人税額等相当額を控除して当該会社の１株当たりの純資産価額を算定することは、一般的に合理性があるものとして、課税実務の取扱いとして定着していたものである。

（参考）

【みなし譲渡／取引相場のない株式の時価】

　大分地方裁判所平成９年（行ウ）第６号所得税更正処分等取消請求事

件（全部取消し）（確定）（納税者勝訴）平成13年9月25日判決

〔判決要旨〕

　納税者が代表者となっている訴外O社の株式（取引相場のない株式）を、同族会社である訴外A社に納税者が譲渡したことについて、低廉譲渡として、課税庁がみなし譲渡所得課税を行ったことについて、本件譲渡取引に先立つ1年ないし2年前に、O社の役員がO社株式を訴外A社に対して譲渡しており、その譲渡価額は、本件取引価額と同額であって、①甲社役員の取引と本件取引との時間的間隔をもって、時価算定の参考にならないということはできないこと、②訴外A社は、甲社の従業員持株会社的側面を有するが、O社役員と訴外A社との取引が適正と認められないことを推認させる証拠はないこと、等からして本件取引は低廉譲渡にあたらないとして、低廉譲渡であるとの課税庁の主張が排斥された。

　納税者が取引相場のない株式を訴外A社に譲渡し、課税庁が当該取引を低廉譲渡として、純資産価額方式及び類似業種比準方式により「時価」を算定し、みなし譲渡所得課税を行ったことについて、本件各取引は、同族会社の株式を少数株主が取得する場合と認められ、譲受人A社は配当期待権以上のものを有せず、本件各取引の事情や本件取引の前に売買実例が存することを考慮すると、売買実例価額ないし配当還元方式によった場合と著しい差異が生じるのに、純資産価額方式及び類似業種比準方式に依拠して時価を算定することはおよそ合理的であるとは認められず、適法であるということはできないとされた。

　この事件では納税者は2年前の売買実例の単価2,500円にて、従業員持株会の受皿会社に株式を譲渡しており、この金額を基に譲渡所得税の申告を行っています。

③　DESとの関係

　なお、法人税基本通達9−1−13(1)売買事例のあるもの、との規定は、課税実務上は、売買に限定されず、売買と近似の取引にも及びます。

　典型的なのはDES（デット・エクイティ・スワップ）です。

　例えば、令和4年6月30日にオーナー貸付金につきDESを実行したとします。第三者割当増資になりますので、増資価額の税務上適正評価額は、法人税基本通達9−1−14又は時価純資産価額です。ここでは時価純資産価額を採用したと仮定します。

　このあと、令和4年11月30日にオーナーが死去したとします。オーナー死亡に係る相続税申告の株式評価額は相続税評価額（原則）です。

　しかし、その後の税務調査で「DES実行時と死亡時が近い。相続税申告に適用される『その時の時価』とはDES実行時の時価純資産価額である」と指摘された事例があります。

　根拠として、相続税法第22条及び、法人税基本通達9−1−13(1)の売買実例価格も広く解釈し直近の取引価額に該当すること等が列挙されました。

　このケースは、結局、「このままオーナー貸付金があると相続税申告で額面評価になってしまう、今のうちに株式化して株価低減策を図ろう」と思っていた矢先に結果論としてこうなってしまったのです。

法人税基本通達9−1−13（上場有価証券等以外の株式の価額）
　　上場有価証券等以外の株式につき法第33条第2項《資産の評価換えによる評価損の損金算入》の規定を適用する場合の当該株式の価額は、次の区分に応じ、次による。
(1)　売買実例のあるもの　当該事業年度終了の日前6月間において売買の行われたもののうち適正と認められるものの価額
(2)　公開途上にある株式（金融商品取引所が内閣総理大臣に対して株式の上場の届出を行うことを明らかにした日から上場の日の前日までのその株式）で、当該株式の上場に際して株式の公募又は売出し（以下9−1−13において「公募等」という。）が行われるもの（(1)に該当する

ものを除く。）　金融商品取引所の内規によって行われる入札により決定される入札後の公募等の価格等を参酌して通常取引されると認められる価額

(3)　売買実例のないものでその株式を発行する法人と事業の種類、規模、収益の状況等が類似する他の法人の株式の価額があるもの（(2)に該当するものを除く。）　当該価額に比準して推定した価額

(4)　(1)から(3)までに該当しないもの　当該事業年度終了の日又は同日に最も近い日におけるその株式の発行法人の事業年度終了の時における１株当たりの純資産価額等を参酌して通常取引されると認められる価額

　東京高裁平成17年１月19日判決では「類似業種比準法は、評価基準上、非上場株式についての評価原則的な方法であり、現実に取引が行われる上場会社の株価に比準した、株式の評価額が得られる点にて合理的な手法であり、非上場株式の算定方法として最も適切な評価方法であるといえる。」と述べています。

　なお、当局反論材料して下記の裁判例が用いられますが、前提条件が中小零細企業にあてはめることはできず、当局抗弁の材料としては弱いです。

（参考）

Z259-11273
東京地方裁判所平成19年（行ウ）第752号法人税更正処分取消等請求事件（第１事件）、平成19年（行ウ）第764号（第２事件）（却下、棄却）（確定）平成21年９月17日判決【非上場株式の評価】

判示事項
1　本件は、原告Aが原告Bを合併法人とする被合併法人Bから譲り受けたD株式の譲受価額（６億7500万円）が、時価（52億0738万

0321円）に比して低額であるとして、原告Aに対して、本件連結事業年度に係る法人税について、当該譲受価額と時価との差額を受贈益と認定する更正処分をし、原告Bに対しては、本件単体事業年度に係る法人税について寄附金の認定課税をした事例である。

　　Dは、E投資事業有限責任組合他の持分を有し、E投資事業有限責任組合は、平成15年12月8日、Wに上場したF株式を保有している。

2　財産評価基本通達185の趣旨

3　評基通185が定める1株当たりの純資産価額の算定方式を法人税課税においてそのまま採用すると、相続税や贈与税との性質の違いにより課税上の弊害が生ずる場合には、これを解消するために修正を加えるべきであるところ、このような修正をした上で同通達所定の1株当たりの純資産価額の算定方式にのっとって算定された価額は、一般に通常の取引における当事者の合理的意思に合致するものとして、連基通8−1−23(4)及び法基通9−1−13(4)にいう「1株当たりの純資産価額等を参酌して通常取引されると認められる価額」に当たるというべきであり、そして、このように解される連基通8−1−23(4)及び8−1−24並びに法基通9−1−13(4)及び9−1−14の定めは、法人の収益、寄附金等の額を算定する前提として株式の価額を評価する場合においても合理性を有するものとして妥当するというべきである。

4　D株式は、非上場株式であり、気配相場や独立当事者間の適当な売買実例がなく、その公開の途上になく、同社と事業の種類、規模、収益の状況等において類似する法人はなかったから、連基通8−1−23(4)及び8−1−24並びに法基通9−1−13(4)及び9−1−14に基づき、本件株式売買の日におけるD株式の「1株当たりの純資産価額等を参酌して通常取引されると認められる価額」（時価）を評価した上、D株式に係る本件株式売買に関する収益、寄附金等の額を算

定することには合理性があるというべきである。

5　F株式は、本件株式売買が行われた平成15年11月25日当時、同年10月31日にWへの上場の承認を受けて同年12月8日にWへ上場すべく公募が行われていることから、公開途上にある株式で、当該株式の上場に際して株式の公募が行われるもの（連基通8-1-23(2)及び法基通9-1-13(2)）に該当する。

6　第三者割当と売買とは私法上の法的性質を本質的に異にするものであり、第三者割当を巡る状況も相まって、第三者割当に係る株式の発行価格自体も割当て時点の当該株式の市場価値を反映するものとはいい難い上、税法上も全く異なる規律に服するものであることにかんがみると、連基通8-1-23(1)及び法基通9-1-13(1)の「売買実例」には第三者割当は含まれないものと解するのが相当である。したがって、本件第三者割当に連基通8-1-23(1)及び法基通9-1-13(1)の適用があることを前提としてその発行価格である1株当たり30万円をもってF株式の価額と評価すべきであるとする原告らの主張は理由がない。

7　原告らは、Dは、本件株式売買の時点において、平成16年4月1日に原告Aを連結親法人とする連結子法人となることが確実であり、その前日である同年3月31日時点で、時価評価資産の評価差額に対する法人税の納税義務が発生することが確定的であって、事業の継続性を前提としていないので、D株式の価額を評価するに当たっては、その資産の評価差額に対する法人税額等相当額を控除すべきである旨主張する。

8　原告らの上記主張は上記各通達に明文のない例外を創設するものであって、「事業の継続性の有無」という抽象的かつ曖昧な基準によって上記各通達に明文のない例外を創設することには、課税実務の安定的・公平な運用の観点から疑問がある上、評基通185が、1株当たりの純資産価額の算定に当たり法人税額等相当額を控除する

> ものとしているのは、個人が財産を直接所有し、支配している場合と、個人が当該財産を会社を通じて間接的に所有し、支配している場合との評価の均衡を図るためであり、評価の対象となる会社が現実に解散されることを前提としていることによるものではないと解されることに照らすと、評価の対象となる会社の事業の継続性の有無を基準として法人税額等相当額の控除の有無を決することには合理性がないというべきである。

判示で

> 「F株式は、本件株式売買が行われた平成15年11月25日当時、同年10月31日にWへの上場の承認を受けて同年12月8日にWへ上場すべく公募が行われていることから、公開途上にある株式で、当該株式の上場に際して株式の公募が行われるもの（連基通8-1-23(2)及び法基通9-1-13(2)）に該当」

との記載がありますが、これらから中小零細ではこの裁判例が直接使えるものではないということがわかります。事案の規模が全く異なります。

④　株価算定書の雛形

　個人⇒法人間で低額譲渡した場合の株価算定書の雛形を実際にみていきましょう。ここでは3つのパターンを列挙します。

> （パターン1）
>
> 1．評価目的
>
> 　　代表取締役社長××が△△株式会社株式をホールディングス（仮）へ売却する場合の評価額を算定すること。
>
> 2．評価額
>
> 　　上記1．の評価目的より、△△株式会社株式については、所得税基本通達59-6の規定を適用して評価額を算定した。

　　　△△株式会社株式評価額

　　　評価基準日　令和4年2月10日時点

　　　評価額　1株当たり1,000円

○所得税基本通達59-6

(株式等を贈与等した場合の「その時における価額」)

　　法第59条第1項の規定の適用に当たって、譲渡所得の基因となる資産が株式(株主又は投資主となる権利、株式の割当てを受ける権利、新株予約権(新投資口予約権を含む。以下この項において同じ。)及び新株予約権の割当てを受ける権利を含む。以下この項において同じ。)である場合の同項に規定する「その時における価額」は、23～35共-9に準じて算定した価額による。この場合、23～35共-9の(4)ニに定める「1株又は1口当たりの純資産価額等を参酌して通常取引されると認められる価額」については、原則として、次によることを条件に、昭和39年4月25日付直資56・直審(資)17「財産評価基本通達」(法令解釈通達)の178から189-7まで((取引相場のない株式の評価))の例により算定した価額とする。

　(1)　財産評価基本通達178、188、188-6、189-2、189-3及び189-4中「取得した株式」とあるのは「譲渡又は贈与した株式」と、同通達185、189-2、189-3及び189-4中「株式の取得者」とあるのは「株式を譲渡又は贈与した個人」と、同通達188中「株式取得後」とあるのは「株式の譲渡又は贈与直前」とそれぞれ読み替えるほか、読み替えた後の同通達185ただし書、189-2、189-3又は189-4において株式を譲渡又は贈与した個人とその同族関係者の有する議決権の合計数が評価する会社の議決権総数の50％以下である場合に該当するかどうか及び読み替えた後の同通達188の(1)から(4)までに定める株式に該当するかどうかは、株式の譲渡又は贈与直前の議決権の数により判定すること。

　(2)　当該株式の価額につき財産評価基本通達179の例により算定する場合(同通達189-3の(1)において同通達179に準じて算定する場合を含む。)において、当該株式を譲渡又は贈与した個人が当該譲渡又は贈与直前に当該株式の発行会社にとって同通達188の(2)に定める「中心的な同族株主」に該当するときは、当該発行会社は常に同通達178に定める「小会社」に該当するものとしてその例によること。

(3) 当該株式の発行会社が土地（土地の上に存する権利を含む。）又は金融商品取引所に上場されている有価証券を有しているときは、財産評価基本通達185の本文に定める「1株当たりの純資産価額（相続税評価額によって計算した金額)」の計算に当たり、これらの資産については、当該譲渡又は贈与の時における価額によること。

(4) 財産評価基本通達185の本文に定める「1株当たりの純資産価額（相続税評価額によって計算した金額)」の計算に当たり、同通達186-2により計算した評価差額に対する法人税額等に相当する金額は控除しないこと。

（パターン2）

1. 評価目的

　　代表取締役社長××が△△株式会社株式をホールディングス（仮）へ売却する場合の評価額を算定すること。

2. 評価額

　　上記1. の評価目的より、△△株式会社株式については、所得税基本通達59-6の規定を適用して評価額を算定した。

　　　　△△株式会社株式評価額

　　　　評価基準日　令和4年2月10日時点

　　　　評価額　1株当たり1,000円

○所得税基本通達59-6

　　　　パターン1と同じ。

　　なお、実際の売買にあたっては実務慣行上10%のディスカウントを行う場合もある。

　　その場合の評価額は下記の通りである。

　　　　△△株式会社株式評価額

　　　　評価基準日　令和4年2月10日時点

　　　　評価額　1株当たり900円

（パターン 3 ）

1 ．評価目的

　　代表取締役社長××が△△株式会社株式をホールディングス（仮）
へ売却する場合の評価額を算定すること。

2 ．評価額

　　上記 1 ．の評価目的より、△△株式会社株式については、所得税
基本通達59- 6 の規定を適用して評価額を算定した。

　　　　△△株式会社株式評価額

　　　評価基準日　令和 4 年 2 月10日時点

　　　評価額　 1 株当たり1,000円

○所得税基本通達59- 6

　パターン 1 、 2 と同じ

　なお、実際の売買にあたっては実務慣行上10％のディスカウント
を行う場合もある。

　その場合の評価額は下記の通りである。

　　　　○○株式会社株式評価額

　　　評価基準日　令和 4 年 2 月10日時点

　　　評価額　 1 株当たり900円

　なお、参照すべき裁決・裁判例・判例は多岐にわたるが、本案件
の評価につき参照した事例について下に列挙する[6]。

○大阪地裁昭和53年 5 月11日判決

　　相続対策に伴う株式の売買価格が問題となった事例。裁判所は
　評価の困難性を認め、各種の評価方法を併用して時価を算定し、
　著しく低い対価とは 3 / 4 未満（75％未満）と認定。

○大阪地裁昭和62年 6 月16日判決

---

[6] 判例概略は、山田俊一『難問事例の捌き方第 2 集』（ぎょうせい　2016年）90～92頁によって
いる。

　　時価として類似業種比準価格を採用し、著しく低い価格の判断
　　基準として時価の60％を用いて判断した事案。

○東京地裁平成19年8月23日判決

　　親族間で相続税評価額を対価とする譲渡（譲渡損失が生じて、
　　損益通算した申告がなされた）が行われたところ、課税庁はその
　　対価は「著しく低い」として、みなし贈与を適用して更正処分を
　　したところ、裁判所は相続税評価額を譲渡対価とした場合の、そ
　　の対価は「著しく低い対価」とは言えないとして課税処分を取り
　　消した事案（時価の約80％）。

○平成13年4月27日裁決

　　納税者は親子間の底地売買価格は時価を上回ると主張したが、
　　審判所は公示価格を基にして時価額4,566万1,363円を算定し、売買
　　価格（時価の59.4％）との差額は1,850万1,000円にも達するので、
　　著しく低い価額の対価にあたるとした事案。

○平成15年6月19日裁決

　　原処分庁は、本件の土地建物売買（当該売買価額が時価に占め
　　る割合は79.3％）は著しく低い対価に当たると主張したが、売主の
　　祖母は相続によって取得した土地家屋（長期に保有）を、借入金
　　を返済するため、買主の孫は自らの将来を考え、金融機関から融
　　資を受けて土地家屋を買い受けたもので、売買価格は固定資産税
　　評価額などを斟酌して決定し、この土地建物の相続評価額を超え、
　　これらを勘案すると、著しく低い対価による譲り受けには当たら
　　ないと、判断された事案。

＜上記事案のまとめと所感＞

　上記事案を総合的に勘案すると、時価に取引価格の占める割合が
80％であるときは「著しく低い対価」に当たらないと思われる。一方
で、60％未満では著しく低いと認定された事案があり、また時価の

3/4（75％）未満を著しく低い価額と認定した事例もある。

したがって、過去の裁決・裁判例・判例からは総合的に、「著しく低い対価」の「低い」程度とは、租税の安定性の見地から時価の約80％程度を下回ることであり約20％を安全率と考えるのが無難である。

上記で列挙した裁決・裁判例・判例の判示事項を挙げておきます。

なお、株価算定書雛形上は10％ディスカウントを「実務慣行上」と謳っていますが、無視して構いません。

（参考）

○大阪地裁昭和53年5月11日判決
【非上場株式の時価／「低額譲受け」と「著しく低い価額」】
大阪地裁昭和45年（行ウ）第38号法人税贈与税更正処分取消等請求事件（一部取消し）（確定）

〔判決要旨〕

一般に財産の時価とはその財産の客観的交換価値をいい、当該財産につき不特定多数の当事者間における自由な取引において時価が成立する。株式の場合も、証券取引所に上場されている上場株式あるいは店頭で売買されている気配相場のある株式については、市場を通じて不特定多数の当事者間の自由な取引により市場価格が成立し、これをもって時価とするのが相当であり、また非上場株式であっても、現実に売買が行なわれ、その売買実例が当該株式の客観的交換価値を適正に反映していると認められれば、その売買価額が時価とされる。

非上場株式の時価評価について種々の方式があり、それぞれ評価の目的に応じて選択適用さるべきであるが、元来取引実例の乏しいかあるいは本件のように全くない株式について時価を評価しようとするのであるから、各方式に長所短所がある以上、そのうちの一方式のみを

選んで評価を行なうことには疑問がある。従って、各方式のうち、本件株式の評価に最も合理性があると認められる収益還元方式、純資産処分価額方式により評価を行ない、次いで或程度合理性ありと認められる純資産時価方式、併用方式（類似業種比準方式と純資産時価方式の併用）により評価を行なったうえ、それらの平均値（単純平均および合理性のより高い収益還元方式、純資産処分価額方式に重い評価を与えた加重平均）をもって本件における適正な時価とするのが妥当である。

原告らは、訴外乙から原告会社への本件株式の譲渡価額が時価より低いとしても、そもそも非上場株式の株価の時価評価には困難がつきまとうから、現実の譲受価額が時価に比し著しく低いとしてその差額が原告会社の所得の計算上益金に算入されるのは時価の2分の1に満たない場合に限られるべきである旨主張する。

しかしながら、法人がある資産を時価より低額で譲受けた場合に時価と譲受価額との差額について無償による財産の取得があったものと考えられるにもかかわらず、これを放置することは租税負担の公平を失することになるから、現実の譲受価額が時価より「著しく」低いか否かを問わず、譲受価額と時価との差額について無償による財産の取得があったものとみなし、法人税法22条2項により各事業年度の所得の計算上益金に加算すべきことは当然である。

原告会社が本件株式を時価に比し低い価額で譲受けた結果、譲受価額と時価との差額に相当する金額が原告会社のかくれた資産となり、同社の純資産額が増加したこと、原告会社の株式は純資産増加分だけ価値を増し、従って原告会社の株主は株式の持分数に応じその保有する株式が価値を増したことによる財産上の利益を享受したこと、原告甲も原告会社の発行済株式総数800株中730株を所有する株主として、原告会社の純資産が増加したことに伴わない、所有株式の割合に応じた財産上の利益を享受したことが認められる。そして本件株式の譲渡

が訴外乙から原告甲に対しＢ会社の経営支配権を移転することを目的
としており、右譲渡により原告会社の大半（800分の730）の株式を所
有する原告甲は、Ｂ会社の株式を間接的に所有する結果となったこと
に照らすと、原告甲が財産上の利益を得たと認められる限度において
訴外乙から原告に対し贈与があったものとみなすのが相当である。

　法人税法においては、時価よりも低額による資産の譲受があった場
合に、それが時価より「著しく低い」か否かを問題にすることなく、
時価と譲受価額との差額は当然に所得の計算上益金に算入されると解
すべきものであるが、これに対し、相続税法７条、９条は対価をもっ
て財産の譲渡を受けた場合、「著しく低い」価額の対価で財産の譲渡
があったときに限り、時価と対価との差額に相当する金額を贈与によ
り取得したものとみなされる旨規定しており、従って取得財産の時価
に比し対価が「著しく低い」といえない場合には贈与税はこれを課さ
ないものと解されるのである。
　この点において法人税法と相続税法（贈与税を含む）の考え方に差
異があるとしても元来それぞれの法の対象とする租税の性質目的等が
異なる以上やむをえないところであるといわなければならない。
　資産一般についてはともかく、本件のごとき非上場株式について、
贈与税における時価より「著しく低い」価額とは、時価の４分の３未
満の額を指すと解するのが相当である。

　この裁判例は批判的な意見が多くあります。判示の４分の３は何の根拠
もないからです。

○大阪地裁昭和61年10月30日判決
大阪地裁昭和59年（行ウ）第153、155〜158号贈与税等賦課決定処分
請求事件（棄却）（原告控訴）

〔判決要旨〕

　相続税法7条にいう時価とは、課税時期において、それぞれの財産の現況に応じ、不特定多数の当事者間で自由な取引が行われる場合に通常成立すると認められる価額をいうと解される。

　相続税財産評価に関する基本通達が取引相場のない同族株主のいる大会社の株式について株式取得者の事実上の支配力の有無により類似業種比準方式又は配当還元方式によることとしている理由は、右会社のすべての株式価額は本来類似業種比準方式により算定されるべきであるが、これには多大の労力を要しかつ一般的に算定価額がかなり高額になることから、持株割合が僅少で会社に対する影響力を持たず、ただ配当受領にしか関心のないいわゆる零細株主が取得した株式について右方式により算定することは適当でないため、このような株主の取得する株式の評価は特例として簡便な配当還元方式によるものとしたことにあると考えられ、従って、1つの評価対象会社につき2つの株価を認めた訳ではなく、あくまで当該株式の時価は類似業種比準方式により算定される価額によるものというべきである。

　なお、右のような取扱いの結果、零細株主は時価より低い評価額で課税され利益を得ることとなるが、前記のような合理的理由に基づく以上、右取扱いを違法とまでは断じ難い。

○大阪高裁昭和62年6月16日判決
　大阪高裁昭和61年（行コ）第45号贈与税等賦課決定処分取消控訴事件（棄却）（控訴人上告）
　　昭61.10.30大阪地裁と同旨。

○【親族間の譲渡とみなし贈与／「著しく低い価額」の対価とは】
　東京地裁東京地方裁判所平19.8.23平成18年（行ウ）第562号贈与税決定処分取消等請求事件（全部取消し）（確定）（納税者勝訴）

○【贈与財産の範囲／資産の低額譲受け】

　請求人が父から売買契約により譲り受けた土地の対価は、当該土地の時価に比して著しく低い価額であると認められ、相続税法第7条の規定により贈与があったものとした事例（平13.4.27裁決）〔裁決事例集第61集533頁〕

○【資産の低額譲受け】

　土地建物の譲受価額が相続税法第7条に規定する「著しく低い価額の対価」に当たるとしてなされた原処分は違法であるとした事例（平15.6.19裁決）〔裁決事例集第65集576頁〕

　個人⇒法人間の非上場株式における金庫株事案について低額譲渡事案においては、資本等取引を用いた利益の移転、すなわち損益取引は一切介在しません。自己株式の取得（金庫株）は純然たる資本等取引であり、法人自体には益金又は損金を認識する必要はありません。

　しかし、個人⇒法人間移動においても金庫株以外の低額譲渡であれば、法人に受贈益が生じます。

　さて、上記の裁判例等を総合勘案して、「著しく低い価額の対価」とはどの程度に低いかというのが問題となります。

所得税法第59条第1項第2号（贈与等の場合の譲渡所得等の特例）

　次に掲げる事由により居住者の有する山林（事業所得の基因となるものを除く。）又は譲渡所得の基因となる資産の移転があった場合には、その者の山林所得の金額、譲渡所得の金額又は雑所得の金額の計算については、その事由が生じた時に、その時における価額に相当する金額により、これらの資産の譲渡があったものとみなす。

二　著しく低い価額の対価として政令で定める額による譲渡（法人に対するものに限る。）

> **所得税法施行令第169条（法人に対するものに限定）（時価による譲渡とみなす低額譲渡の範囲）**
>
> 　法第59条第1項第2号（贈与等の場合の譲渡所得等の特例）に規定する政令で定める額は、同項に規定する山林又は譲渡所得の基因となる資産の譲渡の時における価額の2分の1に満たない金額とする。

　所得税法では、政令で時価の1/2未満と明らかにしていますが、相続税法7条では所得税法にいうような基準は明確でなく、解釈に委ねられています。そのためこれに関連する裁判例も多数あるわけです。

　また、「低い」「高い」という判断の前提となる「時価」をどのように認識するのか明らかにする必要があります。

　みなし譲渡の所得税法第59条、課税上の財産の評価を定める相続税法第22条の「時価」と同第7条の「時価」の解釈が錯綜している場面です。

　所得税法は第59条、所得税法施行令第169条で時価の1/2未満を著しく低い価額としています。したがって、みなし譲渡発動の可能性により1/2未満にするのは実務上、取り得ないこととなります。論点になるのは時価の80〜60％程度の場合「著しいか」ということです。

　筆者はこれにつき約80％程度を目途としています。申告後のご相談にのることもあります。

　個人⇒法人間売買を相続税評価額で行った場合、すなわち誤った評価で売買した場合、のちに所得税基本通達59-6（もしくは時価純資産価額）で売却すべきであったと気付いたケースです。

　この場合、原則として所得税基本通達59-6で評価し直し、相続税評価額との差額について譲渡所得等の修正申告をすることになります。しかし、その金額があまりに大きな場合、納税者に示しがつきません。

　緊急避難的な措置となりますが、所得税基本通達59-6で計算した金額をいくらかダンピングして計算するということです。

　当該ケースは特に、相続金庫株の場合に頻繁に見受けられます。相続税申告で用いた相続税評価額でそのまま金庫株をしてしまった場合です。

　なお、同族会社との取引については、意図的に譲渡価額を操作して所得税の負担を軽減させようとすることがあり得ます。

　そこで、同族会社との取引について所得税の負担が不当に減少する結果となるときは、税務署長が計算をすることができることになっています（所法157①、所基通59-3）。ただし、これは行為計算否認規定です。よほど著しい低い価額でなければ実務上発動することはないと思われます。

　また、法人に受贈益が生じますが、それを繰越欠損金と相殺させたい等意図的な行為を作出した場合には、指摘事由に該当すると思われます。

　みなし贈与（相基通9-2）とみなし譲渡課税（所法59①）は当然のことながら重ねて課税されます。両者は別趣旨の規定だからです。さらに「みなし配当」を加え、「トリプル課税」がなされることもあります。

　さて、ここまで見てきたところで先ほどの株価算定書（パターン1）～（パターン3）までどれを採用すべきか検証してみます。

　当局調査では（パターン1）か（パターン2）にします。（パターン3）はいわゆる「カンペ」です。相続税の申告書作成においても同様の鉄則がありますが、「当初申告時にはなるべく無駄な資料は添付しない」というのがあります。当局審理室をかえって混乱させるからです。このような「藪蛇」を避けるためにも（パターン3）のような初めから整然とした算定書は提出しません。

　最も重要な留意点となりますが、上記のダンピング幅は金額の絶対値、経済的利益を受けた側の背景や諸事情等も総合勘案して決定します。当局調査の現場では他の指摘事項との兼ね合いも出てくることでしょう。

　金額の絶対値が高額になればなるほどダンピング幅も減少した方がよいです。

⑤　法人⇒個人間の税務上評価額の適正時価

　次⑥と考え方は共通です。

⑥ 法人⇒法人間の税務上評価額の適正時価

「譲受人の」「譲受直後の議決権割合」で判定します。原則が法人税基本通達9−1−14、例外が配当還元方式です。

⑦ パターン別株主間贈与[7]

※以下共通ですが、グループ法人税制は考慮していません。

a 低額取得による個人⇒個人への株主間贈与

父（現オーナー）が、息子（後継者）により支配されている法人に対して、父から時価より安い金額で自己株式を取得した場合においては、息子の保有する株式の時価は増加します。

この場合、父から息子への株主間贈与が生じます。

b 低額取得による法人⇒個人への株主間贈与

所得税法上は課税関係は生じません。所得税法に特段の規定はないからです。

（参考）

【みなし贈与／関係会社から被相続人名義口座に振込まれた金員の帰属】

大阪地方裁判所平成22年（行ウ）第191号贈与税決定処分取消等請求事件（棄却）（確定）平成24年6月1日判決（Z262-11963）

〔事案の概要〕

本件は、原告らが、原告甲の配偶者であり、原告戊ら（乙・丙・丁・戊）の母であった亡（被相続人）の死亡により開始した相続に際し、相続税の申告をしたところ、茨木税務署長が、原告甲が被相続人

---

[7] 前掲稲見＝佐藤同著50〜88頁参照。

から対価を支払わずに利益を得ており、当該利益の取得が相続税法9
条が規定するいわゆるみなし贈与に該当するとして、原告甲に対し、
当該利益の取得につき贈与税の決定処分等をするとともに、原告戊ら
に対し、上記被相続人から原告甲が得た利益の取得が相続開始前3年
以内にされたものであるとして、相続税法19条1項に基づき当該利益
の額を本件相続に係る相続税の課税価格に加算する必要があるなどと
して、それぞれ相続税の各更正処分等をしたことから、原告らが本件
各処分の取消しを求めた事案である。

〔当事者の主張〕
○納税者の主張
　相続税法9条は、同法5条から8条に規定するいわゆるみなし贈与
課税のほかに、「対価を支払わないで、又は著しく低い価額の対価で
利益を受けた場合」全てにおいて、贈与とみなすこととして、租税回
避行為を防止するために設けられた税法上の概括規定である。
　しかしながら、課税法定主義及び課税要件明確主義の観点からは、
このような不確定概念、概括規定の導入は、本来的には禁止されるべ
きであるから、同法9条を安易に適用することは許されない。以上の
点に鑑みれば、同条の解釈適用に当たっては、課税庁は、問題の行為
が、経済的・実質的に考察して、法が課税対象として予定していると
ころのものと同一実質のものと断定することができない限り、課税す
べきではなく、納税者に有利な方向において合理的類推解釈が可能で
ある限り、そのような解釈を採用すべきである。また、同条は、贈与
と同様の実質を有する財産の取得について、課税の公平を保持するた
め、これを課税対象とすることとしたものであるから、このような趣
旨に鑑みれば、形式的には経済的利益を受けているように見える場合
にも、実質的に経済的利益を受けていないのであれば、同条は適用さ
れないというべきである。

○課税庁の主張

　相続税法9条は、法律的には贈与により取得した財産ではなくても、その取得した事実によって実質的に贈与と同様の経済的効果が生ずる場合においては、税負担の公平の見地から、その取得した財産を贈与により取得したものとみなして、贈与税又は相続税を課税することとしたものであり、同条における「利益を受けた」とは、概ね利益を受けた者の財産の増加又は債務の減少があった場合等をいう〔相続税法基本通達（以下「基本通達」という。）9-1〕。

〔判断〕

　相続税法9条は、法律的には贈与又は遺贈により取得した財産でなくとも、その取得した事実によって実質的にこれらと同様の経済的効果が生ずる場合においては、租税回避行為を防止するため、税負担の公平の見地から、その取得した財産を贈与又は遺贈により取得したものとみなして贈与税又は相続税を課税することとしたものである。同条の適用があるのは、対価を支払わないで又は著しく低い価額の対価で利益を受けた場合であるところ、この「利益を受けた場合」とは、概ね利益を受けた者の財産（積極財産）の増加又は債務（消極財産）の減少があった場合等をいうものと解される（基本通達9-1参照）。

　認定事実によれば、被相続人については、平成13年1月28日にBの取締役を辞任した旨の登記がされているところ、同年3月16日に開催されたBの臨時株主総会議事録において、退任した取締役である被相続人に対し、退職金として3億7,500万円を支払う旨の決議がされており、これを受け、同月27日、当該3億7,500万円から所得税額を差し引いた3億1,089万円（本件振込金）が、被相続人名義の口座である被相続人名義口座1に振り込まれたこと、また、Bにおいては、上記臨時株主総会において決定された退職金につき、損益計算書の特別損益・特別損失に計上し、法人税の確定申告を行っていることが認め

られ、以上の事実を総合すれば、本件振込金は、被相続人に対し退職
金として支払われたものであり、被相続人に帰属する財産であると認
めることができる。

　財産移転行為1は、被相続人の財産6,000万円（被相続人からCに
対する貸付金の返済）をもって、原告甲のKに対する債務を同額分減
少させる行為であり、これにより、原告甲は、被相続人から6,000万
円分の利益を得たということができる。

　財産移転行為3は、被相続人名義口座2から、1億5,000万円を原
告甲名義口座2に送金する行為であって、同口座の預金が原告甲に帰
属する財産であることについて争いはなく、また、当該1億5,000万
円は、原告甲の名でCに貸し付けられていることからしても、被相続
人の財産を同額分減少させ、これに伴い原告甲の財産を同額分増加さ
せる行為であるということができるから、原告甲は、財産移転行為3
により、1億5,000万円分の利益を得たということができる。

　各財産移転行為（財産移転行為1～4）により、原告甲が利益を得
たということができるところ、当該利益の取得について、原告甲から
被相続人に対し、対価が支払われていないことに争いはない。した
がって、各財産移転行為については、相続税法9条の「利益を受けた
場合」に該当するということができる。

　以上からすれば、各財産移転行為について、いずれも相続税法9条
が適用される。

　『「利益を受けた場合」とは、概ね利益を受けた者の財産（積極財産）の
増加又は債務（消極財産）の減少があった場合等をいうものと解される』
の典型的な事実認定です。各財産移転行為について利益を受けた場合に該
当するかどうかのチェックが必要になります。

c 低額取得による法人⇒法人への株主間贈与

法人税法上において課税関係は生じません。法人税法に特段の規定はないからです。

d 高額取得による個人⇒個人への株主間贈与

下記のケースの場合、個人株主に贈与税が課税されます。

個人株主がA社の株式を所有、このすべてを金庫株にしようとします。

この場合、他の株主から当該個人株主に対する贈与と考えられます。ただし、実務上は「高額」取引についてはそれほど神経質になることはないでしょう。

e 高額取得による個人⇒法人への株主間贈与

特段、課税上の問題は生じません。

なお、遺贈があった場合、同族会社においては株式等の価額が増加した場合、増加した部分は、他の株主等にみなし遺贈が生じます（相法9、相基通9-2）。

f 高額取得による法人⇒法人への株主間贈与

特段、課税上の問題は生じません。ただし、オウブンシャホールディングス事件のように発行法人を実質支配する法人につき、実質支配法人から発行法人への経済的利益移転が生じるという考え方もあるので、実務上は慎重に対応すべき点もあります。もっとも前述の理由で無視しても問題ありません。

Q 3-5 組織再編成とみなし贈与

組織再編成とみなし贈与について教えてください。

Answer

　下記です。

【解説】

※以下においてはグループ法人税制の適用を除外して解説しています。

※厳密には税務仕訳上「みなし配当」の変動を考慮する点が多々あります。

① パターン別株主間贈与

　実務上稀なケースがほとんどであるため、ほぼ結論だけを述べるにとどめます。

　なお、合併比率及び株式交換比率は実務上、「法人税基本通達9-1-14」で算定した金額、あるいは「時価純資産価額」で算定した金額のいずれかになります。ダンピング幅についても自己株式の低額譲渡で説明したものと全く同様です。

　しかし、上記は原則的な考え方です。東京地裁平成19年1月31日判示によると、複数の会計専門家により算出されたDCF法等の基準を容認しているように思えます。複数の会計専門家が算定したものであれば税務上も認められます。

（参考）

> 　法人税相談事例　法人事例北陸会100025
> 　北陸税理士会相談事例0025　法人税　相続税　税務審議室のつぶやき
> （第16回）〜同族関係会社の合併とみなし贈与について〜
>
> 【北陸税理士界　2021年2月第628号掲載】
> 税務審議室のつぶやき（第16回）
> 〜同族関係会社の合併とみなし贈与について〜
> 　同族関係会社の合併について、合同会社と株式会社の合併の可否と

合併に伴う株主間のみなし贈与について確認しておきたい。

《合同会社と株式会社の合併の可否》

A委員：同族関係会社の合併に関してですが、そもそも、株式会社同士でないと合併できないのでしょうか。

B委員：会社法において、「会社は、他の会社と合併をすることができる」と規定されています。当該「会社」には、株式会社、合名会社、合資会社、合同会社が含まれていますので、株式会社同士でないといけないということはありません。

C委員：当該会社には、特例有限会社は含まれていないようですが、特例有限会社とは合併できないのでしょうか。

B委員：特例有限会社については、合併存続会社とはなることができませんので、事前に株式会社化するなどの対応をしておくことが必要となります。

D委員：では、別々の組織が合併した場合において、例えば、合名会社が合併存続会社となった場合に、その後、株式会社に組織変更するなども可能なのでしょうか。

B委員：組織変更についても可能です。会社法では組織変更計画を作成することで、組織変更することができるとされております。なお、合併や組織変更などについては、会社法で、手続きや整備しておくべき契約書記載事項等が詳細に規定されておりますので、十分に確認したうえで、実行することが必要です。

D委員：組織再編については、会社法や法人税法でいろいろと規定されており、読み解くのが大変ですね。

《合併とみなし贈与》

A委員：ところで、関係会社同士において合併を行った場合に、合併比率が不平等となっている場合には、みなし贈与税が発生するのでしょうか。

B委員：明確に規定されているものはありませんが、合併比率が合併

存続会社もしくは合併被存続会社のどちらかの株主に有利に算定されているような事実があれば、経済的利益の移転があったと考えられますので、相続税法9条の適用があると考えておく必要があると思います。

C委員：そうだとすると、合併比率の計算においては、税務上みなし贈与の課税リスクが生じないように適正に計算する必要がでてきますね。

B委員：そのとおりです。特に、第三者間であれば交渉等による取引価格が適正な時価になっているとの想定もされますが、関係会社の場合においては、特に注意が必要でしょうね。

D委員：実務的には、どのように時価を算定することになるのでしょうか。

B委員：時価の計算方法としては、合併会社と被合併会社の企業価値を客観的に測定できることなどから、合併会社と被合併会社の1株当たりの時価純資産価額か、いわゆる国税庁方式、具体的には財産評価基本通達185（純資産価額）に定める1株当たりの純資産価額の算定方式を基に、その会社の保有する土地や上場有価証券の価額を時価により算定し、かつ、評価差額に対する法人税額等の控除をしないことの修正を行って計算した純資産価額が相当と考えられます。これらを基に合併比率を算定することになります。

A委員：合併には株価算定が避けられないということですね。その他、関係会社間での合併において注意しておく事項はあるでしょうか。

B委員：親会社が子会社の株式を100％保有している場合は、それだけで適格となりますが、複数の親族株主が保有する関係会社間の合併においては、無対価で合併することもあります。この手法で合併する場合の適格合併の要件として、完全支配関係が継続すること以外に、株主の構成割合が継続することも要件に追加されていますの

で、注意が必要です。

A委員：具体的にはどのようなことですか。

B委員：完全支配関係にあるかどうかの判定では、「一の者」の保有する株式のみでなく、一の者の親族が保有する株式も「一の者」が保有する株式として判定しますが、適格合併の要件の判定では、一人の株主の親族が保有する株式をその株主が保有しているものとはしないということです。

つまり、合併法人と被合併法人の株主が複数の親族で成り立っている場合においては、そのまま親族それぞれが株式を実際に保有している現況で判定しますので、それぞれの法人の株主構成の割合が等しくなければ適格にはならないということです。

A委員：その場合はどうすればよいのでしょうか。

B委員：株主構成が等しくなるように事前に株主構成を整理しておく必要があります。

室　長：やはり、組織再編の相談を受けた場合には、きちんと条文を確認する必要がありますね。合併そのものは会社法に準拠しますが、合併比率を見据えての合併ですから、その段階から税務上の取り扱いを意識しておくことになります。合併が適格かどうかの適否は法人税の取り扱いですが、これに関連して株主間の贈与税の問題も検討しておくことが重要です。そのためには、非上場株式の評価方法も根底にあるということです。

【POINT】

・組織再編については、会社法で、契約書の作成方法や手続きなど、細かく規定されていることから、法的に問題ないかどうか確認しておくことが重要となる。

・合併比率の算定のための時価の計算方法については、みなし贈与税の課税リスクが生じないように適正な時価を用いることが必要である。

・組織再編の適格要件において、特に無対価の場合には、追加で要件が規定されていることから、十分に注意が必要である。

【北陸税理士会　税務審議室提供】

a　被合併法人の株主による区分

1）被合併法人の株主にとって有利な合併比率である非適格合併で法人⇒法人への株主間贈与

　課税上の問題は、特段生じません。

2）被合併法人の株主にとって有利な合併比率である非適格合併で法人⇒個人への株主間贈与

　課税上の問題は、特段生じません。

3）被合併法人の株主にとって有利な合併比率である非適格合併で個人⇒個人への株主間贈与

　イ　合併法人の株主

　　課税上の問題は、特段生じません。

　ロ　被合併法人の株主

　　相続税法基本通達9-4より合併法人株主⇒被合併法人株主に贈与が生じると考えられます。

　ハ　被合併法人の株主にとって有利な合併比率である適格合併で法人⇒法人への株主間贈与

　　課税上の問題は、特に生じません。

　ニ　被合併法人の株主にとって有利な合併比率である適格合併で法人⇒個人への株主間贈与

　　課税上の問題は、特に生じません。

　ホ　被合併法人の株主にとって有利な合併比率である適格合併で個人⇒個人への株主間贈与（個人、個人が親族関係）被合併法人の株主に有利な場合

　　㋑　合併法人の個人株主

　　課税上の問題は特に生じません。

　　㋺　被合併法人の個人株主

　　　相続税法基本通達 9 - 4 に従い、合併法人の個人株主から被合併法人の個人株主へ贈与が生じます。

b　合併法人の株主による区分

1 ）合併法人株主にとって有利な合併比率である非適格合併で法人⇒法人への株主間贈与

　　イ　合併法人の法人株主

　　　課税上の問題は、特段生じません。

　　ロ　被合併法人の法人株主

　　　合併法人から被合併法人に移転した合併対価資産が過少です。したがって、合併法人では受贈益課税、被合併法人では寄附金課税がなされます。

2 ）合併法人の株主にとって有利な合併比率である非適格合併で個人⇒法人への株主間贈与

　　課税上の問題は、特に生じません。

3 ）合併法人の株主にとって有利な合併比率である非適格合併で個人⇒個人への株主間贈与（個人、個人が親族関係の場合）

　　イ　合併法人の個人株主

　　　相続税法基本通達 9 - 2 により被合併法人の個人株主から合併法人の個人株主へ贈与税が生じます。

　　ロ　被合併法人の個人株主

　　　課税上の問題は特に生じません。

4 ）合併法人の株主にとって有利な合併比率である適格合併で法人⇒法人への株主間贈与

　　課税上の問題は特に生じません。

5 ）合併法人の株主にとって有利な合併比率である適格合併で個人⇒法人

への株主間贈与

　　課税上の問題は特に生じません。

6）合併法人の株主にとって有利な合併比率である適格合併で個人⇒個人

　　への株主間贈与（個人、個人が親族関係）合併法人の個人株主に有利な

　　場合

　　イ　合併法人の個人株主

　　　　相続税法基本通達9-4に従い、被合併法人の個人株主から合併法

　　　人の個人株主へ贈与が生じます。

　　ロ　被合併法人の個人株主

　　　　課税上の問題は特に生じません。

　他に分割型分割、株式交換でも有利な交換比率の論点はありますが、実

務上遭遇することは極めて稀なため、説明は割愛します。

（参考）

　合併比率、交換比率は小数点○○位四捨五入とか切り上げとか何かしら

の慣行があるわけではありません。

　したがって分数式のまま計算することになります。しかし、実務上は、

小数点2位で切捨てとされていることも多くあります。2位切捨てとした

ところで、比率の計算上、端数が生じる場合、事前に「端数がでないよう

に」「株式の分割」又は「株式の併合」を実行することも多いです。

②　債務超過再編における無対価組織再編成

a　平成30年度税制改正前の債務超過再編における無対価組織再編成の留
##　　意事項

　債務超過再編においては、例えば合併比率や交換比率の算定ができない

ことから、無対価組織再編成を選択することが実務上極めて多いと思いま

す。また、当該選択の理由として株価算定を省略したいときもあるでしょ

う。

　適格無対価組織再編成が認められているのは、平成22年度税制改正後、100％関係かつ政令で認められているものに限定されます（特に「一の者」概念に留意してください）。

　ちなみに適格要件を満たさないと認定されると「非適格認定」又は「寄附受贈」となります。

　また、合併法人株式を交付すると、評価額０の被合併法人株式とのバーターになるため、株主間贈与認定される恐れもあるのです。一度合併登記をした場合、合併の無効原因がない限り取消しはできません。

　なお、合併の錯誤無効が認められた（本稿脱稿時点では唯一の）特殊なケースをご紹介しておきます。

（参考）

名古屋地裁平成19年11月21日判決

（平成19年（ワ）第5266号：吸収合併無効請求事件）〔金判1294号60頁〕

　A有限会社は、風営法（風俗営業等の規制及び業務の適正化等に関する法律）３条に基づき、県公安委員会の許可のもとに３店舗においてパチンコ等遊技場を経営する業務を行っていた。

　Y株式会社（被告）は、平成19年８月17日、Aとの間で、Yを存続会社・Aを消滅会社とする合併契約を締結した。Yは同年９月26日の臨時株主総会で出席株主５名全員一致により、Aも同日の臨時株主総会で出席株主４名全員一致によって本件合併契約を承認し、同年10月１日に本件合併の効力は発生した。YがAの経営していた遊技場の経営を引き継ぐことは本件合併の当然の前提とされており、YがAの風俗営業者たる地位を承継しないとすると、Yの経営が成り立たない状態にあった。

　風営法７条の２は、風俗営業者たる法人が合併によって消滅する場

合に存続法人が風俗営業者としての地位を承継するためには公安委員会の承認を事前に得ることを要求しているが、Ａは承認を受ける手続を行っていなかった。さらに、Ａの経営していた３店舗のうち１店舗は、近隣商業地域として風営法３条の許可がなされたものだが、同店舗の敷地の約１／２が第１種住居専用地域に後発的に指定されたため、新たに許可を受けることが不可能な状況にある。Ｙの取締役であるＸ（原告）は、本件合併承認決議の無効または本件合併契約の無効を理由に本件合併の無効の訴えを提起した。訴訟手続内でＹは請求原因事実を認めた。

〔判旨〕
請求認容（確定）。
　　会社の組織に関する訴えに係る請求を認容する確定判決は、第三者に対してもその効力を有する（会社法838条）。かかる請求については、当事者が紛争を自主的に解決する権能（処分権主義及び弁論主義）が制限されていると解すべきであり、本件において、Ｙは、請求の認諾をなしえず、裁判上の自白も裁判所を拘束しない。
　　会社法51条２項は、民法95条の特則として、特定の株主（すなわち発起人）からの無効主張を制限することを規定するものであり、認容判決が対世効を有する設立無効の訴えの制度（会社法828条１項１号、838条）と相俟って会社の成立が不安定の状態に置かれることを防止している。したがって、会社法51条２項の目的は、究極的には取引の安全、すなわち、他の株主、会社債権者を含めた関係者の保護にあると解される。
　　…存続会社であるＹが消滅会社であるＡの経営していた遊技場の経営を引き継ぐことは本件合併の当然の前提であったにもかかわらず、Ａが本件合併前に風俗営業法７条の２に規定する公安委員会の承認を受ける手続を行っていなかったことにより、Ｙが、現時点

で、合法に遊技場経営をなすことができず、かつ、１店舗について
は、今後も、Ｙ自身が、Ａと同様の営業許可を取得することが困難
であるという事情がある。

　かかる事情があるにもかかわらず、会社法51条２項の類推適用に
より、錯誤無効の主張を制限することは、Ｙの営業価値を著しく毀
損する結果につながることは明らかであり、合併前の各会社の株主
はもとより、各会社の債権者にも重大な損害を発生させることにな
る。

　したがって、本件において、会社法51条２項を類推適用すべきで
はなく、Ｘにおいて、本件合併契約の錯誤無効を主張することは許
される。

　判示と登記実務上のポイントまとめると下記となります。吸収合併を前
提とします。まずは、登記実務上の理由についてです。会社法第828条第
１項第７号により吸収合併の無効は、訴えをもってのみ主張することがで
きるため、吸収合併の無効による抹消の登記は、判決に基づいて裁判所か
らの嘱託によらなければなりません。役員変更登記などと違い、当事
者が申請によってどうにかできる登記ではありません。

　なお、無効できる事由は会社法上明記されていませんが、無効となる原
因については、合併手続の瑕疵に限定されると解されています。

　例えば、合併契約の内容自体が違法、必要な承認決議が無い、債権者保
護手続等法律の定める手続が行われていない、合併の認可が必要なのに欠
いている等の瑕疵がそれにあたると言われています。

　錯誤無効の主張が通るか否かですが、株主や会社債権者など多くの関係
者が存在するので、錯誤を理由とする合併契約の無効の主張も、合併の登
記がなされた後は、会社法第51条第２項の類推によって制限されるべきと
解されています。

　錯誤により合併契約が無効であることを主張できないとすると、営業価

値が著しく棄損され、利害関係者にも重大な損害を発生させることになる場合には、錯誤を理由とした合併無効の余地があります。

③ 平成30年度税制改正における無対価組織再編成の要件

　平成30年度税制改正において無対価組織再編成の要件が変更されました。

　平成30年度税制改正で株主構成が等しい法人間の合併、分割型分割、株式交換についても適格組織再編成の一類型となりました。

　下記は合併を例にとっています。

　1）合併法人が被合併法人の発行済株式総数全部を保有している関係

　　なお、無対価合併後の完全支配関係は求められませんので非適格になりません。

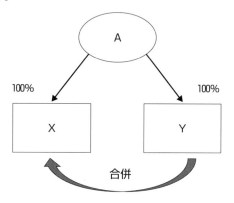

　2）一の者が合併法人及び被合併法人の発行済株式等の全部を保有している関係

　3）合併法人及び被合併法人の発行済株式等の全部を保有している者が被合併法人の発行済株式等の全部を保有している関係

　4）被合併法人及び被合併法人の発行済株式等の全部を保有している者が合併法人の発行済株式等の全部を保有している関係

　上記1）～4）が下記の①、②にまとめられます。

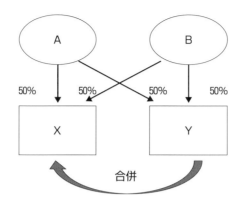

① 株主のすべてが、その保有する被合併法人の株式の数の発行済株式
等のうちに占める割合と合併法人の株式の数の発行済株式等に占める
割合とが等しい関係
② 抱合株式を除くことで株主が有する被合併法人及び合併法人の発行
済株式等の総数のうちに占める割合が等しい関係

この類型化は分割型分割、株式交換においても同様の取扱いをします。

合併を例にとると原則として無対価の取扱いは下記のようにまとまりま
す。

		改正前	改正後（対価の交付が省略された場合）
①適格判定		対価の交付を省略したと考えられる場合で、適格要件に該当すれば適格	株主構成が等しい法人間の合併も追加
②被合併法人の処理	（非適格）資産・負債の無償譲渡		資産・負債の時価譲渡と合併法人株式の時価取得及び株主等への譲渡
	（適格）資産・負債の簿価引継ぎ		
③合併法人の処理	（非適格）資産・負債の無償譲受		資産・負債の時価取得と資産調整勘定又は負債調整勘定の認識
	（適格）資産・負債の簿価引継ぎ		資本金等の増加
	資本金等の額と利益積立金の増加		
④被合併法人の株主の処理	（非適格）被合併法人株式の譲渡損益の認識		帳簿価額の付け替え（みなし配当がある場合はみなし配当額を加算）
	（適格）帳簿価額の付け替え		

④　債務超過法人の組織再編成における株主間贈与[8]

a　非適格合併の場合（合併法人の株主：個人、被合併法人の株主：個人）

　被合併法人が債務超過である場合、被合併法人の株主に対して合併法人株式が交付されたときは、合併法人の株主から被合併法人の株主に対して株主間贈与が生じるはずです。

　この論拠は相続税法基本通達9-4で想定している事象と近似の事象が生じているからともいえます。もっとも贈与税の課税対象になる金額は、被合併法人の個人株主に対して交付された合併法人株式の時価に相当する金額になりますから、軽微なインパクトになるものと想定されます。

b　適格合併の場合（合併法人の株主：個人、被合併法人の株主：個人）

　適格合併に該当した場合には、被合併法人の株主に対するみなし配当や株式譲渡損益は生じません。

　債務超過会社を被合併法人とする適格合併を行った場合には、交付した合併法人株式の時価に相当する金額だけ、合併法人の株主から被合併法人の株主に対する贈与があったと考えられるため、被合併法人の株主と合併法人の株主の関係が親族等であれば、相続税法基本通達9-4に従い、被合併法人の株主において贈与税が課税されると考えられます。

　適格合併を行った後、合併法人株式の時価を下落させ、当該株式を贈与した場合に財産評価基本通達6項（通称、総則6項）が適用され、贈与税が課されるのではないかという論者もいるようですが、事実認定が極めて困難なため税務調査の現場での発動はかなり困難です。

c　合併の直前に合併法人が被合併法人の発行済株式の全部を取得する場合

　無対価合併回避の方法の1手段です。被合併法人株式の時価は0円です

---

[8] 佐藤信祐『債務超過会社における組織再編・資本等取引の会計・税務Q＆A』（中央経済社2018年）42〜43頁参照。

から備忘価額（1円）で譲渡することで、特段の問題は生じません。

d　平成29年度税制改正における適格分割型分割＋清算プランニングに係る贈与税

　平成29年度税制改正により分割型分割の支配関係継続要件に変更がありました。

　分割前の分割法人の支配株主（親族を含む）によって分割承継法人の発行済株式の全部を継続して保有することが見込まれているとき、100％グループ内の分割型分割に該当します（法令4の3⑥二ハ(1)）。

　したがって分割後、分割法人株式を第三者に売却しようが、解散しようが当初適格要件判定は変わりません。

　この要件緩和の結果、表題のようなプランニングが散見されるようになりました。会社分割により分割法人にオーナーの貸付金を残し、それを清算して消滅させるプランニングです（実務においては、当該貸付金解消プランニングは、専ら他の債権者（金融機関等）がいない場合に実行します）。

　このような場合、会社分割により設立された分割法人（新設法人）の時価が分割前の会社の時価よりも高くなることが通常です。

　分割法人に対して債権放棄をオーナーが行った場合、分割承継法人に後継者が株主としていれば、オーナーから後継者への贈与があったものと考えられます[9]。

9　上掲佐藤138〜139頁参照。

第4章

その他のみなし贈与が生じる可能性がある諸論点

Q4-1　LLP、LPSと贈与

> 民法組合、LLP、投資事業有限責任組合（LPS）等と贈与について
> 教えてください。

Answer

　下記の通りです。

【解説】

　民法組合、LLP、投資事業有限責任組合（LPS）等に係るこれらの組合員の組合事業に係る利益の額又は損失の額は、その民法組合等の利益の額又は損失の額のうち分配割合に応じて利益の配分を受けるべき金額又は損失を負担すべき金額とするとされています（所基通36、37共-19）。

　しかし、組合員間の利益移転、資産移転を目的とする契約等、単に特定の組合員の税負担軽減を目的としているとみなされた場合は当然ながらみなし贈与の対象になると想定されます。

　税理士法人等士業法人や一定の医療法人についてもみなし贈与発動可能性があることは、第3章「Q3-3　属人株による利益移転と株主間贈与」で先述した通りです。

Q4-2　MEBOとみなし贈与

> 中小企業MEBOにおけるみなし贈与発動可能性について教えてください。

Answer

　下記の通りです。

【解説】

中小企業の MEBO は、

（STEP 1）後継者（役員、従業員）による持株会社設立

（STEP 2）現オーナーを含む本体会社の株主が（STEP 1）で設立された持株会社に株式を売却（持株会社の買収金額は外部調達が通常）

（STEP 3）（STEP 1）の持株会社と本体会社を合併

という流れになります。

このとき、（STEP 2）における売却価格は所得税基本通達59-6となります。

これにより算定された株価は相続税評価額より割高になることが往々にしてあります。仮に所得税基本通達59-6を使用せず、相続税評価額を使って算定した株価で譲渡が行われた場合、その乖離が大きければ、低額譲渡認定を受けることになります。

低額譲渡の判断基準は該当ページを参照してください。

仮に低額譲渡認定された場合、

・オーナー：時価によるみなし譲渡所得課税

・持株会社：時価による株式取得

・従業員：時価による株式取得

ここで相続税法第9条のみなし贈与が生じる可能性が考えられます。相続税法基本通達9-2においては、贈与をする側が同族関係者であることを要求していないため、従業員についても当該通達の射程に入ります。

金額が大きくなることが予想される場合、株主1人当たりのみなし贈与額が非課税枠内になるようにします。

Q4-3 医療法人の事業承継

> 医療法人の事業承継と贈与税について教えてください。

Answer

下記の通りです。

【解説】

下記は持分あり医療法人と持分なし医療法人の合併に限定されます。

譲渡側の医療法人の社員の税務上の取扱いとして、対価の代わりに持分の払戻しを受けて退社し、改めて存続法人に入社することも可能です。

しかし、この場合、みなし配当課税が生じる恐れもあります。

また、持分を放棄してしまった場合、残存社員に対して、また医療法人に対して、みなし贈与の課税関係が生じる可能性があります。

Q4-4 事業承継ストックオプション

> 事業承継ストックオプションのみなし贈与について教えてください。

Answer

下記の通りです。

【解説】

事例で考えてみます[1]。

---

[1] 税理士法人山田&パートナーズ、優成監査法人、山田ビジネスコンサルティング会社編著者『新株予約権の税・会計・法律の実務Q&A第7版』（中央経済社　2017年）35〜40頁参照。

---

① 会社設立時

　発行済株式500株、１株発行価額2,000円、資本金1,000,000円を
オーナーが払込み。

② 設立直後に新株予約権を付与

　口数500口、権利行使により取得できる株式500株、発行価額１
口200円、権利行使価額１口2,000円、権利行使者は後継者。

③ ５年後のB／S

　内部留保は1,000,000円

④ 権利行使

　結果として2,000,000円の企業価値ある会社の50％価値分をオー
ナー、50％価値分を後継者が取得。

　この価値移転分については新株予約権の発行価額200円が公正な発行価
格であったという保証がなく、贈与税課税すべきという意見もあります。

　みなし贈与の発動可能性があるため当初設定時の非上場株式等に係る新
株予約権の評価を厳密に算定すべきです。その時点の時価（あるいは旧額
面）の10〜20％に実務上、設定する例が過去には散見されました。これで
は評価の問題が生じます。

（参考）

東京地裁平成７年（行ウ）第21号贈与税決定処分等取消請求事件（棄
却）（原告控訴）（Z221-7829）

〔事案の概要〕

　原告らのが代表取締役をしている甲会社と乙社は、昭和61年10月21
日、相互の関係強化を図るため、乙社の第三者割当増資を行うこと等
を内容とする協定を締結し、乙社は、同月24日開催の取締役会におい
て、発行新株式数を額面株式（１株につき50円）576万株、発行価額

を1株につき285円、申込期日を昭和61年11月18日、払込期日を昭和61年11月19日、割当方法を甲代表取締役に300万株、甲社に276万株とする新株発行に関する決議を行い、同年11月4日、右決議事項を公告した。

　原告らは、昭和61年11月18日、それぞれ三和銀行から借り受けた金員のうち2億8,500万円ずつ（合計8億5,500万円）を本件新株300万株の申込証拠金（新株式払込金）として甲代表取締役名義で南都銀行の「乙社株式申込証拠金」口座へ送金し、その結果、それぞれ本件新株100万株ずつを取得した。

〔当事者の主張〕
○納税者の主張
　甲代表取締役と乙社の代表取締役は、昭和61年4月ころから、業務提携及び資本提携についての話を進めていたところ、甲代表取締役は、当初から、本件新株を原告らに取得させる意図を有しており、同年10月16日、乙代表取締役との間で、本件新株のうち300万株については原告らが100万株ずつ引き受けるものとするが、原告らが未成年者であるため、対外的配慮から原告らへの割当は書面上進作の名義とすること（そして、その株式は当分の間進作の名義で所有すること）が最終的に合意され、これを受けて、同月21日、甲社と乙社との間で第三者割当増資に係る協定が締結されたものである。

　右のとおり、本件増資において、甲代表取締役に対し割り当てられた本件新株300万株は、あくまで乙社の体面を保つために形式的に甲代表取締役名義とされたもので、真実は原告らに100万株ずつ割り当てられ、これに基づき原告らがそれぞれ本件新株を引き受けたのであって、そもそも本件新株引受権は甲代表取締役に帰属したことがなく、したがって甲代表取締役から原告らへ本件新株引受権が贈与され、あるいは移転するということはあり得ない。

　仮に、本件新株300万株の割当が一旦甲代表取締役に対してされたとしても、右割当の決議の前から、原告らが本件新株を取得するために必要な銀行からの借入手続が開始され、右決議の当日には、甲代表取締役が原告らの右借入れについて銀行に保証書を差し入れていることからすると、本件新株引受権は、右割当の決議と同時に原告らに移転しているというべきであり、そうだとすれば、甲代表取締役に対し適正な価格で割り当てられた本件新株について、原告らがその発行価額を払い込んで本件新株を取得したとしても、それが税法上贈与になるいわれはない。

　仮に、甲代表取締役から原告らへ本件新株引受権の移転があったとしても、本件新株を取得するためには、原告らにおいて各自２億8,500万円という高額の払込金の支払義務を負担することとなるものであるから、その取引は無償ではなく、これを単純に贈与ということはできない。

　また、被告の主張によっても本件新株の時価（317円）と払込金額（285円）との差額は僅か32円であり、この程度の差額があることは、みなし贈与の要件としての「著しく低い価額」に該当しないことは明らかであり、本件新株引受権の移転をとらえて、相続税法９条にいう「著しく低い価額」による財産の譲渡ないし利益の供与に当たるということもできない。

○課税庁の主張

　判断と同様。

〔判断〕

　訴外甲社が行った本件第三者割当増資に係る株式の割当先は、取締役会決議や法定の届出書の記載事項から名実ともにすべて納税者らの父親であり、右父親が新株引受による権利を取得し、これを納税者らに贈与したとするのが相当であるとされた事例。

　第三者割当増資の割当を受けた納税者らの父親が、納税者らに対して、父親名義により新株を引き受けさせたことにより、父親は払込金額とその株式の時価との差額に相当する経済的利益を失い、納税者らは対価の支払なくして同額の経済的利益を享受したものであるといえるから、納税者らは、右利益の価額に相当する金額を贈与により取得したとみなされるとした事例（相続税法9条）。

　納税者らが、第三者割当増資の割当先とされた父親名義で新株を引き受けたことにより受けた経済的利益は、その払込金額と株式の時価との差額に相当し、そして、その利益は評価通達に定める新株引受による権利の場合と異ならないものであるから、右権利の評価に準じて評価するのが相当であるとされた事例。

　相続税法9条（贈与又は遺贈により取得したものと見なす場合—その他の利益の享受）は、法律的には贈与によって取得したものとはいえないが、そのような法律関係の形式とは別に、実質的にみて、贈与を受けたのと同様の経済的利益を享受している事実がある場合に、租税回避行為を防止するため、税負担の公平の見地から、その取得した経済的利益を贈与によって取得したものとみなして、贈与税を課税することとしたものである。

　X（納税者）ほか2名（兄弟）はいずれも未成年でXらの父はA社の代表取締役でした。本件増資の割当先が実質的に父であるか、Xらであるかが争点となりました。

　当初からXらに割り当てられたものであれば父からの贈与といえないわけです。

　Xらの父は将来の相続税負担を考え、Xらに新株を取得させたかったと思われます。

　裁判所は取引先B社が業務提携を行う見地からA社の代表者である父に割当を行うことを決め取締役会決議などの手順をえて名実ともに父に割り

当てられたものと認定されました。

Q4-5 失権株

失権株とみなし贈与について教えてください。

Answer

下記の通りです。

【解説】

同族会社の新株発行に伴う失権株に係る新株発行が行われなかった結果、新株発行割合（新株発行前の当該同族会社の発行済み株式総数に対する新株発行により引受けのあった新株の総数割合）を基準として、その割合を超えた割合で新株を引き受けることになった者があるときは、その者のうち失権株主の親族等については、当該失権株の発行が行われなかったことにより受けた利益の総額のうち、決められた計算式により算出した金額に相当する利益をその者の親族等である失権株主のそれぞれから贈与によって取得したものとして取り扱われることになります。

失権株になってしまった部分を再募集しないですますこともできます。

増資株数が予定株数に満たないまま、切捨て増資として完了した場合、失権株が再発行した場合に受けたであろう利益の総額を計算して、その金額に相当する額が失権株主からの贈与とみなされます。

計算式は

① その者が受けた利益の総額

② 親族等である失権株主それぞれから贈与により取得したものとする権利の金額等

に分けて計算をします。

「同族会社の発行済株式」の総数には、当該同族会社の保有する自己株

式の数は含まれないことに注意が必要です。

Q4-6　事業承継税制

事業承継税制とみなし贈与について教えてください。

Answer

下記の通りです。

【解説】

　第三者（役員・従業員など）が保有する株式を後継者に集約する場合には、譲渡により行われることが通常です。

　当該譲渡が低額譲受けに該当する場合には、後継者にみなし贈与課税が生じますが、みなし贈与税について事業承継税制の適用を受けることはできません。

Q4-7　税理士事務所の事業承継

税理士事務所の事業承継とみなし贈与について教えてください[2]。

Answer

下記の通りです。

【解説】

　親族後継者がいないため、税理士である職員に事務所を引き継がせたいと考えていると仮定します。営業権については、当該職員の長年の功労に

---

[2] 公益財団法人日本税務研究センター　相談事例 Q&A より筆者改変。

報い、無償で譲渡したいと考えています。

この場合、当該譲渡は、みなし贈与等に該当するのでしょうか。

この点、一身専属性の事業に係る営業権を無償譲渡した場合には、課税関係は生じないことになります。

税理士等が、業務を他の税理士等に引き継いだ対価として受ける金銭等は、得意先のあっせんの対価として雑所得となります。

しかし、営業権の評価について、一身専属性の事業に係る営業権で、その事業者の死亡とともに消滅するものは、評価しないこととなっています。

したがって、当該営業権の譲渡が無償であった場合は、所得は発生せず、みなし贈与等の課税関係も生じません。

なお、事業用資産を譲渡した場合には、譲渡所得となり、事業承継後に生じた必要経費については、当該事業承継年分（同年において当該所得等に係る総収入金額がなかった場合は、当該総収入金額があった最近年分）、または、その前年分の事業所得の必要経費に算入することとなります。

（所得税個別通達 昭42.7.27直審（所）47、財産評価通達165、相続税法第7条・第9条、所得税法第63条）

Q4-8　税理士法人等士業法人

税理士法人等士業法人の事業承継とみなし贈与について教えてください。

Answer

下記の通りです。

【解説】

2人税理士法人があったとします。うち1人が辞任しようとしていま

す。もう1人は続ける意向です。当該税理士法人の簿価純資産価額は1億円であるとします。

　辞任者へ役員退職金を1億円支給します。こうすれば純資産は0になります。しかし、役員退職金を支給してもまだある程度の内部留保があると仮定します。

　税理士法人の場合、2名の税理士が必要なので、新しい税理士を入れます。ただし、純資産はまだかなりの金額が残っています。辞任した税理士がこれを放棄すれば、当該内部留保のうち持分に対応する額を放棄したことになります。残存役員に対するみなし贈与課税になります。

　この点、持分会社共通ですが、退職金で内部留保をはきだす、という最終手段以外にも前々から役員給与をある程度支給しておく、といった準備は必要になります。

　親子等々、同族特殊関係者間の税理士法人でも同様です。もっとも親子等々の場合は下記の流れで、みなし贈与問題は回避することが通常です。

　　親が死亡するまで役員に在任→親が死亡したら、法定退社になる→親の出資は相続財産として子（税理士）が相続。

　一方、第三者税理士が引き継ぐ場合は下記です。

　　税理士法人の出資は相続人が相続し相続税の課税対象、一方、相続人は税理士ではないので、税理士法人の役員にはなれない→税理士法人の出資は後継者税理士が買い取る、または贈与を受ける（通常、贈与を受けた場合、相続人は相続税を払った財産を放棄します）。

Q 4-9　自己株式取得プランニング

　自己株式取得プランニングとみなし贈与について教えてください。

Answer

下記の通りです。

【解説】

中小・零細企業 M&A において表題のプランニングが実行されること
があります。売主株主が法人の場合利用できます。個人株主の場合使いま
せん。自己株式取得によるみなし配当課税（総合課税）が重い税負担とな
るためです。

法人株主が株式譲渡する前に、自己株式の取得をします。

みなし配当が生じますが、受取配当金の益金不算入によって課税されま
せん。そして、分配可能額限度を超過した残りの部分を第三者に売却する
わけです。

この場合の自己株式取得において少数株主からの買取りに関して、相続
税法基本通達9-2が適用されるのでは、と解する見解もあるようです。

しかし、金額の測定の困難性から、当局から指摘されることは非常にま
れかと思われます。

Q 4-10　社長借入金の整理

社長借入金を整理する場合とみなし贈与について教えてください。

Answer

下記の通りです。

【解説】

① 債務免除

債務免除による方法をとった場合、債務免除益が生じたことにより純資
産価額が増加します。債務免除した場合、貸し付けしていたオーナー（現
株主とする）から他の既存同族株主への贈与とみなされる可能性がありま

す。

　現オーナーが債権放棄することで、債務免除を受けた会社の純資産価額はその免除額だけ増加するからです（相基通9-2）。

　この時の株価計算ですが、

1株当たりの配当金額Ⓑ	修正なし
1株当たりの利益金額Ⓒ	修正なし
1株当たりの純資産価額Ⓓ	直前期末の純資産価額 + 債務免除額

となります。

　なお、被相続人が上記債務免除をした場合、相続人で既存株主である妻と子等々の有する同族会社株式について価額増加があるときは、「（債務免除後の1株当たり株式評価額 − 債務免除前の1株当たり株式評価額）×持株数」の金額についてみなし贈与課税の対象となります（相基通9-2）。

　そして当該金額は相続開始年中の贈与として、相続税の課税価格に加算する必要があることとなりますので（相法19）、

1株当たりの配当金額Ⓑ	修正なし
1株当たりの利益金額Ⓒ	修正なし
1株当たりの純資産価額Ⓓ	直前期末の純資産価額 + 債務免除額

となります。

（参考）

【取引相場のない株式の評価／債務免除・確実な債務】
被相続人が放棄した債権の額は同族会社A社に対する貸付金債権の全部であり、元役員らに対する債務は確実な債務とは認められないことから、被相続人からA社の株主である審査請求人へのみなし贈与（相法9）があったとして、相続税法19条《相続開始前3年以内に贈与があった場合の相続税額》1項の規定を適用した更正処分は適法であるとされた事例（平24. 10. 17裁決）

〔裁決の要旨〕

　本件は、原処分庁が、被相続人が生前にした同族会社（A社）に対する債務免除により同社の株式の価額が増加したことが、被相続人から同社の株主である審査請求人への贈与とみなされるなどとして、請求人に対して相続税の更正処分及び過少申告加算税の賦課決定処分をしたことに対し、審査請求人が、当該債務免除の一部が無効であるなどとしてその処分の一部の取消しを求めた事案である。

　審査請求人は、本件貸付金は、A社から被相続人への交付金が再びA社に戻されただけのもので、資金移動の裏付けを欠くものであり、貸付け自体が無効であって、貸付けではない旨主張する。しかし、被相続人がA社から取得した金銭を改めてA社に貸し付けることも法律上可能なのであり、このような資金の流れであることをもって、金銭の貸付けではないということはできない。なお、仕訳の内容からすると、A社は、被相続人に資金を交付すれば、元役員らに対する債務（未払金・仮受金）が消滅すると考えていたものと解されるところ、それを前提とすれば、A社に残された処理は平成13年10月５日のB銀行からの借入金の返済のみとなり、A社がその返済資金を被相続人からの借入金で賄ったことは、むしろ自然であるというべきである。したがって、審査請求人の主張には理由がない。

　上記のとおり、平成13年10月24日の資金移動は、被相続人からA社への金銭の貸付けであったと認められるのであり、これを含め、被相続人からの借入金の残高は、債権放棄等を経て、各事業年度末における被相続人からの借入金の残高のとおり推移し、平成18年８月31日における額は、本件債権の額と同額になったものと認められる。

　商行為により生じた債務については、商法第522条《商事消滅時効》に５年の消滅時効が規定されているところ、元役員らに対する債務については、元役員らからA社に対する請求やA社の債務承認といった時効中断事由は認められないし、証拠上、その他の時効中断事

由も認められない。したがって、当該債務については、遅くとも平成18年10月24日には、既に消滅時効は完成していたと認められる。

　本件債権の放棄の時及び相続の開始の日において、既に消滅時効の完成した元役員らに対する債務は、確実と認められる債務に該当しないことから、債務が仮に存在していたものとしても、審査請求人の主張する債務があるとして、A社の株式を評価することはできない。したがって、債務の存否に関わらず、審査請求人の主張する債務があるとして、A社の株式を評価することはできない。

　被相続人が放棄した債権の額はその全額であり、元役員らに対する債務及び本件交付金に相当するA社の債権があるとしてA社の株式を評価することができないことから、相続税法第19条の規定により、請求人が本件相続の開始前3年以内の贈与により取得したとみなして本件相続に係る相続税の課税価格に加算される経済的利益の額は、本件債権の放棄の時点において増加したA社の株式1株当たりの価額に、同時点で請求人が保有していたA社の株式の株数（34,920株）を乗じた金額となり、また、本件相続により審査請求人が取得した本件株式の価額は、本件相続の開始の日における本件株式の1株当たりの価額447円に、審査請求人が本件相続により取得した本件株式の株数（368,280株）を乗じた164,621,160円となり、それぞれ本件更正処分と同額となる。

　したがって、審査請求人の相続税の課税価格及び納付すべき税額を計算すると、本件更正処分の額と同額であることから、本件更正処分は適法と認められる。

（参考）

【みなし贈与／被相続人の債務免除により同族会社の株式等の価額が増加した場合】

相続税法64条と同様に、相基通9-2についても、相続税や贈与税の

負担を不当に減少させる結果がある場合に限って適用されるべきである旨の審査請求人らの主張が排斥され、被相続人が、生前に同族会社に対して行った各債務免除により、増加した株式等の価額に相当する金額は、各債務免除時に株主等である相続人が被相続人から贈与により取得したものとみなされるとされた事例（平22.05.12裁決）

〔裁決の要旨〕

　本件は、原処分庁が、被相続人が生前にした同族法人に対する債務の免除により株式又は出資の価額が増加した部分に相当する金額は、相続税法上、その株主又は社員で相続人である審査請求人甲が被相続人から生前の贈与により取得したものとみなされるとして、相続人である共同審査請求人（以下「請求人ら」という。）に対し、贈与税の決定処分等又は相続税の更正処分等を行ったことに対し、請求人らが、当該金額は贈与により取得したものとみなすべきではないとして違法を理由にその全部の取消しを求めた事案である。

　原処分庁が、被相続人の各債務免除により生じた出資の増加額及び株式の増加額に相当する金額について、相続税法第9条及び相続税法基本通達9-2《株式又は出資の価額が増加した場合》（以下「本件通達」という。）を適用して決定処分及び各更正処分をしたのに対し、請求人らは、本件通達は、同族会社に限って債務免除があった場合の取扱いを示しており、相続税法第64条に規定されている同族会社に対する課税の取扱いに対応しているから、同条と同様に、本件通達についても、相続税や贈与税の負担を不当に減少させる結果がある場合に限って適用されるべきである旨主張する。

　しかしながら、請求人らの主張は、要するに、本件通達に定める場合に該当するときは、相続税法第9条に基づく課税要件について、さらに、「その株主等の相続税又は贈与税の負担を不当に減少させる結果となると認められるものがある」ことを課税要件として付加して解

釈すべきであるとの主張にほかならないが、同条には、同法第64条とは異なり、「その株主等の相続税又は贈与税の負担を不当に減少させる結果となると認められるものがある」ことを適用要件とする文言はないし、同法第9条の適用に当たり、同族会社の場合には同法第64条を準用することを定めた規定もない。

　また、本件通達は、確かに同族会社の債務免除等の場合についての定めとなっているものの、その趣旨は、同族会社の債務免除等の場合は同社の株式又は出資を保有している同族関係者が債務免除等をした者から直接財産の移転等を受けた場合等と同様の「利益を受けた場合」に該当するからなどというものであり、本件通達の文言自体から見ても、相続税法第9条の課税要件に新たな課税要件を付加した定めであるとみることもできない。

　したがって、請求人らの主張は採用することができない。

　債務免除により会社の株主又は社員が従前から保有していた株式又は出資という財産の価額が増加した場合は、相続税法第9条に規定する「利益を受けた場合」に該当するところ、同族会社であるA社に対する被相続人の各債務免除により、甲の出資及び株式については、それぞれ増加したものと認められるから、各増加額に相当する金額については、いずれも本件通達の定めにより相続税法第9条の規定が適用され、各債務免除時において、被相続人から甲が贈与により取得したものとみなされる。

　審判所認定額における贈与税及び相続税に係る納付すべき税額は、いずれも決定処分の贈与税の納付すべき税額及び各更正処分の相続税の納付すべき税額を上回るから、この金額の範囲内でされた決定処分及び各更正処分はいずれも適法である。

②　遺言書又は死因贈与契約により「債権放棄」を行う方法

イ　遺言した者（遺贈者）

　　　会社に時価売却したものとして所得税課税

ロ　受贈者⇒会社

　　受贈益に法人税課税

　　　　⇒その会社の同族株主

　　株価値上り分に相続税（遺贈があったものとみなされる）

③　DES による方法

　DES により取得した株式は財産評価基本通達により評価（時価純資産価額方式により評価）します。それと出資金額（貸付金）とを比較し株式の評価額が出資金額（貸付金）より超過した場合、その超過した部分の金額については増資前の出資者＝既存株主への株式含み益の移転となります。すなわちこの差額がみなし贈与の課税の対象になり得ます。

　また、株式の評価額が出資金額（貸付金）に満たない場合のその満たない部分の金額については、新株の発行により利益移転しているため、みなし贈与課税となります（相法9、相基通9−4、評基通185）。

Q 4-11　相続税法第66条第4項

相続税法第66条第4項とみなし贈与について教えてください。

Answer

　下記の通りです。

【解説】

> ## 相続税法第66条（人格のない社団又は財団等に対する課税）
>
> 　　代表者又は管理者の定めのある人格のない社団又は財団に対し財産の贈与又は遺贈があった場合においては、当該社団又は財団を個人とみなして、これに贈与税又は相続税を課する。この場合においては、贈与により取得した財産について、当該贈与をした者の異なるごとに、当該贈与をした者の各一人のみから財産を取得したものとみなして算出した場合の贈与税額の合計額をもって当該社団又は財団の納付すべき贈与税額とする。
>
> 2　前項の規定は、同項に規定する社団又は財団を設立するために財産の提供があった場合について準用する。
>
> 3　前二項の場合において、第1条の3又は第1条の4の規定の適用については、第1項に規定する社団又は財団の住所は、その主たる営業所又は事務所の所在地にあるものとみなす。
>
> 4　前三項の規定は、持分の定めのない法人に対し財産の贈与又は遺贈があった場合において、当該贈与又は遺贈により当該贈与又は遺贈をした者の親族その他これらの者と第64条第1項に規定する特別の関係がある者の相続税又は贈与税の負担が不当に減少する結果となると認められるときについて準用する。この場合において、第1項中「代表者又は管理者の定めのある人格のない社団又は財団」とあるのは「持分の定めのない法人」と、「当該社団又は財団」とあるのは「当該法人」と、第2項及び第3項中「社団又は財団」とあるのは「持分の定めのない法人」と読み替えるものとする。
>
> 5　第1項（第2項において準用する場合を含む。）又は前項の規定の適用がある場合において、これらの規定により第1項若しくは第2項の社団若しくは財団又は前項の持分の定めのない法人に課される贈与税又は相続税の額については、政令で定めるところにより、これらの社団若しくは財団又は持分の定めのない法人に課されるべき法人税その他の税の額に相当する額を控除する。
>
> 6　第4項の相続税又は贈与税の負担が不当に減少する結果となると認められるか否かの判定その他同項の規定の適用に関し必要な事項は、政令で定める。

（参考）

> J123-3-07
>
> （贈与事実の認定　現金等）
>
> 前住職から請求人への資金移動により相続税法第66条第4項に規定する贈与者である前住職の親族等の相続税の負担が不当に減少する結果になるとは認められないとした事例（令03-05-20公表裁決）
>
> 《ポイント》
>
> 　本事例は、前住職から請求人への資金移動は、相続税法第66条第4項に規定する財産の贈与に該当すると認められるものの、前住職及びその親族が、請求人の業務運営、財産運用及び解散した場合の財産の帰属等を事実上私的に支配している事実は認められないことから、相続税法第66条《人格のない社団又は財団等に対する課税》第4項に規定する贈与者である前住職の親族等の相続税の負担が不当に減少する結果となるとは認められないとしたものである。
>
> 《要旨》
>
> 　原処分庁は、請求人が相続税法施行令第33条《人格のない社団又は財団等に課される贈与税等の額の計算の方法等》第3項第1号ないし第3号の各要件をいずれも満たしていないことに加え、①前住職から請求人への資金移動（本件資金移動）の時点における請求人の役員の3分の2を前住職及びその親族（前住職ら）で占めており、請求人の業務を自由に裁量できる立場であったこと、②請求人は前住職らに対し、生活費の供与など特別の利益を与えていること、及び③請求人が解散した場合、前住職らに財産が帰属することなどを理由として、前住職から請求人への資金移動により相続税法第66条第4項に規定する贈与者である前住職の親族等の相続税の負担が不当に減少する結果となる旨主張する。

　　しかしながら、請求人は上記施行令の規定には該当しないものの、
①前住職らによる請求人の業務運営及び財産管理については、請求人
の総代が相当程度に監督しているものと認められるほか、前住職らが
私的に業務運営や財産管理を行っていたとまでは認められないこと、
②前住職らが、本件資金移動の時点において、請求人の財産から私的
に生活費などの財産上の利益を享受した事実は見当たらないこと、及
び③前住職らが恣意的に請求人を解散し、その財産を私的に支配する
ことができるとはいえないことから、本件資金移動は、前住職から請
求人への贈与に該当するとしても、本件資金移動により相続税法第66
条第４項に規定する前住職の親族等の相続税の負担が不当に減少する
結果となるとは認められない。

《参照条文等》
　　相続税法第９条、第66条第４項
　　相続税法施行令第33条第３項

《参考判決・裁決》
　　東京高裁昭和49年10月17日判決（行集25巻10号1254頁）
　　東京高裁昭和50年９月25日判決（行集26巻９号1023頁）
　　昭和50年９月30日裁決（裁決事例集 No.11）

Q 4-12　民法特例

民法特例とみなし贈与について教えてください。

Answer

　下記の通りです。

【解説】

　固定合意又は除外合意の価格は当事者間合意価格として形成されます。

　固定合意について、通常、相続税評価原則又は簿価純資産価額を採用することが多いですが、この際、相続税評価額原則との乖離があった場合には、留意が必要です。すなわち、

　当事者間合意価格＞相続税評価原則

　　⇒高額取引のため、特に課税関係は生じません。

　当事者間合意価格＜相続税評価原則

　　⇒低額取引のため、みなし贈与が発動される可能性があります。

　固定合意のみ上掲の課税関係が生じ得ます。

Q 4-13　共有相続

　共有相続とみなし贈与について教えてください。

Answer

　下記の通りです。

【解説】

　共有者の誰か1人が、その持分を放棄したとします。この場合、持分は他の共有者に帰属することになります。これは対価の支払いのない財産の取得となりますから相続税法第9条のみなし贈与が発動します。

　仮に現物分割で価値の等しくない分割になる場合や交換で交換差金の授受がない場合には、上記と同様の結論でみなし贈与が発動します。

Q4-14　仮登記

仮登記とみなし贈与の関係について教えてください。

Answer

下記の通りです。

【解説】

死因贈与契約等に基づき仮登記がなされた状態で、これを撤回した場合、みなし贈与になるでしょうか。

死因贈与は遺言の方式に関する部分を除いて遺贈と同様にみるという肯定説が現在の通説です。登記実務においても最判昭和47年5月25日により死因贈与の放棄を受理していることから、原則として死因贈与の仮登記について放棄、撤回することは可能です。この場合、みなし贈与に該当する場合もあります。

Q4-15　社団医療法人の出資持分の評価

社団医療法人の出資持分の評価とみなし贈与の関係について教えてください。

Answer

下記の通りです。

【解説】

出資者の全員が持分を放棄して持分の定めのない法人に移行する場合を考えます。公益法人と同じ役員構成である場合、適切な運営組織である場合には、みなし贈与課税の問題は生じません。

なお、みなし贈与課税の他に、持分のない法人への移行により生じた返

還しないことによる利益は、法人の各事業年度の益金に算入されることとされていたものは平成20年度改正によりなくなりました（法令136の4）。

相続税法第64条より当該医療法人を個人とみなして贈与税や相続税が課税される場合もあります。

出資額限度法人に移行すると、移行時の課税関係は生じません。しかしながら退社した出資者から残存する出資者へのみなし贈与は生じることがあります。

（参考）

> 【みなし贈与／持分の定めのある社団医療法人の出資の評価】
> 最高裁判所第二小法廷平成20年（行ヒ）第241号贈与税決定処分等取消請求事件（破棄自判）（確定）（Z260-11480）
>
> 〔事案の概要〕
> 本件は、社団医療法人の増資に当たり被上告人らが出資（1口当たり5万円）を引き受けたことについて、これにより被上告人らは著しく低い価額の対価で利益を受けたものであり、相続税法9条所定のいわゆるみなし贈与に当たるとして、上告人が、被上告人らに対し、それぞれ贈与税の決定及び無申告加算税の賦課決定をしたことから、被上告人らが、上告人は上記出資の評価を誤ったものであり、みなし贈与に当たらないなどとして、本件各処分の取消しを求めている事案である。
>
> 〔当事者の主張〕
> ○納税者の主張
> 本件出資に対して相続税法9条が適用されるか否かは、本件法人の社団としての特質、新定款の意義及び本件増資、本件出資の意義を検討した上で決せられる必要がある。

　本件法人では本件定款変更を実施して、基本財産を出資払戻請求の対象とせず、解散という事態に至っても基本財産は国又は地方公共団体に帰属することとし、これによって、戊からの出資払戻請求に対応できるようにするととともに、原告らの出資払込金額が現実に可能なようにしたのである。

　新定款では本件法人の資産を基本財産と運用財産に区分し、中途退社や解散の場合に出資者に分配できるのは運用財産のみとされ、解散時の残余財産は国若しくは地方公共団体に帰属すると定められているから、出資者は運用財産の枠内でしか出資の返還を受けられない。

　そうすると、今後、本件法人の出資持分の譲渡等が行われる場合には、譲受人は定款と決算書等に基づき、運用財産を対象として出資持分の評価をするのであり、その評価に基づいて譲渡が行われると考えるのが経験則に合致する。

　そして、本件各決定処分は、本件出資時点で原告らに相続税法9条が適用されるべき経済的価値の増加が発生することを前提とするものであるが、仮に、本件出資をした時点で払戻しを請求すれば、払戻引当金は運用財産のみであり、その時点での運用財産はほぼ16億0820万円の赤字であったのである。そして、この時点で原告らに経済的利益が発生したというのであれば、原告らは同利益を支配し、自由に使用収益できなければならないが、そのようなことは不可能である。

　したがって、本件法人における出資の評価は運用財産のみについて純資産評価額方式をもって行うべきであり、これによれば原告らの本件出資時点における払戻額は零円（計算上はマイナス）であり、被告が主張するような額の経済的利益を得たということもできないし、本件出資について相続税法9条所定の「著しく低い価額の対価」という要件も満たさない。

○課税庁の主張

　そもそも贈与税は、贈与によって財産が移転する機会に、その財産

に対して課される租税であり、その対象となる贈与財産には財産権の対象となる一切の物及び権利が含まれる。したがって、相続税法が贈与税の非課税財産ついて列挙している財産を除き、仮に当該財産が公共性、公益性があったとしても、等しく贈与税の課税対象となる。

　本件増資のような跛行増資、すなわち、従前の出資割合と異なる出資の割当がされたことにより社員の出資持分の価値に変動が生じた場合についてみると、従前よりも出資持分の割合が減少した出資者の有する出資持分の財産的価値は減少し、従前よりも出資持分の割合が増加した出資者の有する出資持分の財産的価値は増加するから、この両者の間に譲渡契約等がなくとも、一方から他方へ財産的価値の移転があったととらえることができる。

　具体的な時価の算定については、評価通達によらないことが正当として是認されるような特別な事情がある場合を除き、評価通達によるのが相当であり、本件において、そのような特別の事情は認められないというべきである。

　相続税法9条は、対価を支払わないで、又は著しく低い価額の対価で経済的利益の移転があった場合には、経済的利益を受けた者に贈与税を課すという趣旨であり、これは、法律的には贈与により取得した財産でなくとも、その取得した事実によって実質的にこれらと同様の経済的効果が生ずる場合には、租税回避行為を防止するため税負担の公平の見地から、その取得した財産を贈与により取得したものとみなして贈与税を課すこととされたのである。

〔判断〕

　相続税法22条は、贈与等により取得した財産の価額を当該財産の取得の時における時価によるとするが、ここにいう時価とは当該財産の客観的な交換価値をいうものと解され、本件法人の出資についても、この観点からその価額が評価されるべきである。

　標準的な出資の権利内容を示したモデル定款は、出資社員は出資額に応じて払戻し等を受け得るとするが、その対象となる財産を限定してはおらず、多くの社団医療法人がこれに準じた定款を定めていることがうかがわれるところである。上記権利内容は、自治的に定められる定款によって様々な内容となり得る余地があるものの、その変更もまた可能であって、仮にある時点における定款の定めにより払戻し等を受け得る対象が財産の一部に限定されるなどしていたとしても、客観的にみた場合、出資社員は、法令で許容される範囲内において定款を変更することにより、財産全体につき自らの出資額の割合に応じて払戻し等を求め得る潜在的可能性を有するものである。

　そうすると、持分の定めのある社団医療法人の出資は、定款の定めのいかんにかかわらず、基本的に上記のような可能性に相当する価値を有するということができる。

　評価通達194-2は、以上のような持分の定めのある社団医療法人及びその出資に係る事情を踏まえつつ、出資の客観的交換価値の評価を取引相場のない株式の評価に準じて行うこととしたものと解される。そうすると、その方法によっては当該法人の出資を適切に評価することができない特別の事情の存しない限り、これによってその出資を評価することには合理性があるというべきである。

　本件法人は、もともと退社時の払戻しや解散時の残余財産分配の対象となる財産を本件法人の財産全体としていたところ、これを変更し、新定款において、上記払戻し等の対象となる財産を運用財産に限定したものである。新定款においては、上記払戻し等に係る定めの変更を禁止する旨の条項があるが、社団法人の性格にかんがみると、法令において定款の再度変更を禁止する定めがない中では、このような条項があるからといって、法的に当該変更が不可能になるものではないから上記結論を左右するものではない。また、前記のとおり、基本財産と運用財産の範囲に係る定めは変更禁止の対象とされていないか

ら、運用財産の範囲が固定的であるともいえない。

そうすると、本件においては、本件増資時における定款の定めに基づく出資の権利内容がその後変動しないと客観的に認めるだけの事情はないといわざるを得ず、他に評価通達194-2の定める方法で新定款の下における本件法人の出資を適切に評価することができない特別の事情があることもうかがわれない。

したがって、本件において、新定款下での本件法人の出資につき、基本財産を含む本件法人の財産全体を基礎として評価通達194-2の定める類似業種比準方式により評価することには、合理性があるというべきである。

上告人が上記出資の評価を1口当たり379万円と算定したことに違法はなく、これによれば、被上告人らは、本件増資に係る出資の引受けにより、著しく低い価額の対価で利益を受けたということができる。

判示で括目すべきは「標準的な出資の権利内容を示したモデル定款は、…財産全体につき自らの出資額の割合に応じて払戻し等を求め得る潜在的可能性を有するものである。」であり、その客観的交換価値の根拠を財産評価基本通達に求めています。医療法人だけに限らず「持分」概念について参照すべき重要な判例です。

（参考）

【みなし贈与／社団たる医療法人の出資持分の評価】
平成23年6月3日判決　東京地方裁判所平成22年（行ウ）第133号相続税更正処分取消請求事件（第1事件）、同年（行ウ）第134号贈与税決定処分取消等請求事件（第2事件）（棄却）（確定）平成23年6月3日判決（Z261-11697）

〔事案の概要〕

　昭和43年に設立されたG医療法人は、平成18年7月25日の臨時社員総会にて定款を変更し、認可を受けて出資額限度法人に移行した。

　その後、Gの出資金額の9割近くを拠出していた社員F（原告らの父）が平成18年8月10日に死亡し、定款の定めによる出資金払戻額と、財産評価基本通達による評価額との差額相当額は、相続人の医療法人への出資持分の価値が増加したとして、既存の出資者に対してされたみなし贈与の課税処分が不服として争われた。

　ちなみに定款は平成17年8月9日に変更されGの財産全体とされている。また、社員が退社する際の払戻しや解散時の残余財産の分配の対象は社員が出資した金額を限度とされている。

〔当事者の主張〕

○納税者の主張

　本件定款変更により、持分の定めのある社団である医療法人から、同じく持分の定めのある社団である医療法人の一類型である出資額限度法人となったというべきである。

　出資額限度法人であるとしても、医療法人は、営利を目的としておらず、一般の私企業と同様の性格を有するものではないのであって、医療法人が、定款で社員の退社時の払戻しや医療法人の解散時の残余財産分配の対象となる財産を当該医療法人の財産全体とする旨を定めることは、医療法に反するものであって許されないことにかんがみると、新定款を変更して、旧定款のように、社員の退社時の払戻し等の対象となる財産を財産全体とする旨を定めることはあり得ない。

　また、新定款は、基金拠出型定款と同様のものであり、現行の医療法の規定の適用ないし類推適用によって、上記のような定款の変更が認められないであろうことは、容易に推察可能である。

　したがって、将来定款が上記内容に変更される抽象的な可能性があ

るからといって、Bの財産全体を基礎として出資を評価することは許されない。

○課税庁の主張

本件相続の開始時において、出資額限度法人であった。

医療法は、剰余金が社員に帰属することを禁止し、もって医療法人の非営利性を定めているところ、この医療法の規定は、病院ないし医療の永続性を保持することを目的とするものであって、公の秩序に関する事項を定めた強行法規であるから、新定款を、上記規定及びその趣旨・目的に反し、かつ、新定款に「出資」とは区別して明示されている「拠出された資金」との文言に反して、私的自治を根拠に、出資額限度法人であることを定めたものであるなどと解することは、許されない。

平成18年改正法による改正前の医療法には、定款の変更により出資額限度法人が通常の持分の定めのある社団医療法人に移行することを禁止する規定や医療法人の運営に関する特別利益供与を禁止する規定はなく、また、出資額限度法人の社員は、通常の持分の定めのある医療法人との合併により、当該医療法人の社員となることが可能であることから、持分の定めのある社団である医療法人が出資額限度法人に移行しても、出資を評価通達194-2の定める評価方法によって評価することの合理性は失われないというべきである。

利益の享受は、相続税法9条所定のみなし贈与に該当する。

〔判断〕

本件相続は、医療法44条等の規定の改正に係る平成18年改正法が平成18年に施行される前に開始したものであり、平成18年7月25日にされた本件定款変更も、上記の改正前の同法の規定の下においてされたものである。平成18年当時の医療法人に関する法制においては、社団たる医療法人について、定款により持分の定めをすることができるこ

とを前提に、「持分の定めのあるもの」と「持分の定めのないもの」
に区分するものとされていたところ、ここにいう持分の意義について
は、法令上に特に定める規定は見当たらないものの、社団又は財団に
おける持分の一般的な意味に照らし、その財産を医療法人に所属させ
た者がそのことに基づき当該医療法人の財産について有することとな
る地位ないし権利をいうものと解され、その具体的な内容について
は、社団である医療法人にあってはその定款をもって定められたとこ
ろによるものと解するのが相当である。

　新定款の定めについては、その財産を医療法人Bに所属させた者
（新定款では「資金を拠出した者」と呼ばれている。）が、そのことに
基づき、医療法人Bの財産について、一定の事情が生じた場合に係る
一定の地位ないし権利を有する旨を定めたものである点において、旧
定款の定めと異なるところはないというべきであって、本件定款変更
により、上記の者が医療法人Bの財産について有する地位ないし権利
の基本的な性質は何ら変更されていないものというべきである。そう
すると、平成18年当時の医療法人に関する法制の下においては、新定
款の定めの下における医療法人Bは、引き続き、社団である医療法人
であって持分の定めのあるものに当たると解するのが相当である。

　持分に係る地位ないし権利の内容は、自治的に定められる定款に
よって様々なものとなり得る余地があるものの、その変更もまた可能
であって、仮にある時点における定款の定めにより払戻し等を受け得
る金額が自らの払込出資額を限度とされるなどしていたとしても、客
観的にみた場合、持分を有する者は、法令で許容される範囲内におい
て定款が変更されることにより、当該医療法人の財産全体につき自ら
の出資額の割合に応じて払戻し等を求め得る潜在的可能性を有するも
のである。そうすると、持分の定めのある社団である医療法人におけ
る持分は、定款の定めいかんにかかわらず、基本的に上記のような可
能性に相当する価値を有するということができる。

　評価通達194-2は、以上のような持分の定めのある社団である医療法人及びその持分の取得に係る事情を踏まえつつ、持分の客観的な交換価値を、取引相場のない株式の評価に準じて行うこととしたものと解される。

　そうすると、その方法によっては当該持分の価額を適切に評価することができない特別の事情の存しない限り、これによってその評価をすることには合理性があるというべきである。

　社団法人の性格にかんがみると、平成18年改正法附則10条の規定に照らし、法令において医療法人Bの定款の再度の変更を禁止する定めがあるといえない中では、法的に新定款の変更が不可能になるということはできない。

　そうすると本件においては、本件相続の開始時における新定款の定めに基づく持分に係る地位ないし権利の内容がその後変動しないと客観的に認めるだけの事情はないといわざるを得ず、他に評価通達194-2の定める方法で新定款の定めの下における医療法人Bの持分の価額を適切に評価することができない特別の事情があることもうかがわれない。

　したがって、本件において、新定款の定めの下での医療法人Bの持分の価額につき、医療法人の財産全体を基礎として評価通達194-2の定める方法によって評価することには、合理性があるというべきである。

　本件社員ら（原告丙、原告戊、C）は、それぞれ、Aの死亡により、対価を支払わずに、持分の価額の増加額（9億9,810万円余、1億6,635万円余、4億2,929万円余）に相当する利益を受けたものであって、当該金額は、相続税法9条のみなし贈与の規定により、本件社員らが贈与により取得したものとみなすのが相当である。

　持分の変動は留意が必要です。持分あり医療法人、税理士法人等士業法

人、民法組合、LLP、LPS、ジョイント・テナンシーなどが代表的です。

　これには種類株式や属人株を利用した間接的な「経済的利益の移転」も含まれます。

（参考）

【みなし贈与／社団たる医療法人の出資持分の評価】

横浜地方裁判所平成15年（行ウ）第41号贈与税決定処分等取消請求事件（棄却）（控訴）平成18年2月22日判決（Z256-10321）

〔事案の概要〕

　本件は、原告らが医療法人A（以下「本件法人」という。）の増資に伴ってした出資した（以下「本件出資」という。）ことについて、被告が「当該出資を著しく低い価額で引き受け、戊から利益を受けたことに係る贈与税の申告書の提出がない。」として、原告らに対して、それぞれ贈与税決定処分及び無申告加算税の賦課決定処分をしたため、原告らがこれら本件各決定処分については、①税法上の根拠が示されておらず、租税法律主義を具体化した国税通則法16条1項1号等に違反する、②医療法人に係る本件出資に関し営利法人と同様に相続税法9条の規定を適用することは許されない等と主張して、本件各課税処分の取消しを求めている事案。

〔当事者の主張〕

○納税者の主張

　本件出資に対して相続税法9条が適用されるか否かは、本件法人の社団としての特質、新定款の意義及び本件増資、本件出資の意義を検討した上で決せられる必要がある。

　本件法人の特質（非営利性、公共性、公益性、永続性）本件法人が開設するB病院は、医療法人法に定める病院であり、精神保健法に定

める精神病院である。本来都道府県に設置義務のある精神病院で、神奈川県知事の指定を受けたＢ病院を運営する本件法人は、厚生労働大臣の定める基準に適合し、神奈川県知事の厳格な監督に服した高度の公共性、公益性、永続性を有する存在である。

　また、本件法人が運営する福祉ホームＣは、精神保健法に定める精神障害者福祉ホームであり、その運営は精神障害者の福祉を目的とするもので、社会福祉法に定める第二種社会福祉事業に当たる。同知事に届け出た精神障害者社会復帰施設である福祉ホームを運営する本件法人の公共性、公益性、永続性は強度なものである。

　本件法人の財務内容は、各期の収入がいずれも指定医療機関としての社会保険からの収入と社会福祉事業としての補助金収入をもって100％に近いものである。

　また、医療法人は、基本的に剰余金の配当を明文で禁止する等、営利法人たることを否定されており、非営利性を担保しながら医療の永続性、継続性を確保することを目的とした特別の法人として医療法上設けられたもので、この点において営利法人とは根本的に異なっている。

　本件法人の公共性、公益性は顕著であり、その永続性が求められることは明らかであって、本件法人はむしろ公法人の特質を有するものである。

　そして、本件出資は、上記のような本件法人の永続を求めて行われたものであるのに、本件各決定処分はこれを営利法人に対する出資と同一に扱い、相続税法９条を適用しているが、このような課税処分は、本件法人の公共性、公益性及び永続性、さらには本件出資が原告らの私的利益を求めて行われたものではないことを看過しており、違法というべきである。

○課税庁の主張

　そもそも贈与税は、贈与によって財産が移転する機会に、その財産

に対して課される租税であり、その対象となる贈与財産には財産権の対象となる一切の物及び権利が含まれる。したがって、相続税法が贈与税の非課税財産ついて列挙している財産を除き、仮に当該財産が公共性、公益性があったとしても、等しく贈与税の課税対象となる。

　原告らは、本件出資について営利法人に対する出資と同様に相続税法9条を適用することは違法であると主張するが、医療法人に係る医療法の趣旨と税法上の位置づけは一致するというものではなく、医療法人は法人税法上では普通法人として取り扱われることになっている。

〔判断〕

　相続税法その他の法令において医療法人の出資者が増資により取得した経済的利益を非課税とする旨の規定はなく、医療法人については、剰余金の配当が禁止されている（医療法54条）等の特殊性は指摘できるものの、法人に対する課税といった面からみても法人税法上は普通法人とされているのであり、増資による経済的利益の移転という局面をみれば、営利法人の場合と特段異なった事情があるともいい難く、医療法人の増資による経済的利益の移転を非課税とすべき理由はないとされた。

　医療法人の出資持分の価額の評価について、医療法人を退社した社員はその出資額に応じて退社時の運用財産の払戻しを請求することができる旨及び医療法人の解散時の基本財産は国若しくは地方公共団体に帰属し、運用財産がある場合には同様に配分する旨が定款に定められているとしても、総会の承認を受ければ出資持分の譲渡は可能であり、その金額についての制限はなく、また、社員が死亡した場合には、その出資持分は相続されるとされているのであるから、医療法人の出資持分が一定の交換価値を有することは明らかであり、医療法人に運用財産のほかに基本財産が存在する以上は、運用財産のみを基に

して出資持分の評価をすべき理由はないとされた。

　増資後における医療法人の出資持分の評価額は1株当たり379万3,685円であるところ、納税者は、これを75分の1以下の価額である5万円の対価で取得したのであるから、相続税法9条にいう「著しく低い価額の対価で利益を受けた場合」に該当するとされた。

　医療法人の増資による経済的利益の移転に対しては、贈与税ではなく所得税（一時所得）が課税されるべきであるとの納税者の主張が、本件医療法人は株式会社であれば同族会社に該当するから、医療法人の増資による経済的利益の移転に対しては相続税法9条の適用があり贈与税が課税されるとされた。

　相続税法22条は、財産の価額は特別に定める場合を除き、当該財産の取得の時における時価によるべき旨を規定しており、上記の時価とは、財産の客観的な交換価値をいうものと解される。

　しかし、客観的な交換価値というものが必ずしも一義的に確定されるものではないことから、課税実務においては贈与財産の評価についての一般的基準が評価通達によって定められており、これによって贈与財産を評価することとされている。これは、贈与財産の客観的な交換価値を個別に評価する方法をとると、その評価方式、基礎資料の選択の仕方等により異なった評価額の生じることが避け難く、また、課税庁の事務の負担が過重となって、課税事務の迅速な処理が困難となるおそれがあること等にかんがみて、あらかじめ定められた評価方式により画一的に評価する方が、納税者間の公平、納税者の便宜、徴税費用の節減という見地からみて合理的であるという理由に基づくものと解され、この点は上記相続税法22条に反するものではなく、合理的な運用として十分に首肯し得る。

　そうすると、上記評価通達に定められた評価方式が合理的なものである限り、これが形式的にすべての納税者に適用されることによって租税負担の実質的な公平をも実現することができるといえるから、こ

れによることが実質的な租税負担の公平を害すると認められるような特段の事情のない限りは、原則として、上記評価通達に基づく課税処分は適法であるというべきである。

評価通達194-2では、持分の定めのある社団医療法人の出資の評価は、取引相場のない株式の評価に準じて評価することとされている。評価通達194-2は、医療法人については剰余金の配当が禁止されている等、株式会社と異なる面はあるものの、医療法人の行う医療事業の内容や経営形態に関し、特に一般の個人開業医と異なったものを要求されているわけではなく、一般の私企業とその性格を異にするものではないと認められることから、一般の中小企業の株式の評価方法との権衡を考慮して定められたものと説明されており、この点に特段不合理な点は見受けられない。

そして、医療法人については、事業により利益を上げ、資産を有するという点においては、特に一般の営利企業と異なるものではないし、医療法人に原告らが主張するような特質があるとしても、その点が、出資持分の評価において特段の配慮を要し、営利企業の株式と同様には評価できないとするまでのこととは認められない。

　出資割合に基づかない跛行増資に関して医療法人でも相続税法基本通達9-4が適用されるとした事例です。本事例と似ているものとして持分の定めのある医療法人が定款を変更して出資額限度法人に移行した事例があります。国税庁の文書回答事例によれば通常の出資持分の定めのある医療法人と同様の評価でよいことが示されています。本事例と同じく定款変更は出資の評価に影響を及ぼさないのです。

(参考)

【持分の定めのある社団医療法人の出資持分の評価／みなし贈与（出資社員の退社）】

山口地方裁判所平成23年（行ウ）第12号相続税更正処分等取消請求事件（甲事件）、平成23年（行ウ）第15号相続税更正処分等取消請求事件（乙事件）、平成25年（行ウ）第3号贈与税賦課処分等取消請求事件（丙事件）（却下、棄却）（控訴）平成27年4月15日判決（Z265-12648）

〔事案の概要〕

　甲事件は、被相続人を亡Hとする相続につき、相続税の申告をした原告Aが、宇部税務署長から、本件相続に係る相続財産である医療法人Ｉの出資持分の評価に誤りがある等の理由で、平成23年11月17日付けで相続税の再更正処分及び過少申告加算税の賦課決定処分を受けたため、前記各処分はいずれも違法であるとして、被告に対し、相続税の前記再更正処分の一部（申告納付税額を超える部分）及び過少申告加算税の前記賦課決定処分の取消しを求めた事案。

〔当事者の主張〕
○納税者の主張

　出資社員の退社により直ちに出資持分が消滅するものではなく、原告Bは出資の払戻しも受けていないから、原告Bの出資持分は本件退社により消滅しておらず、みなし贈与の課税根拠となる事実がない。

　Ｉはみなし贈与課税が適用される医療法人ではないこと。

　ア　相続税法9条のみなし贈与課税が適用される場合につき、会社を対象とするものについては、相続税法基本通達9-2で運用が示され、これによれば、会社におけるみなし贈与規定の適用は、法人税法2条10号で定義する同族会社に限定されている。みなし贈与を医療法人に適用する場合でも、社員の全員が出資社員である医療法人で、その出資社員の中で特定の同族グループが議決権の相当割合を占めるものに限られなければならない。

イ　また、厚生労働省照会の記の3⑶においても、みなし贈与による課税がなされない場合につき、相続税法基本通達9-2が踏まえられている。なお、同照会で設定された要件等は、行政の便宜で設定されたものにすぎず、法規範性はないし、そもそも相続税法基本通達9-2も法律ではない。

ウ　結局、医療法人についてみなし贈与による課税が許されるか否かは、相続税法基本通達9-2の取扱いを踏まえて、その医療法人の社員全体としての同族性を判断すればよい。

　本件についてみるに、Ⅰは、前記のとおり、非出資社員が多数である医療法人であって、社員全体として同族性がなく、相続税法基本通達9-2が適用されるような医療法人には該当しないから、相続税法9条のみなし贈与課税の対象とはならない。

○課税庁の主張

　出資額限度法人の出資者が退社し、残存出資者に対し出資に対応する剰余金相当部分の利益の移転が生じる場合には、同条が規定する課税要件を充足することになることから、相続税法9条に基づき、みなし贈与の課税が生じることとなる。

　一方、出資額限度法人である医療法人の課税関係について明らかにしている厚生労働省照会の記の3⑶は、みなし贈与の課税が生じない場合につき要件等を定めているが、その趣旨は、その末尾の理由にあるとおり、①「個人社員が出資払込額の払戻しを受けて退社した場合には、当該出資に対応する剰余金相当部分が医療法人に留保され、残存出資者の出資割合が増加することから、結果として、その出資の評価額が増加することになる。この場合の増加額は、社員の退社前の医療法人資産の状況及び出資額（口数）に基づいて財産評価基本通達194-2により評価した評価額と当該退社後の医療法人資産の状況及び出資額（口数）に基づく同評価額との差額により求められる。」、②「この評価額の増加は、社員相互の合意による定款変更の結果である

から、原則として、退社社員から残存出資者への利益の移転と捉えることができ、相続税法第９条に規定するみなし贈与の課税が生じることとなる。」、③「ただし、相続税法基本通達９−２の取扱いなどを踏まえれば、特定の同族グループによる同族支配の可能性がないと認められる医療法人については、一般的にはその利益を具体的に享受することがないと考えられるから、そのような法人にあっては、みなし贈与の課税は生じないものと解される。」ところにある。

　以上のことからすれば、厚生労働省照会の記の３⑶は、原則として、出資社員が退社し、残存する他の出資者の有する出資持分の価額が増加した場合には、みなし贈与課税が生ずるとし、例外的に、「特定の同族グループによる同族支配の可能性がないと認められる医療法人」である場合には、みなし贈与の課税が生じないという趣旨と解すべきである。

　本件についてみると、本件退社前におけるＩの出資総数は70口、その内訳は亡Ｈが65口、原告Ｂが５口であり、両者で出資総額の100％を有することとなるから、Ｉは、厚生労働省照会の記の３⑶ア①に該当することになり、「特定の同族グループによる同族支配の可能性があると認められる医療法人」と判断され、厚生労働省照会の記の３⑶の例外には該当しない。

　したがって、相続税法９条及び厚生労働省照会の記の３に基づき、本件退社に伴い、本件退社時の残存出資者である亡Ｈの出資持分に係る剰余金相当部分が増加すかの法的な意味で権利主体となることについては、概括的に認識していたものと認めるのが相当である。

出資社員の退社についても上記と同様の結論を判示しました。

Q 4-16　マンション管理組合が無償で取得した器具備品等

> マンションの防犯装置など器具備品や機械装置等々を当該マンション管理組合が無償で取得した場合、贈与等々、何かしらの課税関係は生じるでしょうか？[3]

Answer

通常は一切の課税関係が生じません。

【解説】

通常のマンション管理組合は下記の理由で法人税法では人格のない社団になります。

マンションの区分所有者は、全員で、建物並びにその敷地及び附属施設の管理を行うための団体を構成し、「建物の区分所有等に関する法律」（「区分所有法」）第3条の規定により、集会を開き、規約を定め、及び管理者を置くことが「できる」とされています。

これで構成されているマンション管理組合は、

・管理規約があること

・構成員の変更にかかわらず団体が存続すること

・当該組織において、代表の選出、総会の運営、財産の管理等の団体としての主要な事項が確定している等がある

など一定の要件を満たしている場合、法人格は有していませんが、

・多数の者が一定の目的を達成するために結合した団体

・単なる個人の集合体でなく、団体としての組織を有し統一された意思の下にその構成員の個性を超越して活動

・管理規約によって代表者又は管理人の定めがある

---

[3] 本FAQは㈱日税ビジネスサービス「日税メルマガ通信特別号〜税務のチェックポイントQ＆A95　2018年8月4日発行」「マンションの防犯装置を管理組合が無償取得した場合の課税関係」を参照しています。

ことから、法人税法上は、人格のない社団等に該当します（法法2八）。

人格のない社団等に該当することから、法人税課税は、公益法人等と同様に、収益事業のみが課税対象です（法法4）。

公益法人等が固定資産の取得又は改良に充てるために交付を受ける補助金等の額は、当該固定資産が収益事業の用に供されるものである場合であっても、収益事業に係る益金の額に算入しません。

ただし、収益事業に係る収入又は経費を補てんするために交付を受ける補助金や助成金などは、収益事業に係る益金の額に算入されます（法基通15-2-12）。

さて、法人化されていないマンション管理組合が、不動産管理会社などから防犯装置等々の器具備品、機械装置等々の贈与を受けたとしても、これに係る寄附金収入は公益法人等と同様に取り扱うことになります（法基通15-2-12）。すなわち、マンション管理組合が、不動産管理会社からそういった装置の贈与を受けても課税対象とはなりません。課税関係は生じない、ということになります。

Q 4-17　老人ホームの入居一時金

老人ホームの入居一時金とみなし贈与に係る判断について教えてください。

Answer

過去の裁決・裁判例ではいくつか参考になる事例があります。

【解説】

相続税法第21条の3第1項第2号において、「扶養義務者相互間において生活費又は教育費に充てるためにした贈与により取得した財産のうち通常必要と認められるもの」は贈与税の課税価格に算入しないこととされて

います。

　老人ホームの入居金に関しては、被相続人の状況、老人ホームの環境、金額、返還金の有無などを契約書や相続人へのヒアリングにより、確認したうえで当局調査に向けて疎明資料の準備が必要です。

（参考）

【贈与財産の範囲／老人ホームに係る入居一時金の返還金請求権】
有料老人ホームの入居契約に基づき返還金受取人（審査請求人）が取得した入居一時金に係る返還金請求権に相当する金額の経済的利益は、相続税法第9条でいう「みなし贈与」により取得したものとした事例（平成25年2月12日裁決）（F0-3-354）

〔事案の概要〕

　入居契約のみをもって、被相続人と請求人との間に入居一時金に係る返還金の返還を請求する権利を贈与する旨の死因贈与契約が成立していたと認めることはできないし、その他当審判所の調査の結果によっても、相続開始時より前に、当該当事者間でその旨の死因贈与契約が成立していた事実や、被相続人がその旨の遺言をしていた事実を認めることはできないものの、①請求人の預け金があったとは認められないこと、②入居一時金の原資は被相続人の定期預金の一部であると認められることからすれば、実質的にみて請求人は、第三者（請求人）のためにする契約を含む入居契約により、相続開始時に、被相続人に対価を支払うことなく、同人から入居一時金に係る返還金の返還を請求する権利に相当する金額の経済的利益を享受したというべきである。

　したがって、請求人は、当該経済的利益を受けた時、すなわち、相続開始時における当該利益の価額に相当する金額を被相続人から贈与により取得したものとみなす（相続税法第9条）のが相当である。

〔当事者の主張〕

○納税者の主張

　原処分庁が申告漏れであるとした本件返還金は、請求人が本件被相続人に預けていた金員（以下「本件預け金」という。）について清算したものであるから、請求人に帰属する財産であり、本件相続税の課税価格に算入されるべきものではない。

○課税庁の主張

　本件入居一時金は、本件被相続人名義の定期預金を原資とするものであるところ、当該定期預金は、平成19年10月12日に満期償還された本件被相続人名義の割引金融31,000,000円を原資とするものであり、同21年6月23日、当該定期預金を解約した金員の中から本件会社名義の普通預金口座に振り込まれたものであるから、本件返還金は、本件被相続人の相続財産として、本件相続税の課税価格に算入されるべきものである。

〔判断〕

　被相続人がA社と締結した介護型老人ホームの入居契約では、入居者は自分が死亡した場合の入居一時金の返還金の受取人1名を定めることとした上で、入居者が死亡した場合、A会社は上記返還金受取人に対して返還金を返還することとする条項が存するが、入居契約には、入居者が死亡した場合に、返還金受取人となっていない入居者の相続人に返還金を返還することを可能とする条項は存しないことに照らすと、入居契約に存する上記返還金受取人に関する条項は、返還金の返還を請求する権利者を定めたものというべきである。

　上記のとおりの入居契約の内容によれば、入居契約のうち入居一時金の返還金に係る部分は、入居者（被相続人）とA社との間で締結された、入居者死亡時の返還金受取人（請求人）を受益者とする第三者のためにする契約であって、入居者死亡時の返還金受取人は、入居契

約により、入居者の死亡を停止条件として、Ａ社に対して直接返還金の返還を請求する権利を取得したものと解すべきである。したがって、本件返還金は被相続人の相続財産であるということはできず、これを前提とする原処分庁の主張は、採用することができない。

　入居契約のみをもって、被相続人と請求人との間に入居一時金に係る返還金の返還を請求する権利を贈与する旨の死因贈与契約が成立していたと認めることはできないし、その他当審判所の調査の結果によっても、相続開始時より前に、当該当事者間でその旨の死因贈与契約が成立していた事実や、被相続人がその旨の遺言をしていた事実を認めることはできないものの、①請求人の預け金があったとは認められないこと、②入居一時金の原資は被相続人の定期預金の一部であると認められることからすれば、実質的にみて請求人は、第三者（請求人）のためにする契約を含む入居契約により、相続開始時に、被相続人に対価を支払うことなく、同人から入居一時金に係る返還金の返還を請求する権利に相当する金額の経済的利益を享受したというべきである。したがって、請求人は、当該経済的利益を受けた時、すなわち、相続開始時における当該利益の価額に相当する金額を被相続人から贈与により取得したものとみなす（相続税法第9条）のが相当である。

　そして、請求人は、被相続人から相続により他の財産を取得していることから、相続税法第9条の規定により被相続人から贈与により取得したものとみなされる利益の価額（本件返還金と同額）は、当該他の財産に加算され、相続税の課税対象となる（相続税法第19条《相続開始前3年以内に贈与があった場合の相続税額》第1項）。したがって、本件返還金の額は、請求人の本件相続税の課税価格に算入されるべきである。

　本件未収金は、被相続人の平成21年6月分及び同年7月分の恩給年金の支払がされたものであり、被相続人の預金口座への振込みによ

り、相続開始時において被相続人が有する恩給年金の受給権が履行された ものであるから、本件未収金の額は、相続開始時における被相続人の相続財産として、相続税の課税価格に算入されるべきものである。

Xの弟は、叔父から相続により他の財産を取得しているので、相続税法第9条の規定により叔父から贈与により取得したものとみなされる利益の価額（返還金相当額）は、相続開始前3年以内の贈与（相法19①）として相続税の課税対象になります。

（参考）

贈与税の非課税財産　被相続人が配偶者のために負担した有料老人ホームの入居金は、贈与税の非課税財産に該当しないから、当該入居金は相続開始前3年以内の贈与として相続税の課税価格に加算する必要があるとした事例（平成23年6月10日公表裁決）（J83-4-20）

〔事案の概要〕

　本件は、被相続人の妻である審査請求人（以下「請求人」という。）が申告した相続税について、原処分庁が、請求人及び被相続人が有料老人ホームに入居するに当たり、入居契約上請求人が支払うべき入居金の一部を被相続人が負担したことは、被相続人からの請求人に対するみなし贈与に該当するとして、当該負担額を相続開始前3年以内の贈与として相続税の課税価格に加算して更正処分及び過少申告加算税の賦課決定処分を行ったのに対し、請求人が、入居金は終身利用権の対価であり、終身利用権は一身専属権であるから相続税の課税対象にはならない等として、原処分の全部の取消しを求めた事案。

〔当事者の主張〕

○納税者の主張

　本件入居契約の主契約者は本件被相続人である。

　本件被相続人が主契約者であるから、本件入居金は本件被相続人が負担すべきものである。請求人は、追加契約者に該当するところ、本件入居契約により、追加契約者は、主契約者から、主契約者の権利を承継することができる。

　したがって、請求人は、本件相続開始時に、本件被相続人から主契約者の権利である終身利用権を、死因贈与により取得したものと認められるが、終身利用権は、一身専属権であるから、相続税の対象とならない。

　したがって、原処分は違法である。

　仮に、請求人が終身利用権を承継したものではないとしても、以下の理由から、原処分は違法である。

　当事者間において、本件入居契約時点で、本件被相続人が15年の償却期間内に死亡した場合は、追加契約者である請求人に対して償却残存期間にわたり、毎年入居金の定額償却額を贈与する認識があったことからすれば、本件入居契約時点において、本件被相続人、Ｌ社、請求人の三者間で、保証期間付定期金給付契約と同様の権利義務が成立し、定期金の継続受取人である請求人は、相続開始時に本件被相続人から保証期間付定期金給付契約に関する権利を相続したものと認められる。

　そして、上記権利は、有期定期金として評価することとなり、原処分庁が相続財産に計上した金額より低くなるため、原処分の一部が取り消されるべきである。

○課税庁の主張

　再契約締結日を平成21年6月1日とするＭ入居契約書に、本件入居金及び追加入居金の使途及び算定基準として、入居者が居住する居室及び入居者が利用する共用施設等の費用として終身にわたって受領す

る家賃相当額と記載されていること、上記の再契約と本件入居契約とは本件入居金の内容について変更はないことからすれば、本件入居金の法的性質は、家賃相当額の前払金であると認められる。

そして、本件入居契約の主契約者は請求人であるから、請求人が入居金支払義務を負うところ、本件被相続人が生活保持義務履行のために本件入居金の一部に相当する金額を負担したものである。

したがって、本件被相続人が負担した本件入居金の一部に相当する金額につき、本件入居契約開始日において、いまだ生活保持義務の履行がなされていない部分（定額償却対象分）は、請求人が本件老人ホームを使用する期間の経過に応じて償却されていくものであるから、本件被相続人の請求人に対する生活保持義務の前払金とみるべきである。

ゆえに、前払金のうち、本件相続開始時にいまだ生活保持義務の履行が完了していない部分は、本件被相続人の請求人に対する返還請求権の対象となる。

そして、①上記返還請求権は、夫の妻に対する生活保持義務履行のための金銭債権であること、②本件入居契約の内容及び主契約者が請求人であることからして、請求人及び本件被相続人間では、本件被相続人死亡後も本件老人ホームに入居し続けることを前提としていたと認められること、③請求人及び本件被相続人は、本件入居契約の内容を十分理解した上で、主契約者を請求人、追加契約者を本件被相続人としていることからすれば、本件入居契約時に、本件被相続人と請求人との間で、上記金銭債権を死因贈与する旨の契約がなされたものと認められる。

したがって、請求人は、生活保持義務の前払金たる金銭債権を、本件被相続人からの死因贈与により取得したのであるから、これを本件相続に係る相続財産とした原処分は適法である。

〔判断〕

　被相続人が配偶者のために負担した有料老人ホームの入居金が贈与税の非課税財産（相続税法第21条の3第1項第2号）に該当するか否かについて、平成22年11月19日裁決（裁決事例集No.81）では非課税財産に該当すると判断したのに対し、本事例は、非課税財産に該当しないと判断したものである。

　請求人は、請求人及び本件被相続人が本件相続開始の約2か月半前に入居した老人ホーム（本件老人ホーム）の入居金（本件入居金）を本件被相続人が支払ったことについて、本件入居金の性質は終身利用権の対価であり、請求人は本件被相続人から終身利用権を死因贈与により取得したことになるところ、終身利用権は一身専属権であって贈与税の対象とはならないから、相続開始前3年以内の贈与として本件相続税の課税価格に加算されない旨主張する。

　しかしながら、本件被相続人は、自らに支払義務のない請求人に係る入居金のうちの一部に相当する金額を支払ったものであり、これによって請求人は、入居金全額の支払によって初めて取得することのできる施設利用権を、低廉な支出によって取得したものと認められることからすると、請求人は著しく低い対価で本件老人ホームの施設利用権に相当する経済的利益を享受したものということができ、本件被相続人と請求人との間に実質的に利益の移転があったことは明らかであるから、相続税法第9条により、請求人は、その利益を受けた時における当該利益の価額に相当する金額を本件被相続人から贈与により取得したものとみなすのが相当である。また、本件入居金は極めて高額であり、請求人に係る居室面積も広く、本件老人ホームの施設の状況等をかんがみれば、本件老人ホームの施設利用権の取得のための金員は、社会通念上、日常生活に必要な住の費用であるとは認められないから、相続税法第21条の3《贈与税の非課税財産》第1項第2号の規定する「生活費」には該当せず、贈与税の非課税財産に該当しない。

したがって、贈与により取得したものとみなされた金額は、相続開始前3年以内の贈与として本件相続税の課税価格に加算されることとなる。

「生活費に充てるためにした贈与で通常必要なもの」（相法21の3①二）かどうかは、社会通念＝常識で判断します。課税と非課税の区分わけの明確な基準があるわけではありません。

Q 4-18　贈与等による取得費

> みなし贈与と通常贈与が過去にあった場合の取得費について教えてください。

Answer

下記が参照になります。

【解説】

「通常の贈与」により取得した財産と「みなし贈与」により取得した財産があり、これを同時に譲渡します。この場合、取得費の考え方は以下のように整理できます。

所得税法第60条（贈与等により取得した資産の取得費等）
　居住者が次に掲げる事由により取得した前条第一項に規定する資産（注：山林（事業所得の基因となるものを除く。）又は譲渡所得の基因となる資産）を譲渡した場合における事業所得の金額、山林所得の金額、譲渡所得の金額又は雑所得の金額の計算については、その者が引き続きこれを所有していたものとみなす。
一　贈与、相続（限定承認に係るものを除く。）又は遺贈（包括遺贈のうち限定承認に係るものを除く。）

　第1号の「贈与」の定義については下記の記事が参照できます[4]。民法上の贈与に限定されています。

　　「共有持分の放棄により他の共有者に帰属した持分は、贈与税の課税上、贈与により取得したものとみなされても、所得税の課税上は、贈与により取得したものとはみなされませんから、その持分の取得価額及び取得時期については、所得税法60条1項の引継ぎ規定は適用されません（注）。共有持分の放棄により他の共有者に帰属した持分は、その放棄があった時においてその時の通常の取引価額に相当する金額により取得したことになります。

　　（注）所得税法9条1項16号（非課税所得）は、相続、遺贈又は個人からの贈与により取得するもの（相続税法の規定により相続、遺贈又は個人からの贈与により取得したものとみなされるものを含む。）」と規定しています。所得税法60条1項に規定する「贈与」には、「相続税法の規定により贈与により取得したものとみなされるものを含む」という文言がありません。これらの規定から見て、相続税法の規定により贈与とみなされるものについては、所得税法60条1項の規定が適用されないことは明らかです。」

　「通常の贈与」と「みなし贈与」で取得した財産を同時に譲渡した場合、当該財産のみなし贈与部分に関しては取得費の引継ぎ規定は適用されません。なお、最高裁判決（昭和63年7月19日、TAINSコード：Z165-6144）では、負担付贈与につき、当該規定の取得費引継ぎを否定しています。

4　税務通信3219号（平成24年7月2日）藤田良一

Q 4-19　無限責任社員が有限責任社員となる（債務超過の合資会社）

> 債務超過の合資会社の無限責任社員が有限責任社員となった場合等の贈与税等の課税関係についてについて教えてください[5]。

Answer

下記が参照になります。

【解説】

> 仙台国税局　文書回答事例
> 債務超過の合資会社の無限責任社員が有限責任社員となった場合等の贈与税等の課税関係について
>
> 〔事前照会の趣旨〕
>
> 　合資会社である当社（以下「当社」といいます。）は、時価による純資産価額がマイナス（以下「債務超過」といいます。）の状態にあるところ、当社の無限責任社員甲が有限責任社員になり、同時に、有限責任社員乙が無限責任社員になる場合の課税関係は次のとおりとなると解して差し支えないか、ご照会いたします。
> ①　会社法第583条第3項の規定により、無限責任社員甲が有限責任社員になった場合には、原則として、甲に対し贈与税及び所得税の

---

[5] 無限責任社員が複数いる場合において債務超過である場合については、会社法第580条を参照します。当該持分会社の財産をもってその債務を完済できなかった場合には、無限責任社員が無限に連帯して責任を負うことになっています。
　この責任については、出資の多寡は問われていないため、会社に財産がない場合、債権者は社員一名に全ての請求をすることができます。
　ただし、連帯責任となっていますので、他の社員に代わって弁済を行った社員は他の社員に対して自己の責任を超える範囲について求償を求めることができます。
　自己の責任の範囲は無限責任社員数により変動します。
　民事法（会社法）上は当該取扱いですが、租税法においては、肩代わり返済をすることでみなし贈与の課税関係が生じます。

課税は生じない。

② 　上記①の場合において、会社法第583条第4項の規定により、社員変更登記後2年を経過した時に甲の有する当社に係る無限責任社員としての債務弁済責任が消滅するが、社員変更登記後2年を経過した時に当社が債務超過の状態の場合には、相続税法第9条の規定により、甲の有する当社に係る無限責任社員としての債務弁済責任の消滅の利益について、甲に対し贈与税の課税が生じる。

〔事前照会に係る取引等の事実関係〕

1 　当社は、無限責任社員1名と有限責任社員1名で構成されており、無限責任社員は甲、有限責任社員は乙で、甲は乙の実父です。このたび、当社は、世代交代に伴い代表社員が交代いたします。
社員2名の合資会社のまま代表権を移行するには、無限責任社員と有限責任社員が1名以上必要であるため、既存社員の責任を交代することで代表権を移行させたいと考えています。

2 　当社は、責任交代時において、債務超過の状態にあり、甲に対する当社の債権者からの請求又は請求の予告はありません。

3 　社員変更登記後2年を経過した時においても、当社は債務超過の状態が継続しており、社員変更登記後2年以内の間に、甲及び乙による当社の債務の弁済はなく、また、甲に対する当社の債権者からの請求又は請求の予告はないものといたします。

〔事実関係に対して事前照会者の求める見解となることの理由〕

1 　無限責任社員甲が有限責任社員となったときの課税関係
　会社法第580条第1項に規定する無限責任社員の責任は、持分会社（合名会社、合資会社又は合同会社）が会社財産による債務の完済不能な場合に、当該持分会社の債務を他の無限責任社員と連携して、債権者に対して負う責任とされています。

　この債務弁済責任は、同法第583条第３項及び第４項の規定に基づき、無限責任社員が有限責任社員となったとしても、なお、社員変更登記後２年間は従前と同じ無限責任社員としての責任を負うこととされています。

　したがって、無限責任社員が有限責任社員となったとしても、その時点で甲の従前の無限責任社員としての責任である当社に係る債務弁済責任が消滅したとはいえないことから、原則として甲に対し債務の引受け等による利益を受けたとしての贈与税及び所得税の課税関係は生じないものと考えます。

2　社員変更登記後２年を経過したときの甲の課税関係

　会社法第583条第４項の規定によれば、有限責任社員となった甲が負っている従前の無限責任社員としての責任は、社員変更登記後２年以内に請求又は請求の予告をしない当社の債権者に対しては、社員変更登記後２年を経過した時に消滅します。このことから、この時点で当社が債務超過の状態の場合には、甲は債務を弁済する責任を負わないとする経済的利益を受けることになることから、甲に対し所得税の課税が生じることとなると考えます。

　ただし、その経済的利益は、甲が他の無限責任社員である乙から与えられた利益である個人間の贈与であると認められるときには、相続税法第９条に規定するみなし贈与の課税が生じることとなるものと考えます。

　甲の有する当社に係る無限責任社員としての債務弁済責任は社員変更登記後２年を経過した時に会社法第583条第４項の規定に基づき法的に消滅するものですが、合資会社は、無限責任社員と有限責任社員とをもって組織され、無限責任社員は、合名会社の社員と同じく会社債務につき各社員相互間で連帯して無限の責任を負うもので、社員相互間の人的信頼関係を基礎とする会社であり、また、甲が無限責任社員から有限責任社員に変更するに当たって、合資会社

として存続するため、乙が有限責任社員から無限責任社員に変更する必要が生じ、そのため社員間の合意に基づき社員変更登記をし、その結果、甲の有する当社に係る無限責任社員としての債務弁済責任が消滅する一方、他の無限責任社員である乙は当社に係る債務について無限責任社員としての債務弁済責任を負うことになることからしますと、甲の債務弁済責任の消滅は、乙から与えられた利益（債務の減少）と考えられますことから、甲に対し相続税法第9条に規定するみなし贈与の課税が生じることとなると考えます。

〔回答内容〕

　標題のことについては、ご照会に係る事実関係を前提とする限り、貴見のとおりで差し支えありません。

　ただし、次のことを申し添えます。

(1)　ご照会に係る事実関係が異なる場合又は新たな事実が生じた場合は、この回答内容と異なる課税関係が生ずることがあります。

(2)　この回答内容は仙台国税局としての見解であり、事前照会者の申告内容等を拘束するものではありません。

〔関係法令〕

　所得税法第36条、相続税法第9条、会社法第580条、第583条

Q 4-20　人格のない社団からの低額譲渡

　人格のない社団等からの低額譲渡と贈与税について教えてください。

Answer

下記が参照になります。

【解説】

代表者又は管理人の定めのある人格のない社団又は財団は、私法上、法人格は与えられていないことから法人に該当しません。

一方、所得税法や法人税法においては、特に規定を設けて、人格のない社団等を法人とみなしています。

代表者又は管理者の定めのある人格のある社団又は財団は、民法上の組合と異なって、個々の構成員を越えた単一性を有することから、法人と同様に相続が生じません。相続税においても、法人からの贈与に準じて、贈与税を課税されません。

すなわち、個人が代表者又は管理人の定めのある人格のない社団又は財団から贈与によって取得した財産は、相続税法第21条の3第1項第1号に規定する法人からの贈与に準じ贈与税は課税されません。結果、低額譲受の場合もみなし贈与に係る課税関係は一切は生じません（相基通21の3-2、所法2①ハ、4、34、法法2①ハ）。

Q 4–21　企業組合の定款に特別の定めがある場合の出資

　企業組合の定款に特別の定めがある場合の出資の評価と贈与税について教えてください。

Answer

下記が参照になります。

【解説】

（質疑応答事例）

企業組合の定款に特別の定めがある場合の出資の評価

〔照会要旨〕

　企業組合が、その定款を「組合員が脱退したときは組合員の本組合に対する出資額を限度として持分を払い戻すものとする。」と変更した場合には、その出資又は出資払戻請求権はどのように評価するのでしょうか。

〔回答要旨〕

1　法令の規定により払込出資金額しか返還されないことが担保されている場合　法令の規定により、現実に払込出資金額しか返還されないことが担保されている場合には、払込出資金額によって評価します。

　　　（参考）
　　　○消費生活協同組合法
　　　第21条
　　　　　脱退した組合員は、定款の定めるところにより、その払込済出資額の全部又は一部の払戻しを請求することができる。

2　法令の規定により払込出資金額しか返還されないことが担保されていない場合　法令の規定により、払込出資金額しか返還されないことが担保されていない場合であって、出資持分の相続について定款に別段の定めがある等により、その持分を承継する場合には、財産評価基本通達196（（企業組合等の出資の評価））の定めによって評価します。

　　　ただし、法令の規定により、払込出資金額しか返還されないことが担保されていない場合であっても、出資持分を承継することなく、相続人等が現実に出資払戻請求権を行使して出資の払戻しを受けたときには、その払戻しを受けた出資の金額によって評価します。

　　　なお、相続人等が現実に出資の払戻しを受けた場合において、当

該出資に係る剰余金相当額が残存する他の出資者に帰属するときには、他の出資者が脱退した組合員から出資の価額の増加額に相当する利益の贈与を受けたものとして、相続税法第9条に規定するみなし贈与の課税が生じる場合があります。

（参考）

○中小企業等協同組合法

第20条

　　組合員は、第18条又は前条第1項第1号から第4号までの規定により脱退したときは、定款の定めるところにより、その持分の全部又は一部の払戻を請求することができる。

2　前項の持分は、脱退した事業年度の終における組合財産によって定める。

（第3項　省略）

〔関係法令通達〕

財産評価基本通達196

消費生活協同組合法第21条

中小企業等協同組合法第20条

相続税法第9条

Q 4-22　一部株主の配当受領

一部株主の配当受領と贈与税について教えてください。

Answer

下記が参照になります。

【解説】

前提を下記のように仮定します。

・同族法人で、比準要素1に該当しないよう最低限度の配当を継続的に行っている。
・オーナー兼代表取締役が、同族関係者である少数株主等から経営責任を問われており、誠意を示すため、今後は配当を辞退することを検討している。

この場合、

・代表が配当辞退を行った場合でも、配当所得は課せられるか。すなわち、会社に支払能力がない等の特殊事情がない限り、未収配当債権を放棄（＝配当所得自体は生じている）となりますでしょうか。
・上記の場合、会社は代表に配当を支払わなくても、源泉徴収義務は生じますでしょうか。
・また、源泉後の金額について債務免除益が計上されるという理解で合っていますでしょうか。そしてその結果、理論上は同族の少数株主にみなし贈与リスクがありますでしょうか。

　配当辞退は、

・総会決議で配当決議→配当辞退

と

・総会決議前に配当は「自分だけいらない」

の2者に区分されます。

　後者の場合、一切の課税関係は生じません。配当金は、株主平等原則に係る考慮要素がありますが、これは、一部の株主に特別の取扱いをすることを防止することに趣旨があり、他の株主を害する行為ではない以上、配当しないこと自体、課税関係は生じません。

　しかし前者の場合、配当所得の収入金額の収入すべき時期は株主総会等で決議のあった日であるので、現実に配当金を受領していなくても、株主総会等の決議があった日の属する年分の配当所得となります（所法64①、所基通64-1、64-2、181～223共-1）。

　なお配当所得として扱われるため源泉徴収義務は当然に生じます。そして源泉後の金額について債務免除益が計上される場合、理論上は同族の既存少数株主に対するみなし贈与リスクが生じます。

　とはいえ、「理論上」になります。少額の場合、現実的に贈与税非課税であること、このような事例でみなし贈与課税されることについて裁決・裁判例は皆無で、当局調査でもおそらくない、と思われます。

（著者略歴）

伊藤 俊一 （いとう しゅんいち）

愛知県生まれ。愛知県立旭丘高校卒業後、慶應義塾大学文学部入学。その後、身内の相続問題に直面し、一念奮起し税理士を志す。税理士試験5科目試験合格。一橋大学大学院国際企業戦略研究科経営法務専攻修士課程修了、同博士課程満期退学。慶應義塾大学「租税に関する訴訟の補佐人制度大学院特設講座」修了。

都内コンサルティング会社にて某メガバンク本店案件における、事業再生、事業承継、資本政策、相続税等のあらゆる税分野を担当。特に、事業承継・少数株主からの株式集約（中小企業の資本政策）・相続税・地主様の土地有効活用コンサルティングは勤務時代から通算すると数百件のプランニング立案実行を経験している。東京税理士会等各士業向け研修件数は年間約180本を超える。さらに税理士・公認会計士・弁護士・司法書士等からの御相談業務や租税法鑑定意見書作成等々、各士業向けの各種サービスについて豊富な経験と実績を有する。

　　・東京税理士会本郷支部所属
　　・厚生労働省ファイナンシャル・プランニング技能検定（国家資格）試験委員
　　・株式会社きんざい教材編集委員
　　・1級ファイナンシャル・プランニング技能士
（所属学会）
　　・日本税務会計学会所属

伊藤俊一税理士事務所・合同会社伊藤俊一租税法研究所
　弊事務所は資産家・中小企業オーナー様の資産承継、事業承継・資本政策・M＆A等のコンサルティングサービスを提供することそのものを目的とした、新業態の会計事務所です。
　弊所のホームページ
　http://www.tokyo-zeirishi-ito.com/
　セミナー案内はこちら
　http://www.tokyo-zeirishi-ito.com/seminar.html
　税務質問サービス「税務質問会」はこちら
　https://myhoumu.jp/zeimusoudan/

新版 Q&A みなし贈与のすべて

2022 年 11 月 20 日　初版発行

著　者　　伊藤 俊一

発行者　　橋詰 守

発行所　　株式会社 ロギカ書房
　　　　　〒 101-0052
　　　　　東京都千代田区神田小川町 2 丁目 8 番地
　　　　　進盛ビル 303 号
　　　　　Tel 03（5244）5143
　　　　　Fax 03（5244）5144
　　　　　http://logicashobo.co.jp/

印刷・製本　　亜細亜印刷株式会社

978-4-909090-83-6　C2034

「税務質問会」のご案内　https://myhoumu.jp/zeimusoudan/

質問 →

税務質問会
会員専用の掲示版
（非公開の会員HP）

← 回答

会員の先生からの質問
（他の会員には匿名）

伊藤 俊一

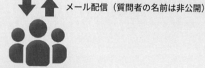

メール配信（質問者の名前は非公開）

他の会員

質問できる内容は、過去の会計や税務に関する処理や判断（国際税務を除く）についてです。
以下のスキームやプランニングなどの提案に関する内容は対象外です。
（別サービス「節税タックスプランニング研究会」の対象）
節税対策やスキーム／保険活用の節税手法／M&A／事業継承スキーム／
組織再編／相続対策相続に関連する不動産の問題（借地権など）／
税務上適正株価算定／株価対策やスクイーズアウトを含む株主対策／
新株発行・併合・消却など株式関連／民事信託など

特徴と利用するメリット

税務に関する
質問・相談ができる

他の会員の質疑応答の
内容を見ることができる

税務に関する解説動画
30本以上が
ワンポイント解説
36種類が視聴できる

実務に役立つ
セミナー動画を
初月無料で視聴できる

弁護士監修の
一般企業用書式
400種類が利用できる

DVD/書籍を
割引購入できる

●初月無料で以下のサービスを利用できます。

【1】税務に関する質問・相談（専用フォームから何度でも質問できます）

【2】実務講座の視聴

① 社長貸付金・社長借入金を解消する手法と留意点

② 役員給与の基本と留意点

③ ミス事例で学ぶ消費税実務の留意点（基本編）

④ 税務質疑応答事例〜法人税法・所得税法〜

⑤ 税務質疑応答事例〜相続・贈与〜

⑥ 税務質疑応答事例〜役員給与・固定資産税編〜

⑦ 税務質疑応答事例〜消費税編〜

●正会員になると実務講座を視聴できます。（プレミアムプランの場合）

01 Ｑ＆Ａ課税実務における有利・不利判定

02 税理士が見落としがちな「みなし贈与」のすべて

03 借地権に関する実務論点

04 不動産管理会社と不動産所有型法人の論点整理

05 「税理士（FP）」「弁護士」「企業 CFO」単独で完結できる中小企業・零細企業のための M&A 実践活用スキーム

06 中小企業のための資本戦略と実践的活用スキーム＜組織再編成・スクイーズアウト・税務上適正評価額＞

07 中小・零細企業のための事業承継戦略と実践的活用スキーム

08 非上場株式の評価と戦略的活用スキーム（事業承継スキーム編）

09 非上場株式の評価と戦略的活用スキーム（株式評価編）

10 事業廃止の最適タイミングと盲点・留意点

11 会計事務所で完結できる財務＆税務デュー・デリジェンス「財務ＤＤ・税務ＤＤ報告書作成法」

12 会計事務所で完結できる DCF 法による株価評価報告書作成法

13 ミス事例で学ぶ消費税実務の留意点（基本編）

14 今更聞けない不動産 M&A 〜不動産 M&A の基本〜

15 役員給与の基本と留意点

16 役員退職金の基本と留意点

17 ミス事例で学ぶ消費税実務の留意点（中級編）

18 ミス事例で学ぶ消費税実務の留意点（上級編）

19 税務調査の勘所と留意点「事前準備と調査対応」の基本

20 税務調査の勘所と留意点「調査時の対応方法」

【会費】

スタンダードプラン	プレミアムプラン
●初月　無料	●初月　無料
●2カ月目以降　月8,800円（税込）	●2カ月目以降　月13,200円（税込）
①専用フォームから質問・相談できる	①専用フォームから質問・相談できる
②実務講座（スタンダード）12種類	②実務講座（スタンダード）12種類
③特典書式400種類（一般企業用）	③実務講座（プレミアム）40種類以上
	④特典書式400種類（一般企業用）

運営：伊藤俊一税理士事務所　　事務局：株式会社バレーフィールド
お問い合わせ先【TEL】03-6272-6906　【Email】book@valley-field.com
【WEBサイト】https://myhoumu.jp/zeimusoudan/

「節税タックスプランニング研究会」のご案内 https://myhoumu.jp/lp/taxplanning/

質問

節税タックス
プランニング研究会
会員専用の掲示板
(非公開の会員HP)

会員の先生からの質問
（他の会員には匿名）

回答

伊藤 俊一

メール配信（質問者の名前は非公開）

他の会員

この研究会で質問できる内容は以下の通りです。
①過去の会計や税務に関する処理や判断（税務質問会と同様）
　※事前に調べることなく、すぐに質問できる点で「税務質問会」と異なります。
②これから実施する税務に関連するスキーム等
節税対策やスキーム／保険活用の節税手法／ M&A ／事業継承スキーム／
組織再編／相続対策相続に関連する不動産の問題（借地権など）／
税務上適正株価算定／株価対策やスクイーズアウトを含む株主対策／
新株発行・併合・消却など株式関連／民事信託など
※①②いずれも国際税務を除く

「節税タックスプランニング研究会」の特徴と利用するメリット

事前調べなしに、税務や
タックスプランニングについて
質問・相談ができる

他の会員の質疑応答の
内容を見ることができる

税務・タックスプランニングに
関する解説動画40種類
ワンポイント解説
36種類が視聴できる

実務に役立つ
セミナー動画を
初月無料で視聴できる

弁護士監修の
一般企業用書式
400種類が利用できる

DVD/書籍の
割引購入が可能

●初月無料で以下のサービスを利用できます。
【1】過去の会計や税務に関する処理や判断および節税策やタックスプランニングに関する質問・相談
【2】実務講座の視聴
① 節税商品のトレンドと利用時の留意点
② 「税理士（FP）」「弁護士」「企業CFO」単独で完結できる中小企業・零細企業のためのM&A実践活用スキーム
③ 中小企業のための資本戦略と実践的活用スキーム＜組織再編成・スクイーズアウト・税務上適正評価額＞
④ 中小・零細企業のための事業承継戦略と実践的活用スキーム
⑤ 非上場株式の評価と戦略的活用スキーム（事業承継スキーム編）
⑥ 非上場株式の評価と戦略的活用スキーム（株式評価編）
⑦ 税務質疑応答事例〜法人税法・所得税法〜
⑧ 税務質疑応答事例〜相続・贈与〜
⑨ 税務質疑応答事例〜役員給与・固定資産税編〜
⑩ 税務質疑応答事例〜消費税編〜

●正会員になると実務講座を視聴できます。（プレミアムプランの場合）
税務質問会（プレミアムプラン）の実務講座41種類に加えて、以下の講座を視聴できます。
42 金融機関提案書の読み解き方と留意点
43 会社を設立する際のタックスプランニングと留意すべき事項
44 増資や減資を行う際のタックスプランニングと留意すべき事項
45 富裕層向け節税プランニングの基本プロセスと留意点
46 会社分割によるタックスプランニングの基本と留意点
47 各種節税プランニングといわれている事例の概要と税務上の留意点
48 組織再編成と事業承継・再生に係るプランニングの基本
49 事業承継のタックスプランニング
50 事業再生のタックスプランニング
51 「廃業」と「倒産」における税務の基本と留意点

【会費】

スタンダードプラン	プレミアムプラン
●初月　無料	●初月　無料
●2カ月目以降　月19,800円（税込）	●2カ月目以降　月24,200円（税込）
①専用フォームから質問・相談できる	①専用フォームから質問・相談できる
②実務講座（スタンダード）11種類	②実務講座（スタンダード）11種類
③特典書式400種類（一般企業用）	③実務講座（プレミアム）40種類以上
	④特典書式400種類（一般企業用）

運営：伊藤俊一税理士事務所　　事務局：株式会社バレーフィールド
お問い合わせ先【TEL】03-6272-6906　【Email】book@valley-field.com
【WEBサイト】https://myhoumu.jp/lp/taxplanning/